Heiger Ostertag

Der Fall Odin
Auf den Spuren der Schwarzen Reichswehr

MACKINGERVERLAG

Impressum

© Mackingerverlag
A-5101 Bergheim, Wolfauweg 1
www.mackingerverlag.at
herbert@mackingerverlag.at

Bibliografische Informationen der Deutschen Nationalbibliothek:
Die Deutsche Nationalbibliothek verzeichnet diese Publikation in der
Deutschen Nationalbibliografie, detaillierte bibliografische Daten
sind im Internet über http://dnb.d-nb.de abrufbar.

ISBN 978-3-902964-64-9

Inhaltsverzeichnis

Für Helge und Nicole

Vorwort

Der vorliegende Roman spielt in den sogenannten Goldenen Zwanzigern des letzten Jahrhunderts, somit in der Blütezeit der Weimarer Republik. Der Mythos jener kurzen Phase zeigte in vielen Facetten das andere, das hoffnungsvolle Gesicht der Republik. Die Neuordnung der Währung und die im Gefolge des Dawes-Plans ins Land strömenden amerikanischen Kredite leiteten eine Phase relativer wirtschaftlicher und politischer Stabilisierung ein. Dazu trug bei, dass Gustav Stresemann unter wechselnden Regierungen Außenminister blieb und mit seinem französischen Kollegen Aristide Briand eine vorsichtige Politik der Annäherung einleitete. Zugleich versuchte er, eine partielle Revision des Versailler Vertrages zu erreichen und Deutschland wieder zu einem gleichberechtigten Partner in der internationalen Gemeinschaft zu machen. Mit der Einführung der Rentenmark kam es auch zu einem Neuanfang in Kultur und Freizeit. Charleston und Jazz, Revue und Freikörperkultur bedeuteten die Abkehr vom alten autoritären Staatswesen und seinen gesellschaftlichen Gepflogenheiten. Besonders in Berlin formierte sich unter Künstlern und Intellektuellen eine sogenannte Avantgarde. Kreative Talente suchten neue Ausdrucksformen und fanden neue Darstellungsmöglichkeiten. Doch bei den ‚normalen' Menschen, bei den einfachen Bürgern, kamen die Freiheiten des Berliner Lebens nicht an. Hunger und Elend der letzten Kriegsjahre und die Finanzskandale von 1923 und 1929 schürten in weiten Teilen der Bevölkerung das Misstrauen in die Republik. Und mit der Krise von 1929 begann der rasende Abstieg: Die Radikalen von links und rechts, KPD und NSDAP, erreichten am Ende eine negative Mehrheit, die beide kräftig zur Zerstörung der Demokratie nutzten. Die Grundlagen für das Scheitern Weimars lagen neben den harten Bedingungen des Versailler Vertrages besonders im fehlenden demokratischen Selbstverständnis und der breiten Spaltung der Gesellschaft in links und rechts. Die Situation zu Beginn der Republik förderte dies. Nicht nur in Berlin, auch in vielen anderen Städten kämpften bewaffnete Spartakisten gegen die Regierung, die sich ihrerseits nur mit Hilfe der rechtskonservativen Freikorps behaupten konnte. U.a. schützte ein Freikorps die erste Nationalversammlung in Weimar. Freikorps verteidigten auch in Oberschlesien das Land gegen polnische Okkupationsversuche. Die negative Seite zeigte sich beim Kapp-Putsch (,Reichswehr schießt nicht auf Reichswehr') und bei anderen Aufständen militärischer Formationen gegen Staat und Republik. Generaloberst von Seeckt wiederum schützte im Herbst 1923 mit Hilfe der ihm vom Reichspräsidenten Friedrich Ebert übertragenen Gewalt das Reich vor den Nazis und den Kommunisten – und gab nach der Stabilisierung der Lage die quasi diktatorische Macht zurück in die Hände der Demokratie. Doch in vielen Behörden, vor allem in der Justiz, an den Universitäten sowie in der Wirtschaft und im Großteil der Presse lebte und herrschte ein rückwärtsorientierter, antidemokratischer Geist. Anders lässt sich nicht erklären, wie eine derart seltsame Persönlichkeit aus Österreich namens Hitler auf breite Zustimmung und Unterstützung im Land kommen konnte.

In die Zeit des Beginns der Goldenen Zwanziger fällt die Rückkehr des ehemaligen Gardeoffiziers und Agents des militärischen Geheimdiensts Wedigo von Wedel mit seiner Familie aus Argentinien. Seine Erfahrungen resultieren aus nachrichtendienstlichen Aktivitäten u.a. in Paris, Wien, London, St. Petersburg und Sarajewo. Natürlich war von Wedel auch an der Front im Einsatz, vor Verdun, an der Somme und in Richthofens Flugstaffel (siehe Titelverzeichnis hinten). Nun bittet ihn Walter Nicolai, der führende Kopf des früheren deutschen Geheimdienstes und sein ehemaliger Vorgesetzter, um Mithilfe bei der Verfolgung einer rechtsradikalen Freikorpsformation innerhalb der sogenannten Schwarzen Reichswehr …

1. Kapitel

Zurück in Berlin

Ludendorffs Vernehmung im Hochverratsprozess

Vom ersten Tag des Münchner Prozesses an versuchen die Angeklagten den Schwerpunkt der Verhandlung zu verschieben. Von sich auf die Herren Kahr, Lossow und Seißer.

Berliner Tageblatt, 1. März 1924

Am 2. März 1924 gegen 10 Uhr vormittags lief der Dampfer Teutonia der Hamburg-Amerikanischen Packetfahrt-Actien-Gesellschaft von Montevideo kommend mit gut 900 Passagieren an Bord im Hamburger Hafen ein. Die Einfahrt hatte sich schwierig gestaltet. Auf der Elbe herrschte starker Eisgang und etliche kleinere Schiffe waren in den Eismassen stecken geblieben und hatten auf die mächtigen Eisbrecher warten müssen. Ein scharfer Wind wehte und verstärkte die unangenehme Kälte. Einem hochgewachsenen Herrn, der auf dem Oberdeck an der Reling stand, schien die eisige Temperatur wenig auszumachen. Er durfte etwas über dreißig Jahre alt sein.

11

Das dunkelblonde Haar trug der Herr kurz und in der Mitte gescheitelt. Aus dem scharf geschnittenen Gesicht blickten einem etwaigen Betrachter zwei graublaue, wache Augen entgegen. Als Tribut an die Mode trug er zudem einen sauber gestutzten Schnurrbart. Nun hüllte sich der Herr fester in seinen Pelzmantel und blickte weiter auf das geschäftige Treiben auf den Kais. Hier und auf den Piers befanden sich die Gebäude der internationalen Seefahrtsgesellschaften mit ihren großen Hallen und weiten Schuppen. Elektrische Kohlenwinden waren an der Arbeit, dazu fahrbare Kräne und andere Entlademaschinen. Durch die Luft schwebten zahlreiche schwere Ballen und Fässer, dazu eine Vielzahl von Paketen und Kästen. Dutzende von Arbeitern brachten Kisten und Säcke mit Gewürzen, Tee, Kaffee, Baumwolle, Flachs, Kopra, Gummi, Butter und Seide an Land. Holzstämme aus Kanada, Erze und Kohle aus Norwegen wurden gelöscht, im Segelhafen Weinfässer und Körbe mit Südfrüchten aus dem Mittelmeerraum entladen. Von den Werften herüber donnerten die Hämmer. Barkassen jagten durch die gelbweißliche, mit Eis angefüllte, ölige Flut der Elbe. Schwarze Rauchstöße ballten sich in der Luft. Drüben im Petroleumhafen lagen die Tankschiffe tief im Wasser. Weiter hinten befanden sich die breitbauchigen, schwarzen Schwimmdocks der Werften, die hohen Gerüste der Helgen, in denen die Schiffe gebaut wurden. Und über allem hörte man das Fauchen der großen Dampfer, das heisere Tuten der Barkassen, Schlepper und Motorboote und roch den herben Geruch nach Kohle und Kälte.

Jetzt wurde die Fahrt des Schiffes mehr und mehr gedrosselt, immer langsamer glitt die Teutonia auf den Anleger zu. Nun stoppten die Maschinen. Ein Ruck ging durch den Schiffsleib. Laute Kommandos ertönten, Seile wurden geworfen und Ketten rasselten nieder. Die Bewegung endete, der Dampfer hatte angelegt. Sofort begann ein geschäftiges Treiben. Die Gangway wurde ausgefahren, das Gepäck an Deck gebracht. Erste Passagiere zeigten sich, Stimmen wurden laut. Wieder zurück in der alten Heimat, dachte der Mann mit dem Mantel. Auch wenn sie kalt ist. Er wandte sich ab, nahm einen schmalen Koffer, der neben ihm stand, und begab sich zum Abgang. Dort wartete ein Steward.

„Welche Kabine hatten Sie, mein Herr?"

„Kabine 231, im zweiten Oberdeck."

Der Steward schlug in seiner Liste nach.

„Herr von Wedel, richtig?"

„Korrekt!"

„Wohin darf ich Ihr großes Gepäck bringen lassen?"

„Den Überseekoffer und die beiden Taschen bitte gleich zum Hauptbahnhof."

Er blickte auf seine Taschenuhr.

„Mein Zug fährt in einer Stunde!"

„Sehr wohl, das wird umgehend erledigt, Herr von Wedel!"

Eine Münze wechselte den Besitzer. Der Steward grüßte, dann begab sich der Herr über die Gangway ans Land und zur Zollbaracke. Die Formalitäten waren schnell vollzogen. Von Wedel verließ das Gebäude und stieg in eine der am Kai wartenden Motordroschken.

„Zum Hauptbahnhof!", befahl er und das Auto fuhr los.

Zwanzig Minuten später hielt der Wagen vor dem riesigen Portal des Hamburger Hauptbahnhofes. Der Herr zahlte, stieg aus und schritt mit seinem schmalen Koffer in der Hand auf den Eingang zu. Drinnen winkte er einen Dienstmann zu sich heran.

„Von Wedel. Benachrichtigen Sie mich, wenn mein Gepäck von der Teutonia eintrifft. Sie finden mich in der Bahnhofsrestauration."

Der Mann bekam seinen Obolus und zog die Mütze.

„Jawohl, gnädiger Herr!"

Ein wenig später saß Wedigo von Wedel vor einem Kaffee an einem Tisch am Fenster und rauchte eine Juno. Dabei blätterte er selbstvergessen in einer Tageszeitung, der Deutschen Allgemeinen, und überflog den einen oder anderen Artikel.

Flottenmanöver

Die Vereinigten Staaten landen Truppen in Honduras

Das unproduktive Ruhrpfand

Die Offiziere des Putsches …

Er legte das Papier missmutig zur Seite. Deutschland ging es schlecht, vor allem politisch, ob das ein Dauerzustand werden würde? Die Kommentare widersprachen sich, offenbar wusste niemand wirklich Bescheid. Wie auch immer, er war in die alte Heimat zurückgekehrt und hatte künftig selbst dafür zu sorgen, dass sich die Dinge um ihn herum zum Positiven änderten. Der Dienstmann von vorhin trat an den Tisch und meldete, die Koffer des gnädigen Herrn seien soeben eingetroffen und fragte, wohin der Herr fahre und auf welchen Bahnsteig er das Gepäck bringen solle.

„Ich fahre mit dem D-Zug nach Berlin."

„Das ist Gleis fünf, gnädiger Herr. Die I. Klasse befindet sich im mittleren Zugteil."

„Gut, bringen Sie das Gepäck dorthin und belegen Sie für mich einen Fensterplatz. Warten Sie dann draußen!"

„Sehr wohl, gnädiger Herr."

Von Wedel trank den Kaffee aus, winkte dem Fräulein und zahlte. Er stand auf, verließ das Lokal und begab sich auf den Perron.

Der Gepäckmann wurde entlohnt und Wedigo stieg in das ihm gezeigte Abteil erster Klasse. Ein Mann in einem grauen Anzug saß bereits dort und erwiderte höflich von Wedels Gruß. Er mochte Anfang, Mitte dreißig sein, war von schlanker Gestalt und besaß scharfe, fast asketisch wirkende Gesichtszüge. Neben ihm lag die gestrige Ausgabe der Berliner Illustrierten.

Das Abfahrtssignal ertönte und die Lokomotive setzte sich dampfend in Bewegung. Wedigo holte sein Zigarettenetui hervor und bot dieses dem Mitreisenden an. Der Mann dankte, nahm eine Zigarette und gab ihm seinerseits Feuer. Die Herren rauchten.

„Ich sah, dass der Dienstmann einen Überseekoffer zum Gepäckwagen gebracht hat", stellte der Fremde fest. „Waren Sie im Ausland?"

„Sie sind ein guter Beobachter", erwiderte Wedigo, ohne die Frage zu beantworten.

„Entschuldigen Sie meine Neugier. Wahrscheinlich berufsbedingt. Gestatten, Kriminalkommissar Wehner."

14

„Von Wedel."

„Major von Wedel?"

„Ex-Major, doch woher wissen Sie?"

„Hauptkommissar Gennat erwähnte erst kürzlich Ihren Namen. Er kennt Sie von verschiedenen Fällen aus der Vorkriegszeit. Es handelte sich dabei, wie er sagte, überwiegend um Spionage."

„Der alte Gennat! Wir haben in der Tat ein paar Mal erfolgreich zusammengearbeitet. Wie geht es ihm?"

„Er ist wie immer sehr aktiv, raucht wie ein Schlot und bemüht sich, im Polizeidienst dringend notwendige Reformen durchzusetzen. Sein Ziel ist die Errichtung eines preußischen Landeskriminalamts."

„Das klingt ambitioniert, eine Aufgabe, die ihn sicher länger beschäftigen wird. Und was hat Sie nach Hamburg geführt?"

„Sie haben sicher auch im Ausland vom Putsch im letzten November gehört. Die Partei des einen Putschisten macht weiter reichlich Ärger. Ständig gibt es Zusammenstöße mit Linken und Gewerkschaftlern."

„Und die Anführer des Putsches? Die stehen doch vor Gericht?"

„Der Prozess hat letzte Woche begonnen. Ludendorff und Hitler und ihre Mitstreiter sind zwar angeklagt. Sie scheinen aber, soweit man hört, bei Gericht eher Sympathien zu genießen. Ludendorff gilt als Weltkriegsheld und ist quasi sakrosankt. Und Hitler – nun, der Münchner Vize-Polizeipräsident Friedrich Tenner hat sich kürzlich in einem Gutachten lobend über Hitler geäußert."

„Von diesem Hitler habe ich zuvor nie etwas gehört."

„Eine absolut mediokre Persönlichkeit", meinte Wehner verächtlich. „Sohn eines kleinen österreichischen Beamten, der als verkrachter Kunstmaler in Wien lebte und sich vom Wehrdienst drückte. Im Weltkrieg brachte er es zum Gefreiten. Nun ja, Hitler soll angeblich reden können."

Das Gespräch wandte sich anderen Themen zu.

Gegen halb drei fuhr der Zug im Lehrter Bahnhof Berlin ein. Wedigo verabschiedete sich von seinem Mitreisenden. Er ließ das Gepäck zum Droschkenparkplatz bringen und fuhr mit einem Kraftwagen von dort zum Hotel Adlon. Die Straßen waren belebt, überall sah er Menschenmassen, überall Glitzer und Trubel. Berlin hatte in den Jahren seiner Abwesenheit offenbar einen weiteren gewaltigen Sprung nach vorn gemacht. Der Verkehr dröhnte, ständig hupte es und die Motoren knatterten, ein stetes Lärmen erfüllte die Stadt. Personenwagen gehörten jetzt zum Berliner Alltag, vor allem waren Taxen und Privatwagen mit Chauffeuren zu sehen, aber auch Lastwagen und Fuhrwerke, Busse und Trambahnen füllten die Straßen.

„Da kiken Se, wa? Und am Potsdamer Platz hamer sogar Ampeln", gab der Chauffeur voller Stolz bekannt.

Das reservierte Zimmer im Adlon wurde bezogen. Von Wedel nahm ein Bad, zog sich um und ging in die Lounge am Elefantenbrunnen, um ein spätes Mittagsmahl einzunehmen. Er studierte die Karte und entschied sich für eine gebratene Seezunge mit Salzkartoffeln und Spinat. Dazu trank er einen leichten Rheinwein. Wedigo warf einen Rundblick durch den Raum. Der Saal war fast halb leer, lediglich ein paar Amerikaner, ruhig, sicher, souverän, saßen an den Tischen gegenüber. Die Frauen, überschlank und tief dekolletiert, musterten ihn mit unbefangenem Lächeln. Er bemerkte, dass sie von ihm sprachen. Eine warf ihm ein halbes Lächeln zu. Wedigo nickte freundlich und hob sein Glas. Schräg rechts am nächsten Tisch saß ein stattlicher Herr mit der zufriedenen Miene eines Fabrikanten. Eine goldene Uhrkette prangte auf seiner Weste, eine junge exotische Schönheit mit großen Ohrringen leistete ihm Gesellschaft. An einem kleinen Tisch, nahe dem Eingang zum Saal, hatte ein unscheinbar aussehender Mann Platz genommen. Er sei, raunte der Oberkellner Wedigo zu, ein ehemaliger russischer Fürst, der 1918 vor den Bolschewiken geflohen sei. Seitlich von ihm saß ein grauer Anzugträger, dessen Bart an Charly Chaplin erinnerte.

Eben betrat ein großer Herr in Reichswehruniform im Dienstgrad eines Oberstleutnants den Raum. An seiner Seite eine schlanke, blonde Frau. Zu seiner Verwunderung erkannte Wedigo in ihm Fedor von Bock, einen Stabsoffizier im früheren Generalstab des Gardekorps, mit dem er vor dem Krieg einmal dienstlich in Kontakt gestanden hatte. Um den Hals trug er am Band den ‚Blauen Max‘, den Pour le Mérite. Bock schien sich im Krieg bewährt und im Frieden weiter Karriere gemacht zu haben. Er war ganz in das Gespräch mit seiner Begleiterin vertieft, sodass er von Wedel nicht wahrnahm.

Wedigo ließ sich die Rechnung kommen, beglich sie und begab sich in den Rauchsalon. Hier trank er einen Mokka, wozu er eine Brasil rauchte. Er lehnte sich im Sessel zurück und blies einen Rauchring in die Luft. Dann zückte er kurz die Taschenuhr. Gleich vier, jeden Augenblick müsste – da war er schon: Walter Nicolai! Auch in grauem Anzug ließ die straffe, geradlinige Haltung den ehemaligen Offizier deutlich erkennbar werden. Dennoch, er hatte sich verändert, stellte Wedigo erschrocken fest. Schmal sah er aus und vorzeitig gealtert. Das Haar hatte sich deutlich gelichtet und um den Mund zeigten sich tiefe Kerben.

„Mein lieber von Wedel“, begrüßte ihn Nicolai herzlich. „Eine Freude, Sie wieder in Berlin zu sehen! Ich hoffe, Sie bleiben länger im Land?“

„Meine Frau, der kleine Carlos und ich sind fürs Erste nach Europa zurückgekehrt.“

„Sie haben Südamerika gänzlich aufgegeben?“

„Das Argentinien Marcelo Torcuato de Alvears ist nicht mehr das Land, das wir vor fünf Jahren kennengelernt haben. Als Onkel Frederico im letzten Winter verstorben ist, haben wir daher alles verkauft und unsere Rückkehr in die Heimat vorbereitet.“

Der Ober unterbrach sie, Nicolai bestellte ebenfalls einen Mokka.

„Ist Ihre Frau Gemahlin auch in Berlin?“, nahm er das Gespräch wieder auf.

„Zurzeit besucht sie mit unserem Sohn ihre aus Russland vertriebene Großtante, die in Brüssel lebt. Allerdings reist sie unter ihrem früheren Namen Gräfin Walewska, die Belgier lieben uns Deutsche aktuell wenig. Anschließend … nun, Melissa ist voller Pläne. Aber, Herr Oberst, wie geht es Ihnen?“

„Wie es einem ehemaligen Soldaten gehen kann“, antwortete Nicolai ausweichend. „Ich stehe mit meinem Nachfolger Friedrich Gempp weiter in Verbindung. Das ist auch der Grund, weswegen ich Sie kontaktiert habe. Er ist seit ein paar Monaten mit der Bildung eines neuen militärischen Nachrichtendienstes der Reichswehr beauftragt und dabei wohl verschiedenen Leuten auf die Füße getreten. Unter anderem Fedor von Bock, dem Chef des Stabes der 3. Division in Berlin."

„Von Bock? Den kenne ich von früher. Eben habe ich ihn in Begleitung einer blonden Dame beim Abendessen gesehen."

„Eine deutlich jüngere Frau?"

„Dem Anschein nach, ja."

„Dann wird es Wilhelmine von Boddien gewesen sein, eine angesehene Dame, die Bock, der Witwer ist, seit einiger Zeit begleitet. Aber wir schweifen ab, wiewohl von Bock durchaus mit der Thematik zu tun hat. Sagt Ihnen der Name Röhm etwas? Hauptmann a.D. Ernst Röhm?"

„Von dem Mann habe ich heute in der Zeitung gelesen. Er war doch im letzten November beim Hitlerputsch dabei?"

„Richtig."

„Der Vernehmung nach, die in Grundzügen wiedergeben wurde, hält Röhm sein Handeln angesichts der politischen Lage für angemessen und ist sich keiner Schuld bewusst."

„Das ist das Problem", seufzte Nicolai. „Nicht Röhm als Person, sondern Offiziere wie er. Männer, die obskuren Heilsbringern wie diesem Hitler hinterherlaufen. Das konterkariert die Realpolitik unserer Reichsregierung. Zudem propagieren diese Leute einen primitiven Antisemitismus. Und scheuen nicht vor Gewalt zurück."

„Eine gefährliche Melange."

„So ist es. Gempp ist der Ansicht, dass diese Gruppierungen intensiv beobachtet werden müssen. Eine Haltung, die ich teile. Sein Augenmerk gilt insbesondere der sogenannten Schwarzen Reichswehr."

„Der Begriff ist mir nicht ganz geläufig, Herr Oberst."

Der Mokka kam, Nicolai trank einen Schluck, dann sprach er weiter.

„Sie wissen, dass das Friedensdiktat von Versailles die Stärke unserer Streitmacht auf 100.000 Mann festgelegt hat. Dies und unsere Abrüstung überwacht eine Interalliierte Militär-Kontrollkommission. Die Reichswehr versucht mit allen Mitteln, überschüssige Bestände an Waffen, Munition und Ausrüstung zu verbergen. Unter Schwarzer Reichswehr werden nun die militärischen Formationen verstanden, die sich in diesem Zusammenhang gebildet haben. Diese Organisationen, nach außen als Arbeitskommandos bezeichnet, gibt es im gesamten Reich, besonders aber im Wehrkreiskommando III Berlin."

„Dass man mit allen Mitteln versucht, Versailles zu revidieren, kann ich nachvollziehen."

„Das ist nicht die Frage, wobei ich das Konzept der kleinen Schritte, wie es Außenminister Stresemann betreibt, aktuell für die bessere Methode halte. Aber das Problem sind die Personen, die in diesem Bereich agieren. So sind Bruno Ernst Buchrucker und Paul Schulz sehr schillernde Persönlichkeiten, von Röhm und seinen Mitstreitern gar nicht zu sprechen."

„Was soll ich tun? In eine der Gruppe einsteigen?", brachte Wedigo das Gespräch auf den Punkt.

„Sie sind lange im Ausland gewesen und in keiner Weise mit dem Geschehen der letzten Jahre verbunden. Sie wären meine erste Wahl."

„Eigentlich wollte ich mir mit Melissa hier in aller Ruhe eine neue Existenz aufbauen", wehrte Wedigo ab.

„Versteht sich, doch was wollen Sie beruflich machen? Den Landwirt spielen oder wie so viele ehemalige Kameraden in den Weinhandel gehen?"

„Ein Leben als Gutsherr – warum nicht? Mit der Landwirtschaft habe ich mittlerweile Erfahrung."

„Wenn das so ist …" Nicolai erhob sich. „Schade."

„Nicht so eilig, Herr Oberst", sagte Wedigo neugierig geworden. „Vorstellungen sind keine Entscheidungen. Wie wäre es, wenn Sie mir einfach ein paar Informationen mehr geben würden? Das könnte hilfreich sein …"

„Das werde ich tun, aber nicht hier. Fahren wir in mein Büro."

„Sie haben wieder ein Büro?"

„Gewiss, kommen Sie, Herr von Wedel!"

„Gern, ich bin gespannt."

Die Herren verließen den Salon und das Adlon. Draußen nahmen sie eine Motordroschke.

„Zum Alexanderplatz!", befahl Nicolai.

Es dauerte gut zwanzig Minuten, bis der Wagen, durch dichten Verkehr fahrend, das Ziel erreichte. Sie hielten vor dem großen Hertie-Kaufhaus am Alexanderplatz. Vor zwanzig Jahren war es eingeweiht worden und gehörte zum Unternehmen von Hermann Tietz, das allein in Berlin zehn Warenhäuser unterhielt.

Mehrere Tramlinien kreuzten den Platz. Mittendrin stand wie zum Schutz das Denkmal der Berolina. Dahinter erhob sich die mächtige Fassade des Warenhauses. Drei riesige Portale luden zum Eintritt ein, über vier Etagen zog sich die Front in die Höhe. Oben in der Wölbung prangte der Name Tietz und über der großen Uhr auf dem Dachfirst thronte die Weltkugel. Es war kurz vor fünf.

„Kommen Sie!", forderte Nicolai ihn auf. „Wir müssen hinein." Er trat zum mittleren Eingang.

„Wollen Sie einkaufen?"

„Unsinn", knurrte der Oberst. „Stellen Sie keine unnötigen Fragen und folgen Sie mir einfach!"

Sie traten ein. Vor ihnen öffnete sich die große, sich über mehrere Etagen hinziehende Halle mit zahlreichen Warenauslagen und Verkaufsbereichen aller Arten. Nicolai strebte nach hinten, Wedigo folgte ihm, neugierig, was sie hier eigentlich suchten. Die beiden Männer passierten die Bijouterie sowie die Parfumabteilung, bogen bei den Dessous ab und erreichten schließlich den hinteren Teil, wo sich ein Aufzug befand. Ein Liftboy öffnete die Tür.

„In welches Stockwerk darf ich die Herren fahren?"

„In die vierte Etage."

„Sehr wohl!"

Sie erreichten rasch das oberste Stockwerk. Die Herren stiegen aus und Nicolai führte ihn zwischen einigen Modepuppen hindurch auf die gegenüberliegende Seite. Dort öffnete er eine unscheinbare Tür. Dahinter zeigte sich ein quadratischer Raum in den Maßen fünf mal fünf Meter. Wedigo blickte sich um. Vor einem großen Doppelfenster stand ein breiter Schreibtisch. Auf diesem befanden sich ein Fernsprechapparat sowie einige Papiere nebst Schreibmaterialien. An einer Wand war ein Aktenbock befestigt, der übrige freie Raum zeigte diverse Karten, darunter eine aktuelle Reichsstraßenkarte und ein Stadtplan von Großberlin. Zwei einfache Stühle und ein Polstermöbelensemble komplettierten die Einrichtung.

„Das ist Ihr Büro? Hier, bei Tietz?"

„Richtig", Nicolai verzichtete auf eine nähere Erklärung, „Setzen wir uns."

Die Herren nahmen Platz.

„Im Kriegsministerium kann meine Abteilung aufgrund der alliierten Kontrollbehörde offiziell nicht in Erscheinung treten", erklärte Nicolai. „Ich bin primär für die Koordination und Kontrolle der parallelen Rüstung der Reichswehr zuständig. Aktuell beschäftige ich mich mit den Auswüchsen und der Abwehr radikaler Kräfte."

„Ich verstehe. Nur, wo ziehen Sie die Grenze? Die Reichsregierung ist, soviel ich weiß, in ihrer Haltung zur geheimen Reichswehr durchaus unterschiedlicher Meinung."

„Nun …", Nicolai hielt inne und lauschte. Dann erhob er sich leise und ging zur Tür. Mit einem Ruck riss er diese auf. Kurz war eine dunkel gekleidete Gestalt zu sehen, die sich sofort abwandte und davonlief. Wedigo sprang auf, schob sich an Nicolai vorbei und eilte dem Flüchtling hinterher. Draußen konnte er gerade noch dessen Silhouette erkennen, bevor die Gestalt zwischen einer Gruppe Schaufensterpuppen untertauchte. Als von Wedel diese erreichte, war von dem Geflohenen nichts mehr zu sehen: Der Mann war entkommen! Er kehrte zum Büro zurück.

„Der Kerl ist entwischt", stellte Nicolai fest. „Ärgerlich, ich hätte nicht vermutet, dass ich hier so schnell aufgespürt werden würde. Offenbar ist das Büro jetzt bekannt und steht unter Beobachtung. Ich werde entsprechende Maßnahmen treffen, wahrscheinlich eine neue Bleibe suchen müssen. Oder vielleicht auch gerade nicht … Das muss ich überdenken."

Er schwieg kurz, schüttelte bedenklich den Kopf, dann sprach er weiter.

„Zu Ihrer Aufgabe. Sie sollen versuchen, in radikale Kreise zu gelangen, um Informationen über die Rädelsführer zu gewinnen."

„Ich habe noch nicht zugesagt, Herr Oberst", versuchte Wedigo, Zeit zu gewinnen.

„Ich denke doch. Ich kenne Sie, mein Lieber. Indem Sie hier sind, geben Sie faktisch Ihr Einverständnis. Und behaupten Sie nicht, Herr von Wedel, dass das Ganze Sie nicht reizt."

Für Nicolai schien damit alles gesagt zu sein, denn er griff nach einer schmalen Kladde, die er Wedigo zuschob.

„Hier finden Sie erste Kontaktmöglichkeiten, Namen, Ort usw. Sie erstatten mir wöchentlich Bericht. Und was das Salär angeht. Es gibt einen gewissen Spesenrahmen, innerhalb dessen Sie sich bewegen dürfen. Er ist allerdings nicht besonders üppig."

Wedigo nahm den Ordner. Irgendwie fühlte er sich unbehaglich.

„Wie soll ich in Kontakt kommen? Ich war fünf Jahre im Ausland und kenne niemanden mehr."

„Eine Wehrübung bei der Reichswehr könnte Zugänge öffnen. Und ansonsten dürften sich für Sie bald gesellschaftliche Möglichkeiten ergeben. Berlin ist lebendig. Unser nächstes Treffen ist am Montag. Ort und Zeit werden Ihnen mitgeteilt. Und seien Sie vorsichtig, die Angelegenheit ist brisant."

Nicolai holte aus einer Schublade eine Luger hervor und reichte Wedigo die Waffe mit einem Magazin.

„Für alle Fälle. Noch Fragen?"

Er wartete einen Augenblick und sagte dann, bevor sich Wedigo weiter äußern konnte: „Keine Fragen, gut! Wir sehen uns nächste Woche."

Wedigo steckte die Luger ein, verließ Nicolais Büro und fuhr etwas verwirrt mit dem Lift wieder ins Erdgeschoss.

Er strebte dem Ausgang zu, da sah er in der Galanteriewarenabteilung eine blonde Dame in hellem Kleid, die ihm ausgesprochen bekannt vorkam. Sie drehte sich um, es war Melissa.

„Wedigo, was machst du hier?", begrüßte sie ihn freudig.

„Das sollte ich dich fragen, wolltest du nicht in Brüssel sein?"

Jetzt erst bemerkte er, dass seine Frau in Begleitung war. Dicht neben ihr stand ein jüngerer Mann von ausnehmender Eleganz. Die exakt gebundene Krawatte, der graue Anzug und die glänzend geputzten Schuhe sowie das mit dem dunklen Schnurrbart für einen Mann fast zu ebenmäßige Gesicht offenbarten einen wahren Beau. Nur der Blick hatte etwas Starres. Wedigo missfiel der Bursche ganz entschieden.

„Mein Vetter Wladimir", sagte Melissa lächelnd, die Wedigos Miene richtig deutete. „Er besucht gerade seine Verlobte Ela von Matuschka in Weißensee."

Wladimir verbeugte und reichte Wedigo die Hand.

„Angenehm", sagte er mit leicht polnischem Akzent. „ich freue mich, Herr von Wedel, Sie endlich persönlich kennenzulernen."

„Das Vergnügen ist ganz meinerseits", erwiderte Wedigo knapp. „Waren Sie auch in Brüssel?"

„Nein, ich will etwas für Ela besorgen und traf hier im Kaufhaus auf Melissa. Sie hat mich ein wenig beraten. Aber", er blickte auf seine Uhr, „wenn Sie mich entschuldigen würden. Ich bin gleich verabredet."

„Lass dich nicht aufhalten, Wladi", sagte Melissa. „Wir sehen uns beim Empfang von Großtante Nadja."

Der Cousin lächelte, verbeugte sich erneut und eilte davon.

„Ich wusste gar nicht, dass du einen polnischen Vetter hast."

„Meine Verwandtschaft ist weitläufig – und vergiss nicht, ich stamme selbst aus Polen."

„Richtig; was war nun mit Brüssel?"

„Ich bin nicht in Brüssel gewesen. Nachdem ich in der Bahn vom belgischen Personal höchst despektierlich behandelt wurde, bin ich gleich weiter nach Berlin gereist."

„Was ist geschehen?"

„Es ist nicht wichtig. Lass uns über andere Themen sprechen. Was suchst du bei Tietz?"

„Ich habe Nicolai getroffen. Er hat in der oberen Etage ein Büro. Ich wohne im Adlon. Wo bist du untergekommen und wo ist Carlos?"

„Bei besagter Großtante im Grunewald. Carlos ist mit dem Mädchen bereits dort."

„Bei Tante Nadja? Sie ist mir, ehrlich gesagt, völlig unbekannt."

„Baronin Nadja von Michalkowsky ist eher eine entfernte Verwandte. Sie lebte im Osten Polens, in Nowogródek und ist vor den Roten nach Warschau geflohen. Als die Stadt 1921 im Frieden von Riga zu Polen kam, wollte sie zurückkehren. Doch die Anfeindungen als angebliche Russin waren zu groß, deswegen ist sie nach Berlin gezogen."

„Und gleich in den Grunewald. Nadja scheint vermögend."

„Mag sein", Melissa schien am Thema nicht mehr interessiert. „Lass uns die heutige Freiheit nutzen und das neue Berlin erkunden."

„Du willst dich ins Berliner Nachtleben stürzen?"

„Richtig, ich will etwas erleben."

„Dann fahren wir erst ins Adlon, ich will mich umziehen und für dich werden wir dort sicher auch etwas Passendes finden."

Sie verließen das Kaufhaus Tietz, winkten einer Taxe und fuhren ins Hotel. Melissa ließ alle Kleidung fallen und nahm erst einmal ein Schaumbad. Während sie plätscherte, widmete sich Wedigo seiner Rasur. Aus dem Augenwinkel warf er einen Blick auf seine Frau. Wildlockiges Haar, volle roten Lippen, ein feinkonturiertes Gesicht mit großen blauen Augen; seine wunderschöne Frau … Aphrodite warf ihm lächelnd einen Blick zu und erhob sich langsam aus den Wellen.

Einige Zeit später betrachtete sich Melissa ausgiebig im Spiegel. Madame trug jetzt ein Cocktailkleid aus mehrlagigem, fließendem Chiffon mit tiefem Rückendekolleté und schmalen Schulterträgern. Dazu an den Füßen Sandalen mit T-Riemchen, hoch genug, um das Bein mit den Seidenstrümpfen zu strecken, und niedrig genug, um darin tanzen zu können. Ein perlenverziertes Stirnband und eine schmale Silberkette um den Hals vervollständigten ihre Erscheinung. Das seitens des Hausservice ebenfalls präsentierte Paillettenkleid war ihr doch etwas zu knapp gewesen. Für den heimischen Gebrauch könne er sich das Gewand gut vorstellen, meinte ihr Mann, aber sonst …

Wedigo hatte sich für einen Smoking entschieden. Dieser war lediglich an der Taille schmäler gearbeitet; als weiteres Modeattribut ersetzte er die obligate Fliege durch ein schmales weinrotes Halstuch. Auch er warf einen skeptischen Blick in den Spiegel.

„Ich komme mir vor, als gehörte ich zur Pariser Halbwelt."

„Hab dich nicht so, auch die hiesige Welt hat ihre Mode."

„Spotte nur, du nächtliche Schönheit. Ich werde alle Hände voll zu tun haben, um Beaus wie diesen Vetter aus deiner Nähe zu vertreiben."

„Was hat der arme Wladi dir getan?"

„Nichts, er war mir nur zu sehr an deiner Seite."

Unter derartigem Geplänkel zogen beide die Mäntel an und fuhren mit dem Lift zwei Stockwerke tiefer in das Hotelfoyer. Als sie ausstiegen, schritt grade eine höchst auffällige junge Frau die Freitreppe in die Halle hinab. Ihr Haar war brandrot gefärbt, das Gesicht hingegen leichenblass geschminkt, die Brauen völlig ausgezupft, und die Lippen schienen ein einziger blutroter Strich zu sein. Sie trug einen hellblauen Herrensmoking und darüber einen offenstehenden Zobelpelz, in dessen Ausschnitt sich ein Äffchen klammerte. Im Licht der Kronleuchter blitzte zudem keck ein Monokel.

„Das ist Anita Berber", raunte ein anderer Gast, ein etwas dicklicher Herr, der eine dunkle Havanna rauchte. „Ein völlig enthemmtes ordinäres Weib."

Die so Bezeichnete hatte den Mann offenbar gehört.

„Halts Maul, du Sau!", keifte sie.

Der Dicke wurde puterrot und erhob sich aus seinem Sessel. Der Portier eilte dazwischen.

„Bitte, Frau Berger, kommen Sie, Ihr Wagen wartet schon!"

Rasch geleitete er die Frau hinaus.

„Ein Skandal", schimpfte der Zigarrenraucher. „Wie kommt eine solche Person ins Adlon?"

„Ganz Berlin ist heutzutage ein Skandal", sagte eine andere Stimme hinter ihnen. Wedigo drehte sich zum Sprecher um. Es war ein hoch gewachsener, zivil gekleideter Herr, ein Kamerad aus früherer Zeit, der ehemalige Leiter des Nachrichtendienstes gegen Südrussland sowie Serbien, Wolfgang Fleck.

„Fleck! Sie hier? Ich hörte, Sie seien irgendwo in Schlesien stationiert?"

„Und ich vermutete Sie in Argentinien. Pardon, gnädige Frau Gräfin", wandte sich Fleck an Melissa. „Ich habe Sie nicht gleich erkannt."

Er begrüßte sie mit einem Handkuss, dann betrachtete er beide interessiert.

„Sie scheinen ausgehen zu wollen?"

„Wir wollen uns ins ‚sündige' Nachtleben stürzen", bestätigte Wedigo.

„Ja, Berlin gilt heute als Inbegriff des Lasters und der Dekadenz. Und Sie wissen bereits, wohin?"

„Nein, unsere Erfahrungen stammen noch aus der Vorkriegszeit."

„Für die Bars an der Friedrichstraße ist es noch zu früh", überlegte Fleck. „Vielleicht wenden Sie sich zum Potsdamer Platz mit den vielen Leuchtreklamen. Dort reihen sich Bars und Weinstuben, Cafés und Mokkadielen wie dunkle Perlen aneinander: das Josty, das Kaffee Vaterland und das Weinhaus Rheingold."

„Das Rheingold ist mir von früher bekannt", sagte Wedigo skeptisch.

„Wenn Ihnen der Sinn nach größerem Spektakel steht, können Sie mit einer Droschke die Potsdamer Straße hinunterfahren bis zum Sportpalast. Dort wird geboxt. Und das Publikum veranstaltet ein Riesenspektakel."

„Nein, danke!" Melissa schüttelte den Kopf. „Auf ein Bad in der Menge verzichte ich."

„Dann empfehle ich Charlottenburg. Dort gibt es einige Kabaretts, die neben Tanz und nacktem Fleisch anspruchsvollere Unterhaltung bieten. Oder Sie fahren zum Kurfürstendamm ins Café des Westens. Die Aufführungen dort sind wirklich gut. Auch das Café Zielka soll gut sein. Aber jetzt entschuldigen Sie mich. Ich habe noch einen Termin bei Friedrich Gempp, Sie kennen ihn. Viel Vergnügen noch!"

Fleck verbeugte sich vor Melissa und ging.

„Hast du gewusst, dass er in Berlin ist?", fragte sie Wedigo.

„Nein, Nicolai hat nichts dergleichen erwähnt. Ich wusste nur, dass Fleck ein Kommando im Erzgebirge übernommen hat. Ich werde Nicolai nach ihm fragen, der Mann hat einige Verbindungen. Zudem ist er aktiv, er könnte nützlich sein."

„Lass uns fahren, die ganze Thematik ist für mich eigentlich erledigt."

„Und für was entscheidest du dich heute? Tanz oder Theater?"

„Gehen wir ins Kabarett, dann sehen wir weiter."

„Gute Idee, wir fahren zum Café Zielka!"

Sie verließen das Adlon und nahmen eine Droschke. Diese brachte beide zur Friedrichsstraße, Ecke Leipziger Straße zum Varieté Kabarett. Dort traten Paul Beckers als Fliegentüten-Heinrich sowie Fräulein Sylvaré und verschiedene andere tanzende und singende Damen auf. Sie saßen an einem Zweiertisch nahe der Bühne. Wedigo hatte eine Flasche Pommery bestellt. Um sie herum zeigte sich ein sehr gemischtes Publikum. Damen im Charlestonkleid, die Herren in eher legeren Anzügen. Darunter einige feiste Physiognomien, dicke ältere Männer in Begleitung blutjunger Mädchen. Es war laut, die schwere Luft mit Zigarettenqualm angefüllt. Das Programm nahm seinen Verlauf, der Fliegentüten-Heinrich, der als ambulanter Händler sein Auskommen durch den Verkauf von Fliegentüten bestritt, machte seine volkstümlichen Scherze. Das Publikum, meist bürgerlicher Herkunft, lachte laut. Fliegentüten-Heinrich trat ab, verschiedene Fräulein tänzelten und sangen. Das Bühnengeschehen wurden immer banaler. Mehr Albernheiten als Geistvolles, fand Wedigo, mehr seichte Trällerei als kunstvolle Couplets. Melissa trank mehrere Gläser Sekt, blickte sich gelangweilt um und gähnte.

„Wieso hast du mich hierhergeführt? Die Veranstaltung ermüdet mich. Und diese Leute … "

„Gut, wechseln wir das Etablissement."

Sie waren am Hinausgehen, als Wedigo stutzte. Die Gestalt, die drüben träge an der Wand lehnte und rauchte, kam ihm irgendwie bekannt vor. Doch ehe er sich genauer besinnen konnte, woher die Bekanntschaft rührte, drehte sich die Person um und verschwand in der Menge der nächtlichen Flaneure.

„Was hast du?"

„Ich meinte, jemanden gesehen zu haben …"

„Vergiss ihn oder sie. Wir gehen jetzt zum Tanzen, alles andere interessiert nicht."

Ein wenig später traten sie in eine der vielen Tanzbars mit dem Namen Le Chat Noir beziehungsweise Der schwarze Kater, wie diese aus antifranzösischen Ressentiments seit dem Ruhrkampf hieß. Namensgeber war ein Pariser Kabarett auf dem Montmartre, ein Treffpunkt von Chansonsängern, Künstlern, Schriftstellern und Schauspielern, ein Inbegriff der Pariser Bohème. Gerade wurde getanzt. Eine siebenköpfige Negerkapelle spielte wilde Charlestonmelodien. Das Publikum schien eher gemischt. Einige Gesichter sahen ziemlich verboten aus und manche Dämchen wirkten, als kämen sie direkt vom Schlesischen Bahnhof. Ein blasses Fräulein, sehr blond, mit einer Nerzpelzjacke, tanzte selbstvergessen vor sich hin. Das Mädchen war jung und ausgesprochen hübsch, es mochte jedoch höchstens achtzehn Jahre alt sein. Neben ihr stand ein bulliger Typ und beobachtete ihr Tun mit sichtlicher Langweile. Weiter hinten stritt sich lautstark ein Damenpärchen, beide nicht mehr ganz nüchtern. Wedigo sah sich weiter um. Vom Kleidungsstil her war im Schwarzen Kater offenbar alles erlaubt. Neben Smoking und Frack tummelten sich einfache Straßenanzüge und Künstlergarderoben. Manche trugen lediglich Ringerhemden und dazu mit breiten Trägern versehene Zimmermannshosen. Bei den Damen kannte die Freizügigkeit im Hinblick auf Dekolleté und Rockkürze kaum Grenzen. Eine eher kräftige Schöne war von oben bis unten mit Blumen dekoriert, die sich langsam lösten. Insgesamt schien die Gesellschaft hier noch bunter zu sein als die im Café Zielka.

Melissa störte das diesmal nicht, sie war in ihrem Element. Der Charleston schien wie geschaffen für sie zu sein. Alles bewegte sich, die Hüften, die Schulter und der Po. Dazu kamen die wechselnden Beinstellungen, verbunden mit nach außen und innen gedrehten Knie und Füßen. Die Haare flogen, alles war wild, bewegt und schnell. Wedigo, der sich bald aus dem stürmischen Treiben zurückzog, starrte voll Verwunderung auf Melissa. So hatte er seine Frau noch nie erlebt. Ein wenig schien sie ihm auch beschwipst zu sein. Um Melissa herum sammelten sich bald Zuschauer, die sie anfeuerten und laut applaudierten, als die Musik eine Pause einlegte. Melissa kümmerte die Aufmerksamkeit wenig, sie winkte Wedigo zu und wollte nun die Tanzfläche verlassen. Da trat der Mann, der die blasse Blonde beaufsichtigt hatte, auf sie zu und sprach sie an. Was er sagte, war aufgrund der Entfernung nicht zu verstehen. Melissa schüttelte den Kopf, da griff der Fremde nach ihrem Arm. Wedigo drängte sich durch die Menge und zu den beiden hin.

„Nun zier dich nicht so, was ist denn dabei, wenn ich frage", sagte gerade der Bullige.

„Sie da, lassen Sie sofort die Dame los!"

Der kräftige Mann wandte sich Wedigo zu. Er war einen Kopf größer und besaß zudem ausnehmend breite Schultern.

„Was mischen Sie sich in mein Gespräch ein? Wollen Sie Ärger?"

Wedigo antwortete nicht, sondern schob den Kerl einfach beiseite. Dabei stolperte dieser und stieß gegen einen anderen. Der wiederum drehte sich um und schlug einen dritten mit der Faust ins Gesicht. Im Nu entwickelte sich eine Schlägerei, bei der etliche aus dem Publikum mitmischten, ein anderer Teil allerdings zu entfliehen versuchte. Wedigo nahm Melissas Hand und brachte sie rasch von der Tanzfläche.

„Lass mich, ich will noch ein wenig tanzen!"

„Jetzt besser nicht, es könnte ungemütlich werden."

Wie zur Bestätigung seiner Worte tauchte wieder der Vierschrötige vor ihnen auf. Er hob die Hand: „Nicht so schnell, Freundchen!"

Doch ehe Wedigo reagieren konnte, hatte Melissa einen Schuh ausgezogen und schlug mit diesem dem Kerl seitlich auf den Kopf. Vom Angriff überrascht wich der Mann zurück.

Wedigo nutzte die Zeit und zerrte die widerstrebende Melissa weiter mit sich.

„Komm endlich, es ist keine Zeit, um zu zögern. Besonders nicht nach deiner Attacke auf diesen Burschen. Auf eine Schlägerei kann ich verzichten!"

Es gelang ihm, Abstand zu dem Kerl zu gewinnen und Melissa aus dem Saal zu bringen. Sie steuerten den Ausgang an, doch im Flur drängten sich die Menschen, und es war kein Durchkommen. Dann spürte er eine harte Hand an der Schulter.

„Halt!"

Dem aufdringlichen Menschen schien es offenbar gelungen, ihnen zu folgen. Im gleichen Moment erlosch das Licht. Menschen schrien auf, jemand rief „Hilfe!"

Wedigo schüttelte die Hand ab, zog instinktiv Melissa an sich und suchte mit ihr an der Seite Schutz. Dort zeigte sich eine Nische, nein, es war eine Tür. Er tastete mit der Hand nach der Klinke und drückte diese nieder. Die Tür ließ sich öffnen und beide schlüpften in den dahinter gelegenen Raum. Wedigo schloss die Tür vor dem im Lokal ausbrechenden Chaos.

„Hier ist ein Schalter", sagte Melissa und betätigte ihn. Ein mattes Licht leuchtete an der Decke auf. Vor ihnen lag ein kaum erhellter schmaler Gang. Ohne zu überlegen trat Melissa in ihn hinein.

„Warte! Du weißt nicht, wohin es geht!"

„Das ist doch das Spannende. Komm, ein wenig Abenteuer tut uns gut."

Wedigo blieb nichts übrig, als seiner Frau folgen. Was für ihn, wie er innerlich anmerkte, keine neue Erfahrung war. Der Gang bog scharf links ab und endete nach einigen Metern vor einer weiteren Tür. Melissa öffnete sie, ohne zu zögern, und beide befanden sich wieder auf der Friedrichsstraße unweit des Eingangs zum Schwarzen Kater. Direkt davor standen zwei Fahrzeuge der grünen Minna. Gut ein Dutzend Polizisten in Uniform mit Tschako kontrollierten die aus dem Lokal kommenden Gäste. Weitere mochten sich im Innern befinden.

„Guten Abend, die Herrschaften. Wohin so eilig?"

Ein Mann in einem dunklen Ledermantel vertrat ihnen den Weg.

„Ich wüsste nicht, was Sie das angeht!", gab Melissa zurück.

„Oh, ich denke doch. Das hier ist eine Razzia, und Sie kommen, um nicht zu sagen flüchten aus einem Hintereingang des Schwarzen Katers."

Der Mann im Ledermantel zückte einen Ausweis. „Kriminalpolizei!" Dabei fiel ein Laternenstrahl auf sein Gesicht.

„Kommissar Wehner, ich habe Sie nicht gleich erkannt."

„Herr von Wedel!"

„Und meine Gemahlin."

„Gnädigste Frau Gräfin, Sie entschuldigen, aber ich wusste nicht ...“

„Wir wussten auch nicht", entgegnete Wedigo. „Wir wollten nur tanzen, wobei zugegebenermaßen das Publikum uns sehr gemischt vorkam."

„Sehr gemischt ist freundlich ausgedrückt. Wir gehen davon aus, dass der Schwarze Kater zum System der sogenannten Ringvereine gehört. Davon gibt es in Berlin über 60 mit mindestens 1000 Mitgliedern. Diese kontrollieren vor allem die Vergnügungsstätten der Stadt. Nahezu jeder Kellner, Barmann und Portier, Schuhputzer und Toilettenmann war und ist mit ihnen verbandelt. Auch die Damen des Gewerbes, die von den Brüdern der Vereine geschützt werden und dafür regelmäßige Beiträge entrichten."

„Ein Zuhälter- und Gangstersystem", stellte Wedigo fest.

„Deswegen hat mich der Mann gefragt, ob ich für ihn tanzen wolle!", meinte Melissa. „So ein großer, bulliger Kerl. Dunkle Haare und eine Narbe unterhalb des rechten Auges."

„Das könnte Muskel-Adolf, mit bürgerlichem Namen Adolf Leib, gewesen sein. Der Adolf ist noch jung, 1900 geboren, und bereits ein echter Schwerkrimineller."

Melissa schüttelte sich. „Schrecklich. Und jetzt ist mir kalt. Mein Mantel hängt noch an der Garderobe."

„Entschuldigen Sie, Gnädigste. Wenn Sie mir Ihre Nummer geben, lasse ich gleich einen Beamten den Mantel holen. Ich will Sie nicht länger aufhalten."

Melissas Nerz wurde bald gebracht und sie kehrten ins Adlon zurück. Am Empfang verlangte Wedigo den Schlüssel. Der Portier übergab ihm diesen mitsamt einem Kuvert.

„Das wurde vor wenigen Minuten für Sie abgegeben, Herr von Wedel", informierte er.

„Danke!"

Wedigo öffnete den Umschlag. Er enthielt einen Zettel mit der knappen Nachricht: *Muss Sie umgehend sprechen! N.*

„Der Herr erwartet Sie im Rauchsalon!"

„Was ist? Wer erwartet dich? Nicolai?" Melissa schüttelte den Kopf. „Weiß dein Major, wie spät es ist?"

„Das hat Nicolai noch nie gekümmert. Er ist übrigens Oberst."

„Das ist mir gleichgültig. Ich bin müde, ich will ins Bett und du solltest dich ebenfalls ausruhen."

„Es dauert nicht lang, höchstens zehn Minuten. Ich bringe dich hoch und rede dann kurz mit Nicolai."

Wedigo ließ sich vom Portier die beiden Zimmerschlüssel geben und fuhr mit Melissa in die zweite Etage. Er öffnete und hielt die Tür auf. Melissa trat ein, schaltete das Licht an und blieb abrupt stehen.

„Wedigo, hier wurde eingebrochen!"

Wirklich waren Schränke geöffnet, Schubladen herausgezogen und alles durchwühlt worden. Papiere lagen auf dem Boden, verschiedene Kleidungsstücke hatte der Einbrecher auf das Bett geworfen. Der Schmuckkasten stand allerdings unberührt auf der Schminkkommode. Aber die Kladde, die er von Nicolai erhalten hatte, fehlte.

„Der Schmuck wurde nicht gestohlen, offenbar suchten der oder die Täter nach etwas anderem."

Dass er die Kladde vermisste, verschwieg Wedigo, warum wusste er selbst nicht.

„Das ist mir egal, ob etwas gestohlen wurde oder nicht. In diesem Zimmer bleibe ich jedenfalls nicht!"

„Das musst du auch nicht."

Wedigo läutete nach dem Etagenkellner. Der Mann kam umgehend. Angesichts des Zustands der Suite zeigte er sich bestürzt und leitete sofort entsprechende Maßnahmen ein. Innerhalb von zwanzig Minuten wurden die Kleider sowie ihre anderen Besitztümer durch das Personal eingesammelt und in neue Räumlichkeiten beziehungsweise zur Reinigung gebracht. Alles wurde sorgfältig und schnell in Schränke und Schubladen einsortiert, das Bett bezogen und als kleine Entschädigung für die erlittene Störung eine Flasche Champagner serviert. Endlich, die Uhr ging auf halb eins zu, konnte sich Melissa zur Ruhe begeben.

„Komm schon, worauf wartest du noch?"

„Ich muss noch Nicolai treffen."

„Der ist sicher gegangen."

„Das glaube ich nicht. Lass mich kurz schauen."

Ungeachtet Melissas müden Protesten eilte Wedigo nach unten und in den Rauchsalon. Dort saß in einem der dunklen Ledersessel Oberst Nicolai und blätterte in einer Zeitung.

„Herr Oberst, entschuldigen Sie …"

„Habe schon gehört", unterbrach ihn Nicolai, „bei Ihnen wurde eingebrochen. Ging wahrscheinlich um die Kladde. Keine Sorge, die werden mit der Beute nichts anfangen können. Aber es ist spät, also kurz und knapp. Die Tochter Fedor von Bocks ist verschwunden, vermutlich wurde sie entführt. Von Bock ist, wie ich bereits erwähnte, einer unserer denkbaren Kontakte zur Schwarzen Reichswehr. Ich gehe davon aus, dass Ursula, so heißt das Mädchen, entführt worden ist, um von Bock unter Druck zu setzen. Zurzeit ist er, wie Sie wissen, in Berlin. Sie nehmen morgen mit Bock und Gennat Kontakt auf. Erste Aufgabe: Sie finden das Mädchen und klären zweitens, wer hinter der Entführung steckt."

Nicolai griff in die Innentasche seines Jacketts und überreichte Wedigo einen Umschlag.

„Hier drinnen sind ein Foto und die genauen Daten Herrn von Bocks. Und jetzt entschuldigen Sie mich. Ich habe noch zu tun. Wir sehen uns am Montag."

Ohne auf eine Antwort zu warten erhob sich Nicolai, verließ den Salon und begab sich zum Ausgang.

Fedor von Bock; er hatte Nicolai berichtet, den Offizier am Mittag im Hotel gesehen zu haben. Wedigo holte das Bild der Tochter hervor. Es zeigte ein blasses, hübsches Gesicht. Er erkannte auch das Mädchen wieder. Ursula von Bock war die jugendliche Tänzerin im Schwarzen Kater gewesen. Nachdenklich fuhr er zurück in die zweite Etage. Erst begab er sich zum falschen Zimmer. Richtig, sie hatten die Räumlichkeiten wegen des Einbruchs gewechselt. Wedigo seufzte. Der Eindringling war sicher nicht nur wegen der Kladde in ihre Suite eingebrochen, dahinter steckte mehr. In welchen Konflikt hatte Nicolai sie wieder reingezogen?

2. Kapitel

Die Schatten der Großstadt

Montag, 3. März 1924 .... **Abend-Ausgabe** .... Einzel-Nr. 10 Goldpfg. = 100 Mill. M.

Berliner ✠ Tageblatt

Nr. 107 .... **und Handels-Zeitung** .... 53. Jahrgang

Chefredakteur Theodor Wolff in Berlin. .... Druck und Verlag von Rudolf Mosse in Berlin.

Die deutschen Katholiken gegen Ludendorff

Eine Rede des Kanzlers Marx.

**Die Beteiligung der Infanterieschüler am Putsch
Ankündigung am Schwarzen Brett
Die Kriegsschüler zu den nationalsozialistischen Versammlungen
kommandiert**

Die Vernehmung des aktiven Reichswehrleutnants Wagner ist größtenteils unter Ausschluß der Öffentlichkeit. Was öffentlich zur Sprache kam, zwingt zu der Feststellung, daß bei der siebenten Reichswehrdivision und bei der Infanterieschule ein der deutschen Republik und ihrer Verfassung feindlicher Geist die Oberhand hatte.

Berliner Tageblatt, 3. März 1924

Am Sonntagmorgen gegen neun erwachten Wedigo und Melissa. Sie ließen sich das Frühstück im Zimmer servieren, tranken Kaffee und aßen dazu Croissants.

„Was wollte Nicolai gestern noch so spät?"

Wedigo berichtete, was geschehen war und was der Oberst von ihm gewollt hatte.

„Seit wann klärst du Entführungsfälle auf? Ich denke, es gibt Grenzen und das solltest du unserem alten Freund deutlich machen. Er ist nicht mehr dein und mein Vorgesetzter und wir sind keine Agenten mehr."

Melissa hatte recht, aber Wedigo fühlte sich Nicolai nach wie vor verpflichtet und wollte ihn, in bestimmtem Rahmen, weiter unterstützen.

Sie kleideten sich an und ließen packen. Punkt elf verließen beide das Adlon und nahmen eine Droschke mit dem Ziel Fontanestraße, wo Nadja von Michalkowsky wohnte. Die Straße gehörte zur Villenkolonie Grunewald und zwar zu ihrem westlichen Teil, der, wie die weiteren Namen Bettinastraße und Auerbachstraße bewiesen, einen durchaus literarischen Charakter zur Schau trug. Auch Tante Nadja, erzählte Melissa, sei eine Schreibende. Sie könne bereits ein gutes Dutzend Romane aufweisen, die beim Gartenlaubepublikum großen Anklang fänden.

Links und rechts lagen Gärten, in denen Schneeglöckchen und erste Krokusse blühten. Es sah ganz hübsch aus, zumal im Vergleich mit anderen Berliner Straßen, die sich ohne jeden Baum und jedes Grün endlos dahinzogen. Unweit der Straße ging es direkt in den Grunewald. Dieser war hier von alten Wasserläufen durchzogen, die zum Teil verwachsene, mit Erlen, Birken und krüppeligen Kiefern bedeckte Sümpfe bildeten. Wedigo kannte diesen Teil aus früheren Zeiten und Erlebnissen gut. Weiter in der Tiefe des ausgedehnten Waldes zogen sich Ketten von Seen sowie Moore hin. Die Sumpfstellen waren im letzten Jahrzehnt ausgegraben und ebenfalls in anmutige Seen mit schön geschwungenen Ufern verwandelt worden. Jetzt schimmerten an den Ufern zwischen den Bäumen helle Villen hervor.

Bald erreichten sie das Haus Tante Nadjas, ein luftiges Gebäude mit einer aufwendigen, von Stabgittern und Pfeilern gebildeten Einfriedung und von Pilastern gerahmten Rundbogenfenstern. Dachhäuschen nahmen die Betonung der Mitte auf. Fensterrahmungen mit Neorokoko-Köpfchen in den Scheiteln sowie die Kapitelle und das feinprofilierte Hauptgesims – sämtlich in Kunststein ausgeführt – verliehen dem Gebäude den Charakter eines kleinen Palais. Das Dach bildeten farbig glasierte Ziegel, ein frisch angelegter Garten mit einem See umgab das Ganze. Der Zugang erfolgte über eine an der nördlichen Schmalseite angefügte, in einen kräftigen Pfeileraltan einmündende Treppenanlage. Alles sah frisch lackiert, neu und sauber aus, geradeso, als sei es soeben aus einer Spielzeugschachtel entnommen worden.

Nadja von Michalkowsky erwartete sie bereits. Sie war eine schlanke, hoch gewachsene Mittvierzigerin von frischem, fast jugendlichem Aussehen. Ihr volles schwarzes Haar trug sie hochgesteckt und durch einen silbernen Kamm geschmückt. Im feingeschnittenen Gesicht leuchteten überraschend hellgrüne Augen. Erst beim näheren Betrachten zeigten sich vereinzelte Fältchen, die auf ihr wahres Alter schließen ließen. Gekleidet war sie in ein blaues, hoch geschlossenes Samtkleid, welches ihre Figur aufs Angenehmste betonte. Eine doppelte Perlenkette bedeckte den Hals, sonst trug sie weiter keinen Schmuck. Neben ihr stand Sohn Carlos. Das Kind freute sich, seine Eltern zu sehen und umarmte seine Mutter, kehrte jedoch gleich wieder zu seinem neuen Spielzeug zurück: Ein Regiment bester Husaren in dunkelblauer Uniform, die gerade eine Festung zu stürmen versuchten. Melissa war etwas enttäuscht über das mangelnde Interesse des Sohnes, sah jedoch ein, dass sie gegen reitendes Militär kaum eine Chance hatten.

Die Tante führte die Gäste persönlich durchs Haus. Der getäfelte Eingangsflur mündete in ein größeres Foyer, das mit mehreren Polstermöbeln und einem eigenen Kamin einladend ausgestattet war. Linker Hand öffneten sich die Türen zum großen Salon, dem sich ein Esszimmer und die Bibliothek anschlossen. Biedermeiermöbel und eine Vielzahl von orientalischen Teppichen vermittelten eine wohnlich warme Atmosphäre. Alle Fenster öffneten sich zum Garten, wo von einem runden Freisitz Stufen zum Ufer eines Sees führten. Carlos' Militär befand sich in einer eigens für ihn freigeräumten Nische, von wo aus er ab und zu Spähtrupps in andere Bereich entsandte.

Sie traten in die Bibliothek. Diese schien Wedigo hervorragend ausgestattet. Er schätzte, dass in den Vitrinenschränken gut tausend in Leder gebundene Buchbände standen, vor allem Werke der deutschen Klassik und Romantik. Aber auch englischsprachige, russische und französische Literatur des 19. Jahrhunderts zeigte sich, wie er anhand der Titel feststellte, umfangreich vertreten.

In einem zum Raum gehörenden Runderker hatte die Baronin ihren persönlichen Arbeitsbereich eingerichtet. Hier befand sich ein englischer Schreibtisch, auf dem eine moderne Mercedesschreibmaschine nebst Papier, Füller und Tinte ihren Platz gefunden hatte. In einem seitlichen Regal standen einige Werke Nadja von Michalkowskys. Wedigo las Titel wie ‚Die Herrin von Adelswerth‘, ‚Die Liebe des Lieutenants‘, ‚In Liebe verloren‘ und anderes aus dem Genre der Herzensliteratur. Sicher das Richtige für die Leserinnen der Gartenlaube, weniger für ihn.

„Auf der anderen Seite liegen die Küche und einige Wirtschaftsräume", erklärte die Baronin, während sie über das Foyer zur Treppe in die obere Etage gingen. „Hier befinden sich die Bäder und etliche Schlafzimmer."

„Welche Räume sind in der untersten Etage?"

„Dort sind die Dienstboten untergebracht. Angrenzend befinden sich Wirtschafts- und Lagerräume."

Sie liefen den Flur entlang. Ziemlich am Ende öffnete die Baronin eine Tür.

„Euer Zimmer, das Bad ist gleich nebenan."

Sie zog die Vorhänge zur Seite.

„Ihr habt einen schönen Blick auf den Garten, Carlos hat rechts seine eigene Kammer, wobei er lieber unten im Wohnzimmer spielt. Das Gepäck wurde bereits hochgebracht und alles verstaut."

„Danke, dann machen wir uns etwas frisch."

„Gut, wir essen in einer Stunde. Bitte ganz formlos. Bis später."

„Ein wunderschönes Gebäude", meinte Melissa, nachdem ihre Gastgeberin gegangen war. „Ein solches Haus wäre auch etwas für uns. Was meinst du, Wedigo?"

„Denkbar", erwiderte er vorsichtig. Mit dem Thema ‚Haus‘ hatte er sich noch nicht beschäftigt und wollte erst abwarten, wie sich alles in Berlin entwickeln würde.

An der weiß gedeckten Tafel des Hauses saßen heute acht Personen. Neben der Baronin und beiden von Wedels hatte sich besagter Vetter Wladimir mit seiner Verlobten Ela von Matuschka eingefunden. Dazu ein früherer Reichswehroffizier Hilmer Freiherr von Bülow nebst seiner Gemahlin Edith Freiin von Seebach. Und eine junge Frau namens Zambona, die aktuelle Sekretärin der Baronin.

Das Essen begann mit einer Taubenbrust, gefolgt von Consommé von Steinchampignons. Das Hauptgericht bildete ein Rehrücken in Haselnussbrot auf Pfefferrahm. Dazu wurde ein trockener Cuvée eingeschenkt, den die Herren sehr lobten. Den Abschluss bildete eine Apfeltarte beziehungsweise ein Mousse au Chocolat. Den Mokka nahm man im Salon ein.

Das Tischgespräch widmete sich der aktuellen Berliner Kunstszene.

„Wir sind sehr auf das hiesige Theaterleben gespannt. Was steht neu auf dem Spielplan?"

„Das kommt auf die Bühne an", antwortete die Baronin auf Melissas Frage. „Das Theater ist in den letzten Jahren sehr politisch geworden, was nicht jedem gefällt. Piscator zum Beispiel."

„Geradezu absurd, was der Mann treibt", meinte der Major, „wobei ich zugeben muss, dass ich überhaupt mit vielen der modernen Stücke nichts anfangen kann."

„Alle einfach etwas gaga", warf der Vetter ins Gespräch.

„Eher dada", korrigierte seine Braut. „Heartfield und Grosz. Beide sind herrlich verrückt."

Der Diener kam ins Zimmer und trat zu Wedigo.

„Herr von Wedel, Sie entschuldigen, Sie werden am Telefon verlangt."

Überrascht stand Wedigo auf und folgte ihm in die Vorhalle, wo sich der Apparat befand. Er griff zum Hörer und meldete sich: „Von Wedel?"

„Nicolai. Ich brauche Sie umgehend. Fräulein Ursula von Bock wurde gefunden. Sie ist tot, ermordet!"

„Das ist schrecklich, aber ich weiß wirklich nicht, wie ich helfen könnte ..."

„Es geht nicht um den Mord. Darum kümmern sich Gennat und seine Leute. Es gibt vielmehr Umstände, die auf eine politische Tat hinweisen.

Da sind wir gefragt. Ich habe einen Wagen zu Ihnen in den Grunewald geschickt, der Sie abholt. Der Fahrer weiß, wohin es geht."

Damit beendete Nicolai das Gespräch. Wedigo kehrte in den Salon zurück, um Melissa zu verständigen. Sie war von der Situation wenig begeistert; doch da klingelte es bereits an der Haustür: Das Automobil, das ihn abholte, war schon angekommen. Wieder stellte der Oberst ihn vor vollendete Tatsachen. So ging das nicht weiter, er würde mit Nicolai darüber unbedingt sprechen müssen.

Sie fuhren zum Lietzensee. Der Wagen hielt kurz vor dem Damm, der den See teilte. Der Fahrer wies zum See.

„Herr Oberst befindet sich unten am Ufer."

Nicolai stand am Wasserbecken an der Kleinen Kaskade. Dort lag, verhüllt mit einer Decke, der Körper der Toten. Daneben suchten zwei Wachtmeister nach Spuren. Ein anderer Kriminaler unterhielt sich mit dem Oberst. Wedigo erkannte Kommissar Wehner. Er trat zu den beiden Männern.

„Herr von Wedel, gut, dass Sie gleich gekommen sind. Sehen Sie selbst!"

Wehner gab ein Zeichen und einer der Beamten schlug die Decke zurück. Vor ihnen lag der Körper eines jungen Mädchens. Die Augen waren geschlossen, nichts wies auf die Todesursache hin. Kein Strangulationsspuren oder andere Male. Lediglich ein Leberfleck auf der linken Schulter fiel auf. Das Gesicht war blass, kein Zweifel, das war die Tänzerin von gestern Abend.

„Der oder die Täter haben sie der Kleidung beraubt", erläuterte Wehner. „Das Portemonnaie allerdings ließen sie liegen. Darin befand sich eine Visitenkarte, anhand derer wir sie identifizieren konnten."

„Wie wurde sie getötet?"

„Ihr wurde eine Überdosis Heroin verabreicht. Die Einstichstelle liegt am Oberschenkel und ist kaum zu erkennen. Dann wurde das Opfer am Bassin abgelegt. Sie sehen, was die Tote um den Hals trägt."

Es war ein viereckiges Pappschild. Auf diesem stand in ungelenken Blockbuchstaben: *VERRÄTER STRAFT DIE FEME.* ⚥

„Ein Fememord? Und was soll die Rune? Überhaupt, was hatte das junge Fräulein mit der Feme zu tun?"

„Es geht nicht um das Fräulein", erwiderte Nicolai. „Es geht den Tätern um Herrn von Bock, ihren Vater. An ihm beziehungsweise an ihr sollte wohl ein Exempel statuiert werden. Ich fahre zu Herrn von Bock", erklärte er weiter. „Er muss über den Tod der Tochter informiert und gleichzeitig zum Femenhintergrund befragt werden. Herr von Wedel, Sie begleiten mich. Sie haben doch nichts dagegen, Kommissar?"

Wehner schien froh zu sein, dass ihm der schwere Gang abgenommen wurde und stimmte zu. Nicolai und Wedigo verließen den Tatort. Sie ließen sich zum Adlon fahren.

„Sie kennen die Bedeutung der Feme, Herr von Wedel?"

„Die Feme ist eine Geheimorganisation, eine Art nichtöffentliches Gericht. Ganz im mittelalterlichen Sinne."

„Richtig. Aber die Feme ist leider auch ein Phänomen des 20. Jahrhunderts. So heißt es in der Satzung der Organisation Consul: ‚Verräter verfallen der Feme'."

„Die Organisation Consul war verantwortlich für die Ermordung von Matthias Erzberger, Karl Gareis und Walther Rathenau?"

„Korrekt – und ihre Mitglieder waren auch am gescheiterten Attentat auf Philipp Scheidemann beteiligt. Wenn die beziehungsweise der Nachfolgeverein Wiking Bund – denken Sie an die Rune – wenn die also mit im Spiel sind, haben wir es mit Leuten zu tun, die vor nichts zurückschrecken."

Der Wagen erreichte das Hotel. Die Männer trafen Fedor von Bock im Goethegarten, wo er gerade mit einer Dame am Dinieren war. Es war die gleiche, mit der Wedigo ihn am Vortag gesehen hatte.

Nicolai stellte Wedigo vor.

„Von Wedel? Wir kennen uns von Potsdam", sagte von Bock. „Worum geht es?"

„Können wir Sie unter vier Augen sprechen?"

„Herr Oberst, ich habe vor Frau von Boddien keine Geheimnisse. Nehmen Sie Platz und sagen Sie frei heraus, was Sie auf dem Herzen haben."

„Wir kommen wegen Ihrer Tochter Ursula."

„Wegen Ursula? Ich habe heute Vormittag erst mit ihr gesprochen. Sie besucht ein Lyzeum in der Schweiz und wir haben telefoniert."

„Da sind Sie ganz sicher? Es kann niemand anderes gewesen sein?"

„Ich kenne die Stimme meiner Tochter. Aber, meine Herren, worum geht es?"

„Heute Nacht wurde mir gemeldet, Ihre Tochter sei verschwunden und dass Sie eine Entführung befürchteten!"

„Wer hat das behauptet?"

„Ihr Adjutant hat mich angerufen. Ein Leutnant Miller."

„Herr Oberst, ich habe derzeit keinen Adjutanten, schon gar nicht einen Leutnant Miller."

„Und Ihre Tochter ist wohlauf?"

„Das sagte ich bereits", gab von Bock gereizt zurück.

„Nun, wir haben eine Tote gefunden, die eine Visitenkarte auf den Namen Ihrer Tochter in der Börse dabeihatte. Wenn ich Ihnen ein Bild zeigen dürfte? Des lebendigen Mädchens, nicht der Toten", fügte Nicolai hinzu.

„Also gut, aber dann ist es genug, oder, Wilhelmine?"

„Ich denke, du solltest den Herren behilflich sein, das grässliche Mysterium aufzuklären", sagte Frau von Boddien.

Nicolai holte die Fotografie hervor, die er Wedigo in der Nacht gezeigt hatte, und legte sie Herrn von Bock vor. Dieser stutzte, nahm das Bild in die Hand und studierte es sorgfältig.

„Es ist richtig, das Mädchen auf dem Foto sieht Ursula sehr ähnlich. Aber sie ist es nicht."

Er gab das Bild an Frau von Boddien weiter.

„Was sagst du, meine Liebe?"

Die Dame nahm es und betrachtete es ebenfalls gründlich.

„In der Tat, es besteht eine große Ähnlichkeit. Aber wer Ursula kennt, weiß, das ist sie nicht. Es könnte ihre Base Veronika sein. Nur die Haarfarbe stimmt nicht. Veronika hat dunklere Haare."

„Du hast recht", sagte Fedor von Bock. „Das könnte Veronika sein."

„Ursulas Base Veronika? Können Sie zu ihr nähere Angaben machen?", fragte Wedigo.

„Veronika von Reichenbach ist eine der Töchter des Bruders meiner verstorbenen Frau. Sie ist einige Jahre älter als es auf dem Foto oder auch sonst aussieht. Das Fräulein gilt in der Familie als Enfant Terrible. Sie ist im letzten Jahr zu Hause ausgezogen und lebt jetzt mit einem Maler zusammen."

„Kennen Sie den Namen des Mannes?"

„Heckendorf", antwortete an Stelle von Bocks die Dame. „Er gehört der Sezession an und ist als Luftikus bekannt und verschrien. Meinen Sie, dass Veronika die Tote ist?"

„Das könnte sein", erklärte Nicolai.

„Ursula und Veronika sind befreundet, was wohl die Visitenkarte erklärt", sagte von Bock. „Besteht denn Gefahr für meine Tochter?", wollte er wissen, das Schicksal seiner Nichte schien ihn nicht sehr zu interessieren.

„Ich denke, es geht eher um Sie und Ihre Verbindungen zu Sondereinheiten der Reichswehr."

„Darüber sollten wir hier nicht sprechen", erwiderte von Bock und warf einen nervösen Blick in die Runde.

„Der Tiergarten liegt in der Nähe", sagte Nicolai. „Ich schlage einen Spaziergang vor."

„Einverstanden."

„Gut, treffen wir uns in einer halben Stunde vor dem Hotel?"

„In einer halben Stunde", wiederholte von Bock.

Wedigo und Nicolai verabschiedeten sich von Frau von Boddien. Sie begaben sich in den Wintergarten und bestellten einen Kaffee.

„Eine neue Wendung, wenn es sich bei der Toten nicht um Ursula von Bock handelt."

Nicolai schüttelte den Kopf.

„Das sehe ich nicht so. Das andere Mädchen ist lediglich das bedauernswerte Opfer einer Verwechselung geworden. Doch die Feme richtete sich gegen von Bock."

Eine Dreiviertelstunde später spazierten die drei Männer durch den Tiergarten. Überall blühten gelbe Krokusse und eine Vielzahl von Schneeglöckchen. Eine milde Frühlingssonne durchwärmte die Luft. Die Herren, im Gespräch vertieft, achteten indes kaum auf die Natur.

„Sie glauben wirklich, dass die Feme es auf mich und meine Familie abgesehen hat?", fragte gerade Herr von Bock. „Aus welchem Grund denn? Dass ich für die geheime Reichswehr zuständig bin, kann doch deren Mitglieder nicht stören. Oder stecken die Franzosen hinter dem Ganzen?"

„Ein Ablenkungsmanöver wäre durchaus denkbar", überlegte Nicolai. „Allerdings trägt die Mordtat eher die Handschrift der Feme beziehungsweise der Leute, die sich hinter ihr verbergen."

„Wie lässt sich klären, was der wahre Hintergrund ist und welche Absichten die unbekannten Täter verfolgen?", fragte Wedigo. „Gibt es Zugang zu den infrage kommenden Kreisen?"

„Ich werde zum 1. April den Posten als Kommandeur des II. Jäger-Bataillons in Kolberg übernehmen", sagte von Bock. „Vielleicht gäbe es dort eine Möglichkeit, in Kontakt mit ehemaligen Freikorpsmitgliedern zu treten. Die Herren stehen ultranationalen Zirkeln bekanntlich nahe oder bilden diese."

„Es handelt sich um ehemalige Soldaten, die im Baltikum mutig der roten Gefahr getrotzt haben", wandte Nicolai ein. „Ich bin überzeugt, dass solche Männer nicht herumlaufen und junge Mädchen ermorden."

„Das glaube ich auch nicht, aber möglicherweise gibt es unter ihnen jemand, der uns weiterhelfen kann. So habe ich jedenfalls Ihren Hinweis verstanden", wandte sich Wedigo an von Bock.

„Das ist korrekt und ich gehe noch weiter. Ich schlage vor, Herr von Wedel, Sie begleiten mich nach Kolberg. Vielleicht im Rahmen einer Wehrübung. Dann könnten Sie vor Ort etwaigen Spuren nachgehen. Oberst Nicolai hat bei unserem ersten Treffen bereits eine entsprechende Idee geäußert."

„Sie sollten Herrn von Wedel offiziell anfordern, alles Übrige werde ich in die Wege leiten", schloss Nicolai das Gespräch ab.

Es war gegen halb sechs, als Wedigo in den Grunewald zurückkehrte. Melissa, der er von den Ereignissen des Nachmittags und den Kolberger Plänen erzählte, zeigte sich wenig begeistert.

„Ich dachte, wir wollten uns in aller Ruhe nach einem Gut in Brandenburg umschauen, das du bewirtschaften kannst. Und nach einer Berliner Stadtwohnung oder einem Stadthaus, um nicht in der Provinz zu versauern. Stattdessen gehst du nach Kolberg irgendwo im Osten. Mehr Provinz geht kaum."

„Von Bocks Kommando beginnt erst mit dem 1. April. Bis dahin ist genug Zeit, um für uns alles einzurichten. Im Osten gibt es natürlich auch Güter."

„Irgendwo in den masurischen Wäldern, wo sich Fuchs und Hase gute Nacht sagen, mitten unter Kaschuben!"

„Die Masuren gehören zu Ostpreußen, Kolberg liegt in Pommern", korrigierte Wedigo vorsichtig, was Melissa nicht besonders gnädig aufnahm.

Zu Wedigos Glück kam Carlos ins Zimmer, der seinen Vater zu einer Schlacht einlud: ‚Tannenberg'!

Eine Weile ließen beide ‚Männer' ihre Truppen komplizierte Manöver ausführen. Die Erbsenkanonaden ‚donnerten' und mit einem kräftigen Hurra stürmten die preußische Husaren die Düppeler Schanzen. Mit der historischen Geografie nahm es der Sohn nicht so genau.

Nachdem Carlos zu Abend gegessen hatte und mit Hilfe des Kindermädchens zu Bett gebracht worden war, las ihm sein Vater noch aus ‚Peterchens Mondfahrt' vor. Wedigo wusste nicht mehr, wie oft er Sumsemann und seine Freunde schon zum Mond hatte reisen lassen. Der Junge liebte die Geschichte und konnte von ihr nicht genug bekommen.

„Linkes Bein, rechtes Bein, und dann kommt das Flügellein", und schon war der kleine Mann eingeschlafen.

Am Abend hatte die Baronin einen befreundeten Pianisten, Artur Schnabel, eingeladen, der eine Beethoven-Klaviersonate und einige kürzere Chopinstücke spielte. Schnabel stammte aus einem kleinen Dorf in Galizien und hatte seine musikalische Ausbildung in Wien als Schüler

Theodor Leschetitzkys erhalten. Zum Abschluss spielte der Professor augenzwinkernd einige Gassenhauer, die auf dem Flügel natürlich völlig anders erklangen als aus der Drehorgel der Berliner Hinterhöfe.

Am Montagmorgen rief Nicolai an und entschuldigte sich, er sei heute im Ministerium beschäftigt und müsse die Besprechung verschieben. Er werde sich melden. Wedigo war die Terminänderung nur recht, denn Melissas Zweifel im Hinblick auf seine ostpommerschen Aktivitäten hatten sich nicht gelegt. Unmissverständlich machte sie deutlich, dass es jetzt darum ginge, ihre eigenen Pläne zu verfolgen.

So suchten sie gemeinsam einen Makler auf, der ihnen verschiedene Wohnungsangebote unterbreitete. Es gab einige schöne Häuser in Charlottenburg in der Nähe zum Schloss. Allerdings fehlte in den meisten das Bad oder sie verfügten nicht über die Anzahl von Räumen, die Melissa als für ihr Wohlbefinden notwendig erachtete. Nach weiterem Suchen fanden sie endlich in der Jägerstraße nahe dem Gendarmenmarkt eine Wohnung, die ihren Vorstellungen entsprach. Sie lag in der Beletage und bot mit einem großzügigen Salon, dem sich anschließenden Speisezimmer und dem Rauchsalon sowie einer Bibliothek, einem Kinder- und dem Schlafzimmer genügend Raum für die Bedürfnisse der Familie. Eine große Küche mit einer Speisekammer, das Bad mit Wanne sowie zwei Dienstbotenzimmer unterm Dach vervollständigten das Ensemble. Ferner gehörten zur Wohnung Kellerräume und im Hinterhof eine Garage für das Automobil. Einen weiteren Vorteil hatte die Wohnung. Sie konnte komplett möbliert übernommen werden.

Melissa zögerte zunächst, das ein oder andere Möbelstück entsprach nicht ganz ihrem Geschmack. Einer individuellen Gestaltung stehe nichts im Weg, versicherte der Makler. Nicht gewünschtes oder ersetztes Mobiliar werde auf Wunsch abgeholt. Vor einer Entscheidung gingen beide noch einmal allein durch die Räume. An der Decke Stuckleisten, große verzierte Holztüren in dezentem Weiß. Eichenholzdielen und Böden in Fischgrät-Parkett. Eine leicht blaue Tapete in Salon und Esszimmer, die übrigen Wände dezent geblümt. Dazu der Blick vorn zur Straße bis hin zum Gendarmenmarkt, hinten zum Hof direkt auf einen Lindenbaum. Doch, das Gebotene sprach sie an, auch wenn sie da und dort noch eigene Akzente setzen würden. Da auch der Mietzins angemessen schien, unterschrieben beide den Vertrag. Melissa mit gräflicher Titulatur, was den Makler, der seine Überraschung über ihren Wunsch, Mitunterzeichnerin zu sein, nur mit Mühe unterdrücken konnte, denn doch erfreute.

„Die verstorbene Frau General von Hauenstein würde entzückt sein, zu wissen, dass Sie, gnädige Frau Gräfin, jetzt ihre Räumlichkeiten bewohnen werden", konnte der Mann sich nicht enthalten anzumerken.

„Ach, ich wusste nicht, dass in der Generalität auch Frauen ihren Mann standen", gab Melissa zurück. Rosenfeld, so der Name des Maklers, verstand die Spitze offenbar nicht oder wollte sie nicht verstehen und nickte lächelnd.

Damit war das Geschäft abgemacht und nach einer Anzahlung von 200 Mark erhielt das Paar die Schlüssel sowie eine Quittung und Herr Rosenfeld verabschiedete sich.

„Wunderbar, das haben wir geschafft", freute sich Melissa. „Bist du auch zufrieden?"

Wedigo nickte, sie hatten wirklich eine gute Wahl getroffen.

Zur Feier des Tages fuhren sie mit der Droschke ins Feinschmeckerlokal Max Schlichter in der Lutherstraße in Berlin-Schöneberg. Max Schlichter war der Bruder des Malers Rudolf Schlichter, dessen Gemälde die Wände des Restaurants zierten. Das Lokal selbst war gutbürgerlich eingerichtet, die Speisekarte jedoch deutlich umfangreicher, als es sonst in Berlin üblich war. Die Preise schienen moderat. Melissa bestellte ein Filet Stroganoff, Wedigo Paprikaschnitzel. Den Auftakt bildete eine Wildsuppe. Zum Nachtisch wählten sie gefüllte Eierkuchen. Während des Essens ließen sie nochmals ihre Eindrücke zur Wohnung Revue passieren.

„Das eine oder andere Möbelstück werde ich unbedingt austauschen."

„Hast du schon etwas Konkretes im Blick?"

„Ich denke an die Anrichte im Speisezimmer. Klotzig und dunkel, völlig ohne Geschmack. Auch das Schlafzimmer wirkt düster. Und natürlich gehören die Deckenlampen ausgetauscht. Ein bisschen mehr Jugendstil fände ich angemessen."

„Jugendstil? Dazu Gründerzeit und Biedermeier, ich fürchte, wir könnten uns in einer Möbelmixtur verlieren."

„Nicht, wenn man Geschmack und Stil besitzt, mein Lieber."

Sie waren beim Mokka, als Melissa ihn auf einen Herrn am Nebentisch aufmerksam machte. Dieser saß bei einem Glas Wein und blickte gedankenverloren in die Ferne. Dabei liefen Tränen über sein schmales Gesicht. Spontan wandte sich Melissa ihm zu.

„Mein Herr, entschuldigen Sie bitte meine Aufdringlichkeit. Fehlt Ihnen was, können wir Ihnen irgendwie helfen?"

Der Mann schreckte aus seinen Gedanken auf.

„Nein, nein, mir kann keiner helfen", wehrte er ab.

Er griff zu seiner Serviette und tupfte sich das Gesicht ab.

„Was ist denn passiert?", ließ Melissa nicht locker.

Er schüttelte nur den Kopf.

„Niemand bringt mir Veronika zurück … niemand."

Veronika? Wedigo wurde hellhörig. Sollte der Mann die Tote vom Lietzensee meinen? Nein, das wäre ein zu unwahrscheinlicher Zufall.

Der Fremde leerte sein Glas. Dann winkte er dem Ober.

„Emil, bringen Sie mir bitte noch einen Weißwein!"

„Sehr wohl, Herr Heckendorf."

Heckendorf, den Namen hatte von Bock genannt. Der Lebensgefährte, Freund oder wie man es auch bezeichnen wollte, des Fräuleins von Reichenbach.

Das Glas wurde gebracht.

„Zum Wohl, Herr Heckendorf."

Der Maler ergriff das Glas und leerte es mit einem Zug. Dann wandte er sich wieder Melissa zu.

„Sie war noch so jung", sagte er. „So unerfahren. Ich hätte mich mehr um Veronika kümmern müssen."

„Sie wurde ermordet!", erwiderte Wedigo unverblümt. „Was hätten Sie dagegen tun können?"

„Gab es im Vorfeld Drohungen?", fügte Melissa hinzu.

„Das hat mich der Kriminaler auch gefragt. Aber woher wissen Sie? Sie kennen mich doch gar nicht."

Er griff sich mit beiden Händen an den Kopf.

„Mir ist plötzlich ganz schwindelig."

Mit diesen Worten sank der Maler vornüber auf den Tisch.

„Herr Heckendorf", der Kellner eilte besorgt herbei. „Das geht nicht. Sie müssen nach Hause."

„Wir können den Herren heimfahren", bot Wedigo an. „Wir benötigen allerdings die genaue Adresse."

„Ich glaube, Herr Heckendorf führt Visitenkarten mit sich", sagte der Ober und zeigte auf das Jackett des Malers.

Wedigo wurde in der Innentasche fündig.

„Landsberger Straße Nr. 17, Hinterhaus 2. Etage. Die Landsberger führt vom Alexanderplatz nach Friedrichshain. Das ist schon eine Strecke."

„Wir bringen ihn trotzdem heim", entschied Melissa.

Wedigo zahlte und mit Hilfe des Kellners führte er anschließend den Maler nach draußen. Zum Glück kam gerade eine freie Droschke. Sie verfrachteten Heckendorf in den Wagen, stiegen ein und das Automobil fuhr los.

Das Haus, in dem der Maler wohnte, gehörte einem Kommerzienrat Stinde. Es wies an seiner Fassade Pilaster auf. Die beiden Wandpfeiler reichten von der ersten Etage bis fast an das Dach und gaben dem Hause ein gewisses feierliches Aussehen, so dass es sich vorteilhaft von den üblichen modernen Mietskasernen der näheren Umgebung abhob. Die Pferdebahn, die noch vor wenigen Jahren am Haus vorbeigeführt hatte, war durch eine elektrische ersetzt worden, und auch der Verkehr hatte deutlich zugenommen, sodass die Lage sich verschlechterte und der Mietzins im Verhältnis zu anderen Wohngegenden günstiger geworden war. Dies erklärte, dass Heckendorf sich hier eine größere Wohnung leisten konnte, die allerdings im zweiten Stockwerk des Hinterhauses gelegen war.

Sie brachten den Maler bis in seine Wohnung. Melissa suchte die Küche auf und kochte ihm einen Kaffee. Heckendorf trank ihn, und bald ging es ihm wieder etwas besser.

„Ich danke Ihnen für Ihre Hilfe. würde aber gerne wissen, was Sie mit dem schrecklichen Geschehen zu tun haben", wandte er sich an Wedigo.

Dieser gab einen kurzen Abriss zu den Ereignissen. Als er endete, schüttelte Heckendorf den Kopf.

„Ich begreife das Ganze nicht. Wer tut so etwas? Sie war so ein prächtiges Mädel."

Er seufzte.

„Wie lange waren Sie zusammen?", fragte Melissa.

„Wir waren kein Paar, wenn Sie das meinen. Ich habe Veronika auf einer meiner Vernissagen kennengelernt. Wir kamen ins Gespräch und plötzlich fragte sie mich, ob ich ein Zimmer für sie wisse. Sie wolle aus ihrem spießigen Elternhaus ausziehen und bräuchte dringend etwas zu wohnen, habe aber nur wenig Geld. Ich bot ihr spontan an, hier einzuziehen. Die Wohnung ist groß und ich bin häufig unterwegs und war ganz froh, dass hier jemand nach dem Rechten sah. Mehr war nicht, das Fräulein war auch viel zu jung für mich. Und der Mord, ich verstehe es einfach nicht. Obwohl, sie war neulich wegen eines Briefes ganz aufgeregt ..."

„Ein Brief? Haben Sie ihn gesehen?", fragte Wedigo.

„Nein, aber er wird wohl in ihren Papieren zu finden sein."

„Hat die Polizei nicht ihr Zimmer durchsucht?"

„Die Polizei hat mich lediglich über ihren Tod informiert."

„Dürften wir uns einmal dort umschauen?"

„Wenn Sie es für sinnvoll halten, bitte!"

Heckendorf erhob sich und führte seine Gäste in einen hellen Raum, an den eine weitere Kammer grenzte.

„Ursulas Wohnzimmer, nebenan ist ihr Schlafraum", erläuterte der Maler.

Das Mobiliar entsprach dem Geschmack eines jungen Fräuleins. Ein Sekretär, ein schmales Sofa mit einem Tischchen und zwei Polstersessel.

An den Wänden hingen zwei, drei Aquarelle, offenbar von der Hand der Bewohnerin. Auf einem Regal standen einige Bücher, der Sekretär wies ein Sammelsurium von Papieren und Briefen auf. Mittendrin fiel ein dunkelblaues Kuvert auf, das mit roten Buchstaben beschriftet war.

„Was ist mit diesem Brief?", fragte Wedigo und zeigte auf den auffälligen Umschlag.

„Das könnte das Schreiben sein", bestätigte Heckmann.

„Darf ich?"

„Lesen Sie ruhig."

Wenn du es wissen willst, komme zum bekannten Ort zur bekannten Zeit!

lauteten die knappen Zeilen.

„Diese Worte haben Fräulein Veronika erschreckt?"

„So ist es. Ich habe die Zeilen ebenfalls gelesen und, ehrlich gesagt, nicht verstanden, warum Veronika durch diese Worte derart nervös wurde."

„Jedenfalls es wird deutlich, dass Fräulein von Reichenbach nicht zufällig am See war."

„Und nun?"

„Am besten, wir geben den Brief an die Polizei weiter. Die wissen, wie man mit solchen Schreiben umgeht."

„Nehmen Sie das Kuvert gleich mit."

„Das werden wir, und jetzt erlauben Sie, dass wir uns verabschieden. Es ist später als wir geplant haben, und es ist ein gutes Stück zu fahren, um in den Grunewald zu kommen."

Zum Glück fanden sie draußen gleich eine Kraftdroschke und beide erreichten eine Dreiviertelstunde später das Haus in der Fontanestraße. Unterwegs tauschten sie ihre Eindrücke aus.

„Ob es sich bei der Verabredung um ein Tête-à-Tête gehandelt hat?"

„Das aus dem Ruder gelaufen ist? Warum dann die Femedrohung? Und das Erschrecken?"

„Vielleicht war Veronika nicht erschreckt, sondern aufgeregt. Heckendorf ist wie alle Männer mit der weiblichen Psyche wenig vertraut."

Wedigo lachte.

„Was du von uns Männern hältst. Aber gut. Wenn das Fräulein einen Freund treffen wollte, warum diese Wortwahl? Und warum ist sie jetzt tot?"

„Vielleicht hat der Täter gewusst, wie er sie mit der Freundesnachricht ködert."

„Dann müsste er aber auch gewusst haben, dass Veronika nicht die Tochter Herrn von Bocks war."

„Wie man es auch wendet, das Ganze stimmt nicht."

„Oder wir wissen zu wenig."

Zu Hause wartete Carlos, der partout nicht hatte schlafen wollen. Der kleine Häwelmann passte zur Situation. Später saßen die Gäste mit der Baronin im Salon und erzählten von ihrer neuen Wohnung in der Jägerstraße und dem Besuch beim Maler.

„Und die beiden waren kein Paar? Und wohnten zusammen?", verwunderte sich Frau von Michalkowsky. „Ungewöhnlich, aber heute ist bekanntlich alles denkbar. Übrigens hat vorhin Oberst Nicolai angerufen und wollte dich sprechen, Wedigo. Es schien dringend zu sein."

„Nicolai macht es immer dringend", kommentierte Melissa. „Er wird sich wieder melden, wenn es so wichtig ist."

„Ob es Zeit hat, kann ich nicht beurteilen", meinte die Baronin. „Er ließ ausrichten, er erwarte dich um elf an der Fischerhütte am Schlachtensee."

„Ein seltsamer Treffpunkt", Wedigo warf einen Blick auf seine Taschenuhr. „Das wäre schon in einer halben Stunde. Es könnte wirklich dringend sein."

„Du kannst meinen Wagen haben, eine Droschke dürfte um die Zeit schlecht zu finden sein."

„Den Vorschlag nehme ich dankend an."

„Ich fahre mit", sagte Melissa in einem Tonfall, der keinen Widerspruch duldete. „Mir gefällt die Angelegenheit nicht, da ist etwas, im Jargon gesagt, nicht koscher."

„Bist du sicher?"

„Ja."

„Dann komm mit, aber beschwer dich nicht, wenn nichts los ist."

Fünf Minuten später fuhren beide im Mercedes-Knight der Baronin zum Schlachtensee. Vor gut 30 Jahren war die Gegend um den Schlachtensee baulich erschlossen worden. Und seit 20 Jahren gab es die Villenkolonie Zehlendorf. Die dort gelegene Viktoriastraße entwickelte sich mit zahlreichen Gastwirtschaften und Ladengeschäften sowie einem Postamt rasch zur Hauptstraße des neuen Wohngebietes Schlachtensee. Dieses war vor vier Jahren zu Groß-Berlin geschlagen worden. Die erste Fischerhütte entstand um das Jahr 1759. Seit 1842 bewirtschaftete ein gewisser Fischer Beelitz das Gewässer. Seine Frau versorgte die Ausflügler, die den See meist sonntäglich besuchten, mit belegten Stullen und Flaschenbier. 1853 wechselte der Besitz an einen Gastwirt namens Kretschmer, der die Hütte zur Gaststätte ausbaute. Zehn Jahre später brannte sie ab, wurde aber wegen der zunehmenden Zahl der Ausflügler rasch wiederaufgebaut und 1877 um einen Saal ergänzt. Dort also erwartete sie Nicolai.

Sie erreichten den See kurz vor elf. Wedigo hielt in der Zietenstraße, knapp hundert Meter von der Fischerhütte entfernt. Beide stiegen aus und begaben sich zu Fuß in Richtung des Treffpunktes. Es herrschte nachtschwarze Dunkelheit und Wedigo entzündete eine Blendlaterne, um den Weg auszuleuchten. Gerade überquerte das Paar den Wolfsschluchtkanal, die Verbindung des Sees zur Krummen Lanke, da ließ sie ein Geräusch ein paar Meter vor ihnen innehalten.

„Was war das?", fragte Melissa und senkte unwillkürlich die Stimme.

„Wahrscheinlich ein Tier."

Wedigo lenkte den Strahl seiner Laterne in die Richtung, aus der das Geräusch erklungen war. Das Licht traf auf das Buschwerk. Schatten zeigten sich und ein paar Zweige, die sich bewegten.

„Vorsicht!", Melissa stieß ihn zur Seite. Im gleichen Augenblick krachte ein Schuss und Wedigo spürte, wie das Geschoss haarscharf an seiner Wange vorbei strich.

„Runter!"

Jetzt war es an ihm, Melissa zu packen und in die Deckung eines Baumes zu Boden zu ziehen und die Lampe löschen. Ein zweiter Schuss, diesmal traf die Kugel den Buchenstamm, in dessen Schutz sie sich befanden. Wedigo griff in die Innentasche seines Mantels und holte Nicolais Luger hervor. Er zielte kurz in die Richtung, in der er den Angreifer vermutete und drückte ab. Dem scharfen Knall folgte unmittelbar ein Aufschrei, darauf ein Fluch. Es knackte mehrfach, dann verriet das sich entfernende Brechen von Zweigen, dass der Attentäter sich hastig zurückzog.

Sie warteten einige Augenblicke, bis sie es wagten, die Deckung zu verlassen. Wedigo entzündete aufs Neue das Licht der Blendlaterne.

„Das war eine Falle; ich wusste, dass etwas nicht stimmte."

Melissa klopfte sich die Kleidung ab. „Aber wieso hattest du eine Waffe dabei?"

„Nicht nur du hast ‚Ahnungen‘, Nicolai hat mich gewarnt, dass die Angelegenheit sich zuspitzen könne."

Sie lauschten noch eine Weile in die Nacht. Nichts war zu hören.

„Der Angreifer scheint geflüchtet zu sein, kehren wir zum Wagen zurück."

Sie erreichten gerade den Mercedes, da blinkten Scheinwerfer auf und ein anderes Fahrzeug kam die Straße heran. Es hielt an und aus dem Wagen stieg Oberst Nicolai.

„Guten Abend, Herr Oberst, war der Anruf doch korrekt und wir sind mit Ihnen wirklich hier verabredet gewesen?"

„Guten Abend, Frau Gräfin, Herr von Wedel. Nein, ich bedaure, Sie sollten wohl lediglich hierhergelockt werden. Ist etwas passiert?"

Wedigo berichtete kurz vom Schusswechsel.

„Ein Mordanschlag, das passt zu dem anderen Geschehen. Kommissar Wehner", rief Nicolai und zu ihrer Überraschung stieg dieser aus dem Automobil. „Hier wurde geschossen!"

Wehner wurde über die Ereignisse ebenfalls informiert und versprach, gleich morgen früh das Gelände auf Spuren untersuchen zu lassen.

„Wie haben Sie erfahren, dass wir am Schlachtensee sind?", fragte Melissa.

„Ich habe bei Baronin von Michalkowsky angerufen. Sie zeigte sich verwundert und berichtete von dem vorigen Telefonat in meinem Namen."

„Und weswegen riefen Sie an?"

„Es gibt einen weiteren Toten!"

„Und die Umstände entsprechen denen beim Fund Veronika von Reichenbachs", ergänzte der Kommissar. „Er trug ein Schild um den Hals mit der Aufschrift:

VERRÄTER STRAFT DIE FEME! ᛟ

„Verrat, Feme und die Odal-Rune. Darüber wollte ich Sie informieren ", fuhr Nicolai fort. „Die Identität des Ermordeten ist bereits bekannt. Ein Journalist …"

„Kann das nicht bis morgen warten?", unterbrach ihn Melissa. „Mir ist kalt und es ist spät!"

„Selbstverständlich, gnädige Frau", antwortete Wehner. „Es ging lediglich um eine Information. Inwieweit die Spezialgruppe von Herrn Oberst Nicolai betroffen ist, wird ohnehin erst zu klären sein. Ich schlage ein Treffen morgen Vormittag um elf bei Kommissar Gennat vor."

Nicolai schien nicht ganz zufrieden mit dem Vorschlag zu sein, stimmte aber zu.

Wedigo und Melissa fuhren zurück in die Fontanestraße.

„Das Ganze nimmt langsam Ausmaße an, die mir nicht gefallen."

„Du wolltest mich doch begleiten."

„Darum geht es nicht, im Übrigen hätte dich der Schütze ohne mein Eingreifen getroffen."

„Vielleicht, vielleicht aber auch dich, und deswegen denke ich, du solltest dich aus dem Fall heraushalten."

„Das werde ich. Wir haben aktuell genügend anderes zu tun. Uns um die Wohnung kümmern, den Einzug vorbereiten. Nach einem passenden Gut Ausschau halten. Und und … Kurz, es ist schon störend, dass du im April nach Kolberg gehen willst. Bis dahin wäre es gut, wenn du unseren Angelegenheiten den notwendigen Vorrang einräumtest und nicht weiter die Zielscheibe spielen würdest."

Bei diesen Worten blieb es.

Es war gegen Mitternacht, als der Tag für beide endlich zu Ende ging. Der Schlaf allerdings führte Wedigo in die dunklen Tiefen vergangener Zeiten …

Ein Pfiff gellte und die Männer sprangen über den Grabenrand und rannten auf die gegnerischen Stellungen zu – hinein in das feindliche MG-Feuer, das jeden hinwegmähte, der sich nicht gleich zu Boden geworfen hatte. Hier lag er nun, mitten in einem schlammigen Trichter voller Wasser und Unrat und wartete. Auf was? Er wusste es nicht, hörte nur das ständige Rattern der Maschinengewehre, das Explodieren von Granaten und das Feuern der Gewehre. Plötzlich rutschte eine Gestalt in sein Grabenloch. Dem Helm nach ein Tommy. Beide Männer zückten ihre Pistolen, da sprengte eine ungeheure Detonation die Szenerie – und Wedigo erwachte mit einem Schrei.

Er setzte sich auf und schaute sich suchend um. Nein, er war nicht an der Somme oder vor Verdun. Er war in Berlin, auch nicht im Jahre 1916, sondern in 1924. Neben ihm lag seine Frau. Sie bewegte sich kurz, murmelte etwas, drehte sich dann zur Seite – und schlief weiter.

Leise erhob sich Wedigo. Er trat ans Fenster, öffnete es und schaute in die Stille des Gartens. Schon lange hatte er nicht mehr vom Krieg geträumt. Warum heute? Irgendetwas hatte Altes aufgerührt und hochkommen lassen. Er atmete tief durch, die frische Luft tat gut. Drüben im ersten Morgengrauen der See, leichte Nebel verhüllten die Ufer. Und dort? Stand da nicht eine Gestalt? Das unstete Licht und die weißlichen Schleier machten es schwer, Genaueres zu erkennen. Vielleicht war es auch ein Strauch, der ihm eine Figur vorgaukelte. Ein Busch oder ein Baum. Bestimmt. Wedigo fröstelte und schloss das Fenster. Er kehrte zum Bett zurück, schlüpfte hinein und schloss die Augen. Plötzlich übermannte ihn die Müdigkeit und er versank in des Schlafes Arme.

3. Kapitel

Zeitungswesen

Die deutsche Insel Danzig

Eine Reise nach Danzig und ins Memelland – es ist, wie die zurzeit gültige Landkarte von Europa das so will, eine Reise ins Ausland. Ich will auf das Mißliche und Schwierige dieser Fahrt noch zu sprechen kommen; das Mißlichste ist der Bleigewichtsdruck im Herzen, daß man mit fremden Paßvisen, mit fremdem Geld und durch Zollkontrollen den Weg zu jenen deutschen Inseln suchen muß.

Berliner Tageblatt, 4. März 1924

Am nächsten Morgen schien draußen eine warme Frühlingssonne und die gereizte Stimmung löste sich auf. Während des Frühstücks plauderte Melissa mit der Baronin über Alltägliches. Beide Damen entschieden, heute auf Einkaufstour zu gehen. Wedigo blätterte währenddessen im Tageblatt. *Währungsreform in Russland, Lenins Gruft, MacDonald und Poincaré, Bestechungsaffäre in Prag …*

„Ich glaube, Carlos wird an Mode weniger interessiert sein", unterbrach Melissa seine Lektüre. „Könntest du dich heute um deinen Sohn kümmern?"

„Ab Mittag gerne, du weißt, ich bin für elf mit Nicolai bei Gennat im Präsidium am Alex verabredet."

„Gut, ich rechne mit dir um zwölf. Und, bitte, keine Ausreden!"

Um elf war Wedigo am Alex und betrat den gewaltigen roten Backsteinbau. Gennat erwartete ihn schon. In seinem Büro lehnte am grünen Sofa noch immer eine schwere Axt – ein früheres Mordwerkzeug. Der präparierte Frauenkopf einer Toten, die man aus der Spree gefischt hatte, war allerding entfernt worden. Alles in allem ein Ambiente, das so manche Täter hatte geständig werden lassen. Der Kommissar selbst schien noch runder geworden zu sein. Er wies auf einen Stuhl.

„Nehmen Sie Platz, Herr von Wedel. Nun sind Sie nach Jahren heimgekehrt – und schon entdecken wir eine tote junge Frau!"

„Ich denke, da gibt es keine Kausalität", erwiderte Wedigo, der den skurrilen Humor Gennats kannte. „Das habe ich Ihnen bereits vor gut zehn Jahren zu erklären versucht."

„Ich erinnere mich, der Fall des toten Fräuleins Mia Miller aus dem Café des Westens. Stimmt, Sie waren nicht der Täter, das muss ich gestehen." Er lachte.

„Trudchen", rief Gennat laut nach seiner Sekretärin. „Zweimal Kaffee und dazu den Pflaumenkuchen. Aber mit viel Sahne!"

„Gibt es denn neue Erkenntnisse?", fragte Wedigo, um auf den Punkt zu kommen.

„Nichts so hastig, man merkt gleich, dass Sie in Argentinien waren, preschen vor wie ein Gaucho!"

„Ich gestehe, etwas unter Zeitdruck zu stehen."

Die Tür öffnete sich und das blondierte Fräulein Trudchen brachte den bestellten Kaffee sowie den Kuchen mit reichlich Sahne. Sie stand ihrem Vorgesetzten in Leibesfülle kaum nach. Aber im Gegensatz zum Süßen war sie, wie Wedigo wusste, den Würsten verfallen. Die Sekretärin schenkte ein und reichte jedem eine Tasse und einen Teller mit Gennats Lieblingskuchen. Dieser trank und speiste in aller Ruhe. Dabei plauderte er über das Sechstagerennen und andere Belanglosigkeiten. Auch über die Arbeit seiner Mordkommission: Als Gennat weit vor dem Krieg zur Kriminalpolizei gekommen war, hatte es keine Mordkommission gegeben, lediglich einen Mordbereitschaftsdienst, damit zu jeder Tages- und Nachtzeit sofort Beamte an einen Tatort geschickt werden konnten. Erst durch seine Bemühungen wurde aus diesem Bereitschaftsdienst eine organisierte und fest eingerichtete Mordinspektion. Und das war zusehends nötiger geworden. Mord, Totschlag, Raub, Einbruch, Betrug waren in der Stadt an der Tagungsordnung – und als Begleitmusik immer wieder Krawalle von rechts oder von links. Denn in Berlin trafen zwei sozial extrem unterschiedliche Welten aufeinander. In den engen, feuchten Wohnungen der lichtlosen Hinterhöfe drängten sich kinderreiche Familien, während in den Prachtstraßen der Metropole gleichzeitig ein glamouröses Nachtleben stattfand. Schlanke Frauen in glänzenden Kleidern, Männer mit elegant gekämmtem Haar, Sektkelche in der Hand, Zigarrenqualm in der Luft. Dazu Rauschgift und Prostitution. Und Gewaltverbrechen aller Arten. Mal fand sich in der Spree ein Frauenkopf oder ein weiblicher Torso, mal ein Bein, auch ein Arm. Fundort war vor allem Friedrichshain, eines der ärmsten Viertel der Viermillionenstadt. Allein im aktuellen Jahr hatten die Beamten am Alex 23 Leichen gezählt, und für die Mitarbeiter der Gerichtsmedizin begann daraufhin eine grauenvolle Puzzlearbeit. In Metallwannen fügten die Männer zusammen, was zuvor getrennt worden war.

Endlich, eine gefühlte halbe Ewigkeit später, kam Gennat auf den Grund von Wedigos Besuch zu sprechen.

„Der Tote, den wir gestern aufgefunden haben, ist ein gewisser Fritz Emil Cohn, ein entfernter Verwandter des Verlegers Rudolf Mosse. Mosse besitzt in Berlin eine Art Zeitungsimperium, bestehend aus dem Berliner Tageblatt, der Berliner Morgen-Zeitung sowie der Berliner Volks-Zeitung. Das Ganze könnte hochpolitisch sein, zumal Cohn jüdischer Herkunft ist. Nicolai vermutet, dahinter stecken ultrarechte Kreise. Übelster Antisemitismus und Ähnliches. Er bezieht sich vor allem auf diese Rune. Nun, wie auch immer. Wenn Sie uns mit eigenen Recherchen unterstützen, soll es mir recht sein. Hier ist die Adresse des Herrn Cohn, er war in Moabit gemeldet, in der Wiclefstraße nahe dem Unionpark. Jetzt entschuldigen Sie mich, ich habe gerade eine große Anzahl von Fällen, die auf sofortige Aufklärung warten."

Wedigo fuhr mit einer Kraftdroschke zurück in den Grunewald. Kurz nach zwölf kam er an, gerade als die Damen das Haus verließen. Nach einem Mittagsimbiss brach er mit Carlos in den Zoo auf. Diesmal nutzte er die Bahn, ein für den Kleinen herrliches Abenteuer.

Vater und Sohn passierten das Elefantentor und begaben sich auf eine Zoorunde. Sie besuchten das Vogelhaus, den Hirschpark, das Kängurugehege und das Antilopen- und Giraffenhaus. Aber vor allem begeisterte sich Carlos für die Raubtiere, die Affen und die Elefanten. Während der Kleine nicht genug bekommen konnte von den großen, grauen Gestalten, die ihre Rüssel hin- und herschwenkten und ihren Wärter um Erdnüsse anbettelten, kam Wedigo unwillkürlich Gennat in den Sinn. Der Kommissar war noch fülliger geworden, aber offenbar in seinem Metier eine anerkannte Persönlichkeit. Aber der Fall des ermordeten Cohn schien ihn wenig zu berühren. Ein zorniger Trompetenstoß riss ihn aus seinen Gedanken. Zwei der grauen Kolosse schienen sich wegen einer Erdnuss in die Haare zu geraten, doch der Wärter klärte rasch die Situation und ließ beide Kunststücke vorführen. Carlos war begeistert. Zum Abschluss des Besuchs gab es im Zoorestaurant noch eine Fassbrause für den Sohn und Kaffee für den Vater.

Am Abend saßen sie im Salon der Baronin und die Damen berichteten von ihren Einkäufen auf dem Ku´damm und vor allem im KdW. Dann ging Melissa dazu über, ihre Neuerwerbungen in einer kleinen Modeschau zu präsentieren. Alles in allem Kleider, die zum aktuellen Charlestonstil passten. Wedigo wusste nicht, was er davon halten sollte. Die Kreationen schienen ihm für die Öffentlichkeit insgesamt zu gewagt.

„Ist das Kleid nicht etwas zu kurz? Wo willst du das tragen?"

„Du bist ein echter Bourgeoise. Als moderne Frau kann jede Dame sich kleiden, wie es ihr gefällt – wenn sie die passende Figur hat, versteht sich."

„Das spreche ich dir auch nicht ab. Das Faktum der passenden Figur. Aber sonst …"

„Es geht um das Selbstbestimmtsein, mein Lieber", unterbrach ihn seine Frau. „Sei froh, dass ich mir keinen Bubikopf schneiden lasse. Aber nur, weil ich glaube, dass er mir nicht steht."

„Es wäre auch schade um deine prächtigen Haare", meinte die Baronin. „Weißt du, wen wir getroffen haben?", sprach sie weiter, um dem Gespräch eine andere Wendung zu geben. „Die Sängerin und Schauspielerin Dietrich. Melissa sagte, ihr wäret ihr bereits früher begegnet."

„Ich gestehe, dass ich die Dame nicht einordnen kann."

„Aber Wedigo, erinnere dich. Das war das Mädchen Magdalene, das dem Grafen Bogislaw von Dönow den Kopf verdreht hat. Die Dietrich war damals noch ein Backfisch, die sich gerne in der Nähe von Schauspielern zeigte. Unter anderem mit dieser unmöglichen Person Lyda Salmonova. Du erinnerst dich sicher an diese Dame!"

„Dass du diese alten Geschichten immer wieder aufwärmst …"

„Nun, jedenfalls ist aus dem Fräulein tatsächlich eine Schauspielerin geworden."

„Das stimmt", bestätigte die Baronin. „Erst tingelte sie mit einigen anderen jungen Mädchen singend und tanzend durch die Varietés Deutschlands. Vor zwei Jahren erhielt sie dann eine erste Theaterrolle am Großen Schauspielhaus im Shakespeare-Stück ‚Der Widerspenstigen Zähmung', spielte aber anschließend meist als Statistin. Ein guter Onkel vermittelte ihr einen Kontakt zu einem Filmregisseur, und sie erhielt eine Rolle als Zofe. Jetzt nennt sie sich Marlene und ist mit einem Herrn Sieber, der ebenfalls in der Filmbranche tätig ist, verheiratet."

„Was du alles weißt!"

„Meine Friseuse ist mit dem hiesigen Tratsch und Klatsch bestens vertraut."

„Wedigo, denkst du daran, dass wir morgen nach Möbeln schauen?", wechselte Melissa das Thema.

„Ich dachte, du wärest mit der Ausstattung der Wohnung zufrieden?"

„Im Großen und Ganzen stimmt das auch, aber das eine oder andere möchte ich ersetzen. An erster Stelle das Bett. Und wir brauchen einen Tapezierer, im Ess- und Wohnzimmer möchte ich andere Muster und Farben haben."

„Ich wollte morgen eigentlich kurz nach Moabit, um mich nach einem gewissen Cohn zu erkundigen. Ihr wisst, das ist der zweite Tote ..."

„Darum soll sich die Polizei kümmern. Ich bin sicher, Kommissar Gennat wird mit dem Fall alleine fertig."

„Hat er noch immer diesen schrecklichen Frauenkopf in seinem Büro?", wollte die Baronin wissen.

„Nein, bis auf eine Axt in der Ecke ist es ganz normal eingerichtet."

„Und Nicolai wird ebenfalls eine Zeit auf dich verzichten müssen, wir haben eigene Pläne, und der Krieg und das ganze Wirrwarr sind längst vorbei", verkündete Melissa.

Wedigo seufzte. Wenn sie diese Stimmlage an den Tag legte, war es ratsam, sich mit eigenen Äußerungen zurückzuhalten.

Ein Termin im Möbelhaus, eine Besprechung mit dem Maler und dem Tapezierer, neue Lampen – erst am Freitagmittag gelang es ihm, Moabit aufzusuchen. Nicolai hatte ihm eigens einen Wagen mit Fahrer geschickt, eine Horch-Limousine 10/50. Dazu in einem Kuvert einen Schlüssel zur Wohnung des Ermordeten mit der Bitte, er solle sich dort gründlich umsehen. Das Haus in der Wiclefstraße zeigte sich als typische Mietskaserne und besaß vier lichtlose Hinterhöfe. Cohn hatte im dritten Hinterhaus gelebt. Die Höfe waren schmutzig, einer dunkler als der andere. Dennoch wimmelte es in ihnen von Kindern, Jungen und Mädchen, vor allem von jüngeren Altersgruppen. Sie spielten Reifen, Himmel und Hölle oder Fangen. In einer Ecke saß ein kleiner Knabe und schlug mit einem Holzklöppel auf mehrere Blechdosen ein. Dazu sang er laut: „Ist die schwarze Köchin da?", wohl ein Abzählreim. Das Lärmen war geradezu infernalisch, Wedigo eilte rasch weiter.

Der Aufgang zum zweiten Stock des Hinterhauses roch nach Kohl und kaltem Tabakrauch. Die Stufen knarrten und die Wände schienen feucht.

62

In der zweiten Etage lagen drei Wohnungen nebeneinander. Bolle, Cohn und Müller stand auf den jeweiligen Türschildern. Wedigo wandte sich nach links, zückte den Schlüssel und hielt in der Bewegung inne. Die Tür war lediglich angelehnt! Sachte stieß er sie auf und lauschte. Weiter hinten war ein Geräusch zu hören. Jemand war in der Wohnung und er hatte die Luger vergessen! Nun, wer immer dort drinnen war, er musste wieder hier herauskommen. Wedigo zog die Tür vorsichtig wieder von außen zu und stellte sich seitlich neben der Tür auf. Eine Zeitlang wartete er, Kinderstimmen waren von draußen zu hören, der Kohlgeruch wurde stärker. Dann hörte er innen Schritte und – die Tür der mittleren Wohnung öffnete sich, eine ältere Frau in Kittelschürze trat heraus.

„Was machen Sie da?", fragte die Frau – im gleichen Augenblick riss der Eindringling die Tür auf und stieß, die Ablenkung nutzend, den Verblüfften kraftvoll zur Seite. Im Nu war der Unbekannte an ihm vorbei und die Treppe hinab. Wedigo fing sich rasch und eilte dem Mann hinterher. Dieser erreichte knapp vor ihm den Hof, griff in seine Taschen und warf einige Münzen hinter sich auf den Boden. Schon sprangen die Kinder hinzu und begannen, sich um die Pfennige und Groschen zu balgen. Bis Wedigo sich hindurchzwängen konnte, hatte der andere das Weite gesucht. Langsam kehrte Wedigo zum Haus zurück.

Während er wieder die Stufen emporstieg, ließ er die erlebte Situation gedanklich Revue passieren. Der Mann war von schlanker Statur und mittlerer Größe gewesen, gekleidet in einen grauen Mantel, dazu trug er einen Hut. Ein rundes Gesicht mit einem Schnurrbart, das an ein Tier erinnerte. An einen Fuchs vielleicht, jedenfalls nicht grob. Und sonst? Er erreichte die zweite Etage. Die Tür zur Wohnung Cohn war jetzt geschlossen. Wedigo steckte den Schlüssel ins Schloss und öffnete. Halt, da lag etwas auf dem Boden, ein Zettel. Er bückte sich und hob ihn auf. In Druckbuchstaben stand **Café Wien, 15 Uhr.** Eine Verabredung, ein Treffen? Von wem mit wem? Heute? Er würde der Sache nachgehen. Wedigo steckte das Papier ein und trat in die Wohnung. Vor ihm zeigte sich ein schmaler Flur, an dem links und rechts Zimmer lagen: eine enge Schlafkammer, eine Küche und ein weiteres Zimmer. Es roch muffig und nach alten Kleidern. Ein Bad gab es nicht, die Toilette befand sich offenbar auf der halben Etage. Ein ramponierter Schreibtisch füllte den Raum des zweiten Zimmers aus. Er war mit Papieren übersät. In seiner Mitte stand eine Schreibmaschine. Die Schubladen des Tisches waren geöffnet, der Unbekannte schien etwas gesucht zu haben. Ob er fündig geworden war? Wedigo konnte sich nicht erinnern, dass der Mann Papiere oder Ähnliches beziehungsweise eine Mappe in der Hand gehabt hatte. Er warf noch einen Blick in die Schlafkammer und in die Küche. Nichts, was ihm auffiel, nur dass der Bewohner offenbar in sehr ärmlichen Verhältnissen gelebt und auf Ordnung keinen großen Wert gelegt hatte. Wie es wohl zu der Verbindung mit Fräulein von Reichenbach gekommen war?

Er verließ Wohnung und Haus. In den Höfen spielten noch immer die Kinder, ein paar Frauen unterhielten sich lautstark von Fenster zu Fenster und musterten ihn neugierig. Auf der Straße wartete der Wagen.

„Wir fahren zum Ku'damm, Café Wien."

Das Café Wien, das damalige Union-Palais am Kurfürstendamm 26, hatte 1919 der bekannte aus Wien stammende Gastronom Kutschera übernommen und zu einem Lokal mit internationalem Ruf werden lassen. Er betrieb auch das Kurhaus Cladow und das Kutschera in der Bismarckstraße in Charlottenburg, alles Örtlichkeiten, die in der Gastronomie in gutem Ruf standen.

Als Wedigo das Café betrat, war es zehn vor drei. Er sah sich um, das Wien war gut besucht, die Besucher waren meist ältere Damen und ein paar Zeitungsleser. An einem der hinteren Tische stand jemand auf und winkte ihm zu. Er traute seinen Augen kaum, es war Schneidmann! Sein alter Kamerad und Mitarbeiter, der ihn im Kriege und bei seinen abenteuerlichen Einsätzen in Russland und England begleitet hatte. Der Feldwebel, der es bis zum Leutnant gebracht hatte. Neben ihm saß eine Frau; das musste Elisa sein, jenes Mädchen aus dem Volk, das Schneidmann und er bei ihrem geheimen Einsatz gegen die roten Revolutionäre kennengelernt hatten. Er eilte zu ihnen.

„Kamerad Schneidmann, welch Freude, Sie zu sehen!"

„Ganz meinerseits, Herr von Wedel. Ich darf Ihnen meine Frau vorstellen."

„Frau Schneidmann, ich gratuliere! Mein Kompliment, die Ehe scheint Ihnen hervorragend zu bekommen."

Wedigo verbeugte sich. Elisa war in der Tat zu einer wahren Schönheit aufgeblüht. Sie errötete und dankte ihm mit einem Nicken. Dann erhob sie sich.

„Die Herren entschuldigen, ich habe einiges zu besorgen und ihr sicher viel zu erzählen."

Elisa umarmte kurz ihren Mann und verließ das Café.

„Seit wann sind Sie wieder in Deutschland?"

„Ich bin am zweiten des Monats in Hamburg angekommen. Meine Frau und ich wollten uns in Ruhe im Land umsehen und wieder Wurzeln schlagen – aber das Schicksal beziehungsweise Oberst Nicolai hatte anderes mit mir vor."

„Sie arbeiten wieder für Nicolai? Ich auch!"

„Wie in alten Zeiten."

Die Kellnerin kam.

„Sie wünschen?"

„Einen Mokka", bat Schneidmann.

„Ich nehme einen Darjeeling."

Sie ging und Wedigo nahm den Faden wieder auf.

„Wofür hat Sie Nicolai eingespannt?"

„Es geht um die Presse und deren Aktivitäten. Ein Journalist namens Fritz Emil Cohn hat sich intensiv mit paramilitärischen Verbänden und deren Verbindung zu antisemitischen Kreisen beschäftigt. Ich wollte ihn jetzt heute um drei hier treffen."

„Cohn ist tot. Er wurde gestern ermordet. Ich komme gerade aus seiner Wohnung."

Die Tür zum Café öffnete sich und ein Mann in Mantel und Hut trat herein. Er sah sich suchend um, erblickte die beiden und eilte umgehend wieder hinaus. Der Fremde aus der Wohnung! Wedigo sprang auf und folgte dem Mann. Ein wenig erfolgreiches Unterfangen: Als er aus der Tür auf den Ku'damm trat, war dieser in der Menge untergetaucht und nicht mehr zu sehen. Verärgert kehrte er ins Café zurück. Schneidmann saß am Tisch und trank in Ruhe seinen Mokka.

„Wer war das?"

„Der Kerl kam aus Cohns Wohnung. Offenbar wusste er davon, dass dieser hier verabredet war."

„Halten Sie ihn für den Mörder?"

„Nicht unbedingt. Aber sagen Sie, was genau sollen Sie für Nicolai recherchieren? Und warum hat er uns nicht über die gegenseitige Aktivität informiert?"

Schneidmann zuckte die Schultern.

„Ich weiß es nicht, der Oberst hielt sich sehr bedeckt."

„So geht das nicht, wir sollten ihn gemeinsam befragen. Fahren wir zum Alex in sein Büro."

„Eine gute Idee, aber das wird nicht nötig sein."

Schneidmann wies zum Eingang, wo soeben der Oberst eintrat. Nicolai sah sich kurz um und kam dann mit forschen Schritten zu ihrem Tisch.

„Meine Herren!"

Er zog einen Stuhl heran und setzte sich.

„Wie ich sehe, haben Sie sich bereits getroffen und sicher auch ausgetauscht. Das erspart mir einige Arbeit."

„Könnten Sie vielleicht dennoch das eine oder andere erklären?", sagte Wedigo. „Wir waren überrascht, sozusagen parallel tätig zu sein."

„Das hat sich zufällig ergeben und ist für Ihren Auftrag nicht relevant. Kommen wir zum Aktuellen. Sie, meine Herren, fahren morgen nach Küstrin."

„Was um alles Welt sollen wir in Küstrin?"

„Der Name Buchrucker sagt Ihnen etwas?"

„Ein Major, der als Kommandant wegen eines Putsches in Küstrin von einem Sondergericht in Cottbus im letzten Oktober zu zehn Jahren Festung verurteilt worden ist", antwortete Schneidmann.

„Genau, der Mann sitzt ein, aber seine Helfer und Unterstützer sind nach wie vor aktiv und bilden im Untergrund neue republikfeindliche Bünde. Denken Sie an die Rune. Ich gehe davon aus, dass Sie in Küstrin die Wurzeln finden. Auch die der Feme."

„Ich dachte", warf Schneidmann ein, „ein großer Teil der Beteiligten habe auf Staatsgütern in Mecklenburg Zuflucht gefunden."

„Um die geht es nicht", wehrte Nicolai ab. „Patrioten, die sich 1918 den Roten entgegengestellt haben oder sich im letzten Jahr am Ruhrkampf beteiligten, stehen nicht zur Disposition."

„Ich war in den letzten Jahren nicht im Reich", sagte Wedigo, „doch ich erinnere mich an die Vorgänge im Januar 1919. Die Trennlinie zwischen den verschiedenen Gruppen schien mir schwer zu ziehen."

„Das Ganze ist eindeutig", erwiderte der Oberst. „Separatismus und Antisemitismus sind Ausschlusskriterien. Über alles Übrige wäre zu befinden. In diesem Kuvert sind die Namen Ihrer Ansprechpartner sowie die Fahrkarten. Die Abfahrt ist morgen früh 9:11 Uhr Lehrter Bahnhof. In Küstrin erwartet Sie eine Kraftdroschke. Noch Fragen?"

Nicolai erhob sich.

„Dann entschuldigen Sie mich, ich habe gleich einen Termin. Bericht am Montag, 14 Uhr."

Der Oberst verließ das Café.

Schneidmann schüttelte den Kopf.

„Wie soll ich das Elisa erklären? Wir wollten morgen ins Theater in der Königgrätzer Straße. ‚Wenn der neue Wein blüht' soll sehr komisch sein."

Wedigo sagte nichts, aber er wollte lieber nicht daran denken, wie Melissa auf seine Reiseankündigung reagieren würde. Er hatte Nicolai zudem ziemlich barsch erlebt. Unzufrieden kehrte er in die Fontanestraße zurück.

Beim Abendessen berichtete er von seinen Tageserlebnissen und dem Reiseauftrag. Melissa hörte sich an, was er erzählte und nickte.

„Das passt wunderbar. Ich habe ein Gutsangebot in der Neumark hinter Küstrin, das wir uns ansehen sollten. Die Zeit dafür hast du bestimmt, oder?"

Ihr Ehemann stimmte, erleichtert, so gut wegzukommen, rasch zu.

„Du sagtest, du führest zusammen mit Schneidmann nach Küstrin. Woher kennst du diesen Herrn?", fragte die Baronin

„Ich kenne Leutnant Schneidmann seit gut zehn Jahren", antwortete Wedigo und erzählte ein wenig von ihren gemeinsam erlebten Abenteuern, wobei Melissa das eine oder andere ergänzte.

Nadja von Michalkowsky hörte aufmerksam zu, besonders das englische Abenteuer, als mit Hilfe Schneidmanns Melissa als Spionin vor dem Tod durch den Strang gerettet worden war, beindruckte ihre Gastgeberin.

„Was für ein Mann, er hätte mindestens Oberst werden sollen. Was macht er heute beruflich?"

„Er erzählte, er arbeite im Verkauf und der Buchhaltung als Angestellter. Viele ehemalige Offiziere sind im Handel tätig. Vor allem im Weinhandel."

„Wenig ansprechende Tätigkeiten."

„Was willst du? Die meisten sind froh, wenn sie eine Arbeit haben. Das Kriegshandwerk ist nicht mehr gefragt."

„Ihr solltet Schneidmann auf eure Besichtigung mitnehmen. Er hat ein Gefühl für Wesentliches und kann das Gesehene sicher gut beurteilen."

Melissa nickte.

„Eine gute Idee. Vielleicht kann ich ihn überzeugen, dass er unser Gutsverwalter wird."

„Hervorragend", rief Wedigo. „Wir bieten ihm eine ansprechende und verantwortungsvolle Arbeit an und gewönnen so einen fähigen Mann, auf den man sich hundertprozentig verlassen kann."

„Nur", schaltete sich die Baronin wieder ein. „Ihr hättet vorher noch ein paar Kleinigkeit zu klären."

„Was meinst du?"

„Euer künftiger Verwalter muss zustimmen und ihr solltet auch etwas zum Verwalten haben."

„Das scheint mir logisch gedacht", gab Wedigo lachend zu. „Beginnen wir am besten mit dem Gut. Welche Informationen liegen vor?"

Melissa holte aus ihrem Zimmer einen Umschlag mit Papieren und gab diesen Wedigo. Er las laut die angeführten Zahlen und Fakten vor:

„Gut Mühlen, im Familienbesitz seit 1806. 140.000 Reichsmark Einheits-
wert. Insgesamt 332 Hektar Land, davon 303 Hektar Ackerland, zwei Hektar
Wiesen, 15 Hektar Weiden, sechs Hektar Holz und fünf Hektar Obstland sowie
ein Hektar Felsen- und Brachland. Zwei Quellen und ein Teich. Aktuell 27
Pferde, 120 Rinder, davon 70 Milchkühe, 40 Schafe und 25 Schweine sowie et-
liches an Federvieh. Zum Gut gehören eine Brennerei und ein kleines Sägewerk.
Verhandlungspreis 1.000.000 Goldmark.“

Zu den jeweiligen Zahlen gab es detaillierte Aufstellungen sowie eine
Liste über das beschäftigte Personal.

„Eine Million ist viel Geld“, sagte die Baronin. „Wollt ihr so viel investieren?“ „Über Preisvorstellungen kann man reden, wenn das Objekt in
Frage kommt“, entgegnete Wedigo und steckte die Unterlagen zurück in
den Umschlag. „Wir werden wohl mehr Zeit als das Wochenende für die
Besichtigung einplanen müssen.“

„Du willst Nicolai wirklich versetzen?“, spöttelte Melissa.

„Es gibt das Telefon, und wenn etwas dringlich wäre, könnte er notfalls
telegraphieren.“

„Dann lasse ich für eine Woche packen.“

„Kommt Carlos mit?“

„Selbstverständlich, die Landluft wird ihm guttun. Und er soll sehen,
wo wir künftig vielleicht leben werden.“

Melissa erhob sich, um das Mädchen entsprechend zu informieren.
Auch Wedigo hatte noch das eine oder andere vorzubereiten und zog sich
ebenfalls zurück.

Am Sonnabend zeigte sich, dass auch Schneidmann zu zweit reiste. Elisa schien ihre Begleitung ebenfalls durchgesetzt zu haben. Bald waren die
Damen in ein Gespräch über das Berliner Kulturleben, die Einkaufsmög-
lichkeiten und die Mode vertieft. Wedigo nutzte die Bahnfahrt, um mit
Schneidmann Unterlagen durchzugehen, die dieser von Nicolai erhalten
hatte. Es handelte sich dabei um Berichte über die Aktivitäten verschiedener Kampfformationen, die ihre logistischen Stützpunkte auf dem einen
oder anderen Gut nahe der östlichen Reichsgrenze eingerichtet hatten.

„Das Problem ist in der Tat die Bewertung der Gruppen. Dass versucht wird, die Versailler Fesseln aufzulösen, ist verständlich. Doch die politischen Tendenzen der meisten erscheinen zumindest fragwürdig."

„Es sind Männerbünde, deren Weltbild der Schützengraben geformt hat", sagte Schneidmann. „Da waren bedingungsloser Einsatz und Gehorsam gefragt, demokratische Prozesse hätten nichts bewegt."

„Jetzt herrscht Friede, Zeit, um das eine oder andere neu zu bedenken."

„Das sehe ich genauso, Herr Major. Nur eine solche subalterne Figur wie dieser Hitler, dem in München gerade der Prozess gemacht wird, hat nicht begriffen, dass die Welt sich verändert hat. Ich verstehe auch nicht, dass jemand wie Ludendorff sich mit einem böhmischen Gefreiten gemein macht."

„Ich habe Ludendorff vor dem Krieg getroffen. Der Mann war ein Karrierist und Bürokrat. 1918 hat er sich nach Schweden abgesetzt und heute träumt er davon, das Reich in eine Militärdiktatur zu verwandeln."

„Ohne die Reichswehr wäre die Regierung im letzten Herbst gegen die Kommunisten und Nationalsozialisten hilflos gewesen."

„Das ist richtig, aber Generaloberst von Seeckt hat die ihm von Ebert übertragene Gewalt wieder zurückgegeben. Er mag durch und durch konservativ sein, aber ein Ehrenmann, der die Verfassung achtet."

Das Gespräch wurde durch Carlos unterbrochen, der am Fenster saß und staunend die vorüberziehende Landschaft betrachtete. Jetzt deutete er aufgeregt zum Himmel.

„Schau mal, Vater, eine fliegende Zigarre."

„Das ist ein Zeppelin."

„Und warum fliegt der Zeppelin dort?"

„Der Zeppelin ist ein Luftschiff, mit dem Menschen unterwegs sind. Wie ein Flugzeug, nur viel größer."

„Der ist aber viel zu klein für Menschen."

„Das nennt man Perspektive", belehrte ihn sein Vater. „Siehst du dahinten die Kühe?"

„Die sind auch viel zu klein. Und jetzt habe ich Hunger."

Carlos wandte sich erwartungsvoll an seine Mutter, die ihm eine belegte Stulle reichte …

In Küstrin erwartete sie am Bahnhof ein livrierter Chauffeur namens Friedhelm. Er hielt den Damen höflich die Türen eines Daimlers auf, lud das Gepäck ein und sagt, er fahre die Herrschaften jetzt zu ihrem Haus.

„Wir wohnen nicht im Hotel?", fragte Melissa überrascht. „Wer versorgt uns?"

„Auf Weisung von Oberst Nicolai habe ich ein Dienstmädchen und eine Köchin angestellt. Für weitere Aufträge stehe ich zur Verfügung."

Nach zehn Minuten Fahrt erreichten sie das Anwesen in der Weinbergstraße der Neustadt. Vor dem Haus begrüßte sie auf der Treppe das angeworbene Personal: Die Köchin, eine Frau um die fünfzig namens Jankowski, hatte das zu ihrem Beruf passende stattliche Aussehen. Trine, das Hausmädchen, schien dagegen sehr jung und noch kindlich zu sein. Das blonde Haar trug sie in zwei Zöpfe geteilt und ihr rundes Gesicht zeigte eine ländliche Fröhlichkeit. Sie knickste artig und betrachtete die Herrschaften mit neugierigem Blick.

Unter Friedhelms Führung besichtigten sie zunächst das Haus, das mit drei Schlafzimmern, der Küche und dem Esszimmer, einem großen Salon sowie drei weiteren Räumen und einem Bad durchaus geräumig wirkte.

Während der Chauffeur sich um die Koffer kümmerte, servierte Frau Jankowski eine kleine Mahlzeit, ‚Himmel und Hölle' genannt: Stampfkartoffeln mit Apfelkompott. Melissa betrachtete die gelbbraunen Hügel mit Skepsis. „Kartoffeln verderben die Figur", sagte sie und schob ihren Teller zu Seite. Ihr Sohn hingegen aß das ihm bis dahin nicht bekannte, wunderbar matschige Gericht mit Begeisterung.

Im Anschluss zogen sich die Herren in einen kleinen, als Rauchzimmer titulierten Raum zurück, um die ihnen von Nicolai mitgegebenen Unterlagen bei einer Zigarre genauer zu studieren und das weitere Vorgehen zu besprechen.

„Nicolai rechnet offenbar mit einem längeren Aufenthalt", sagte Wedigo. „Wie früher hat er sich allerdings vorab in Schweigen gehüllt, der alte Fuchs."

„Das kennen wir", bestätigte Schneidmann. „Aber er hat uns sicher nicht grundlos hier einquartiert. In einem Hotel fällt das Kommen und Gehen mehr auf."

„Ich denke, die Nachbarschaft hat unsere Ankunft durchaus bemerkt. Wir brauchen eine solide Legende, um die Neugier zufrieden zu stellen."

„Hier ist eine Liste von Leuten, die wir besuchen sollen. Alles hochrangige Persönlichkeiten."

Schneidmann las laut vor:

„Landrat von Delitz, Bürgermeister Securius, General Hastrel, Pastor Schrecker, Fabrikant Tolke, Gutsbesitzer Baron von Dellmann, Bankvorstand von Bölkow, der Leiter des hiesigen Lyzeums Dr. Burucker sowie der Redakteur Mayfarth von der Küstriner Zeitung."

„Wie lange glaubt Nicolai, dass wir hierbleiben? Bis wir all diese Herren besucht haben, gehen Wochen ins Land."

„Wir könnten uns die Besuche aufteilen oder die Herrschaften zu uns einladen", sagte Melissa, die, während Schneidmann gelesen hatte, zusammen mit Elisa ins Zimmer getreten war.

„Ich stimme dir zu, nur weiß ich nicht, was diese Besuche uns an Informationen bringen sollen."

„Lass uns einfach einen Plan machen. Wir Damen könnten die weibliche Seite der Gesellschaft übernehmen. Man hört etwas, man plaudert und spricht, schon offenbart sich das eine oder andere."

„Ich würde den Redakteur übernehmen", sagte Schneidmann. „Ich glaube, als Mann des Volkes komme ich eher an Informationen als ein Gutsherr."

„Gut, morgen besuchen wir zunächst den Gottesdienst. Auf dem Land ist das ein Muss."

„Die Zeitung hat sicher heute geöffnet."

„Gehen wir beide hin, Sie reden und ich beobachte."

Die Männer ließen sich vom Chauffeur den Weg beschreiben. Dass dieser sie, wie er anbot, in die Altstadt fahre, lehnten sie ab. Das Wetter war ideal zum Spazierengehen und ein Automobil würde zu sehr auffallen.

Durch die lange Vorstadt und über eine eiserne Brücke führte der Weg. Nach zwanzig Minuten erreichten sie die Küstriner Altstadt. Die Warthe schimmerte durch die Bäume. Der Fluss schien seicht, Landzungen reichten von einem Ufer zum anderen. Zwei Bastionen schoben sich steil in das Wasser. Dazwischen am Uferrand, von alten Kastanienbäumen eingesäumt, eine Wiese. Hinter dem Rasen lag das Schloss. Das Festungstor war zugleich Stadttor und wie eine Zugbrücke. Der Weg selbst verlief zwischen Wällen und Wassergräben der Zitadelle und ging dann in eine Gasse über, die Hauptstraße der Altstadt des von Warthe und Oder umflossenen Teils Küstrins. Eine typische Kleinstadtstraße, die zur Redaktion der Küstriner Zeitung führte. Diese befand sich in einem Fachwerkhaus direkt am Markt. Sie traten durch eine Glastür in das Innere. Ein junger Mann lümmelte hinter einem Schreibtisch und schrieb etwas. Ohne auf die Besucher zu achten, zog er gleichgültig einen Karteikasten hervor und begann, in diesem zu sortieren. Weiter hinten saß eine Blondine und tippte gelangweilt einen Brief.

„Wir würden gern zu Herrn Mayfarth", machte sich Schneidmann bemerkbar.

„Ist nicht da."

„Wann ist er denn da?"

„Montagnachmittag. Aber wenn Sie wegen einer Anzeige kommen, kann ich weiterhelfen."

„Eine Annonce in Ihrem Blatt? Lohnt sich das überhaupt?"

„Wir kommen am Sonnabend meist mit fünf Seiten Anzeigen raus. Unsere Auflage beträgt 8.000, bei gut 16.500 Einwohner eine hervorragende Größenordnung. Und wir sind preiswert, eine Achtel Seite bekommen Sie schon für neun Mark. Interessiert?"

Ehe Schneidmann antworten konnte, wurde die Tür aufgerissen und ein hagerer Mann stürmte herein. Fettige Locken hingen ihm bis auf die Schultern herab und sein Gesicht war mit Bartstoppeln bedeckt. In der Hand hielt er einen Packen Blätter.

„Ist Redakteur Mayfarth da?", rief er atemlos. „Ich muss ihn sofort sprechen."

„Wie ich den Herren hier schon sagte, Herr Mayfarth kommt erst wieder am Montag in die Redaktion. Worum geht es denn, Herr Vogel?"

„Hier, meine Ballade, ich habe sie zurückbekommen!" Er knallte die Blätter auf den Schreibtisch des jungen Mannes.

„350 Verse, alles in Daktylen geschrieben."

Vogel griff ein Blatt und las mit Emphase:

„Der Märzen, die liebliche Zeit, ist gekommen; es blühen und grünen
Wiese und Feld; auf Hügeln und Höhn, in Büschen und Hecken
Singen ihr Lied fröhlich die munteren Vögel."

„Das ist, mit Verlaub, Goethes Reinicke Fuchs, von dem Sie abgekupfert haben, Herr Vogel", ertönte eine Bassstimme. Ein kräftiger Vierziger mit blondem Vollbart war aus dem hinteren Bereich erschienen: Chefredakteur Mayfarth. Bei seinem Erscheinen begann die Blondine eifrig in die Tasten zu schlagen, auch der junge Mann geriet in emsige Geschäftigkeit.

„Auch inhaltlich ist Ihr Gedicht Unsinn. Und jetzt, Sie Unglücksvogel, gehen Sie und quälen andere mit Ihren verunglückten Plagiaten."

Der Dichter schlich davon, Mayfarth wandte sich den Besuchern zu.

„Was kann ich für Sie tun, meine Herren?"

„Vielleicht können wir uns irgendwo ungestört unterhalten?"

Der Redakteur musterte beide kurz, dann nickte er.

„Kommen Sie mit in mein Refugium."

Er führte beide durch einen schmalen Gang in den hinteren Bereich des Hauses. Sein Büro wurde von einem breiten Schreibtisch dominiert.

An den Wänden standen Aktenschränke. In der Ecke befand sich ein Telefon und ein Nachrichtenticker.

„Auch in der tiefsten Provinz sollte eine Zeitung mit der Welt verbunden sein", sagte er auf Wedigos erstaunten Blick hin. „Nehmen Sie Platz!"

„Nun, in der Provinz, wie Sie Küstrin bezeichnen, ist mitunter einiges los", klopfte Schneidmann auf den Busch.

„Ich dachte mir schon, dass Sie mich deswegen sprechen wollen. Woher kommen Sie?"

„Aus Berlin."

„Aus Berlin", wiederholte Mayfarth. „Wahrscheinlich ist alte Geschichte interessant, weil in München der Putschistenprozess läuft. Denn Ihr Kollege Kisch war bereits hier. Obwohl, viel hat er nicht erfahren, konnte nicht richtig mit den Leuten, ließ einfach zu sehr den Großstädter heraushängen."

„Es gehört ein Händchen dazu, um mit den Menschen zu sprechen", stimmte ihm Schneidmann zu. Wedigo hatte die Zeit genutzt, um den Redakteur unauffällig zu mustern. Der Mann war sorgfältig gekleidet und schien einen guten Schneider zu haben. Etwas anderes fiel ihm auf, eine Miniaturausgabe des Eisernen Kreuzes am Revers. Mayfarth hatte gedient, und er war stolz darauf. Klar, dass ein militärkritischer Kommunist wie Kisch bei ihm nicht punkten konnte.

„Wo waren Sie im Krieg?", fragte er unvermittelt und deutete auf das Kreuz.

„Bei Ypern, in Galizien und auf dem Balkan. Reserve-Infanterie-Regiment Nr. 238. Ich habe als Oberleutnant eine Kompanie geführt."

„Major von Wedel. Ich war vor Verdun, im Luftkampf und bei der Michael-Offensive dabei. Das ist mein guter Kamerad und Freund Leutnant Schneidmann."

„Dachte mir gleich, dass Sie keine Reporter sind. Sie haben so etwas Gradliniges, Aufrechtes in Ihrem Auftreten. Also, meine Herren, womit kann ich Ihnen dienen?"

Schneidmann blickte zu Wedigo. Der nickte. So berichtete er in groben Umrissen, was sie nach Küstrin geführt hatte. Als er endete, lehnte sich Mayfarth zurück. Er zog eine Schublade auf und entnahm dieser eine Zigarrenkiste. Diese öffnete er und bot den Inhalt seinen Besuchern an.

„Greifen Sie zu, beste Havannas!"

Mit Hilfe eines Messers kappte er die Spitze und zündete dann die Zigarre an. Auch seine Gäste folgten dem Ritual. Eine Zeitlang rauchten sie schweigend.

„Gut", sagte dann der Redakteur. „Ich will erzählen, was ich weiß. Viel ist es nicht, aber deutlich mehr, als der saubere Herr Kisch erfuhr und als wir in unserer Zeitung geschrieben haben. Zunächst müssen Sie wissen, in Küstrin kennt jeder jeden und die Honoratioren sind alle miteinander bekannt, verwandt oder verschwägert."

Er klopfte vorsichtig die Asche ab.

„Kisch bemängelte, dass wir lediglich folgende Zeilen veröffentlichten. Augenblick …"

Mayfarth stand auf, öffnete den Aktenschrank, suchte kurz und zog dann einen Ordner mit der Aufschrift ‚Politik 2/23' hervor. Er blätterte ein wenig und hielt dann inne.

„Ich zitiere: ‚Gerüchte. Gerüchte über Gerüchte waren heute in Küstrin-Neustadt verbreitet. Unruhen in der Altstadt. Amtliches war bisher nicht zu erlangen, da die ganze Sache noch nicht geklärt ist.'"

„Das klingt nicht besonders informativ."

„Major Buchruckers Bruder ist Leiter des Lyzeums, sein Onkel mütterlicherseits war Bürgermeister. Ein weiter Onkel ist Stadtrat … Soll ich fortfahren?"

„Das heißt. Ihre Zeitung verzichtete aus Rücksichtnahme auf die Machtstrukturen auf eine detaillierte Berichterstattung?", empörte sich Schneidmann.

„Nein, ich habe die mir vorliegenden Informationen unserem Korrespondenzblatt in Berlin, dem Tagesspiegel, zukommen lassen. Die Redaktion dort leitete alles an die Weltbühne weiter und die entsandte Kisch zu uns."

„Den Herrn kenne ich", sagte Wedigo. „Er hätte 1913 beinahe unsere Aktivitäten im Hinblick auf den Verräter Redl zunichtegemacht, als er über den Spionagefall vorzeitig in der ‚Bohemia' schrieb. Er diente im Krieg als Oberleutnant, wechselte 1918 die Seiten und wurde Kommandant der Roten Garde. Eine zwiespältige Persönlichkeit."

„Diesen Eindruck hatte ich auch und hielt mich daher mit meinen Informationen sehr zurück. Wie gesagt, ich will Sie gern genauer unterrichten. Sie sollten mir allerdings mehr über Ihren Hintergrund berichten. Ihre Erwähnung des Falls Redl lässt darauf schließen, dass Sie Zugang zu geheimen Informationen hatten und vielleicht noch haben."

Wedigo hätte sich im Nachhinein auf die Zunge beißen können. Jetzt hatte er sich verplappert, und der Chefredakteur war ein Mann, dem solche Unachtsamkeiten nicht entgingen. Eine Qualität, die es zu nutzen galt   .

„Wir kommen von Oberst Nicolai, der Name dürfte Ihnen bekannt sein."

„Unser Mann im Generalstab, der den Fall Redl aufdeckte."

‚Unser Mann', er hatte sich in Mayfarth nicht getäuscht.

„Exakt, und – wie ich bereits sagte – aktuell geht es um antidemokratische Umtriebe im Stil des Hitler-Ludendorff-Putsches und die Haltung der Schwarzen Reichswehr zu solchen Aktivitäten. Die Recherchen dazu sind allerdings nicht offiziell."

„Ich verstehe. In Berlin traut niemand niemandem, was ich auch verstehe. Nur fürchte ich, meine Herren, Küstrin und das hiesige Aufstandsgeschehen vom letzten Herbst werden überschätzt. Bruno Buchrucker war, was Sie sicher wissen, Generalstabsoffizier. Nach dem Krieg führte er als Major ein Freikorps-Bataillon im Baltikum."

„Richtig", bestätigte Schneidmann. „Heimgekehrt wurde er in die Vorläufige Reichswehr übernommen. Als eifriger Unterstützer des Kapp-Putsches schied er 1920 aus der Reichswehr aus."

„Er ließ in Cottbus gegen Streikende schießen", fügte der Redakteur hinzu, „und Druckerpressen der Linken zerstören. Wie es weiterging weiß ich nicht."

„Er war im Mai 1921 erneut in Cottbus, um den Nachschub für die in Oberschlesien kämpfenden Freikorps zu organisieren", erläuterte Wedigo. „Im Sommer des gleichen Jahrs wurde Buchrucker wieder vom Wehrkreiskommando III eingestellt, um Arbeitskommandos und geheime Kampfgruppen aufzubauen. In dieser Funktion war er offenbar auch hier in Küstrin tätig."

„Ich kann mich an verschiedene Veranstaltungen erinnern, bei denen Buchrucker sich bemühte, Offizierskameraden ‚für die Sache', wie er sagte, zu gewinnen", ergänzte Mayfarth. „Ob er Erfolg dabei hatte, vermag ich nicht zu sagen. „Soweit mein Beitrag. Vielleicht erfahren Sie mehr beim

Honoratiorenstammtisch. Der ist sonntags um elf nach der Kirche. Ich führe Sie gerne ein."

„Erst Kirche, dann Kneipe?"

„Exakt, so ist das hier in der Provinz."

Wedigo bedankte sich, dann verabschiedeten sich beide und spazierten zurück zum Haus. Unterwegs begegneten sie dem einen oder anderen Bürger und wurden neugierig gemustert. Wedigo ertrug dies mit Fassung, grüßte freundlich die Damen und nickte den Herren zu. Schneidmann hielt sich zurück und blieb gleichsam als Beobachter im Windschatten.

Beim Abendessen berichteten sie von ihrem Besuch in der Zeitungsredaktion und über die ‚gesellschaftlichen' Pläne des nächsten Tages.

„Geht nur zu eurem Stammtisch, wir Damen wissen uns zu beschäftigen. Gleich nachdem ihr gegangen wart besuchte uns die Regierungsrätin Schlüter, eine überaus wissbegierige Dame. Besonders hellhörig wurde sie, als ich andeutete, dass wir in der Gegend auf der Suche nach einem geeigneten Gut sind. Ich mache es kurz. Für morgen Nachmittag sind ‚die Gräfin Walewska und ihre Cousine' bei dieser Dame zum Kaffeekränzchen eingeladen."

„Soll ich euch bemitleiden?", fragte Wedigo.

„Spötteln Sie nur, Herr von Wedel", entgegnete Elisa lachend. „Wir Damen haben unsere eigenen Methoden, an Informationen zu gelangen."

Am Sonntagmorgen legten sich, von der Warthe her kommend, weiße Schleier über die Stadt. Erst gegen Mittag brach eine kühle Sonne durch. Melissa zog daher einen leichten Pelz über, in der Kirche würde es sicher kälter sein. Der Gottesdienst war gut besucht, wobei die Aufmerksamkeit der Gemeinde vor allem den fremden Gästen galt. Ihr Ruf schien ihnen vorausgeeilt zu sein; mehrere Herren zogen den Hut und manche Dame musterte sie ausgiebig durch ihr Lorgnon.

Die Predigt des Pfarrers war ganz im Geiste des ersten Sonntags der Passionszeit.

„Die Gnade unseres Herrn Jesus Christus, die Liebe Gottes und die Gemeinschaft des Heiligen Geistes sei mit uns allen. Hört Gottes Heiliges

Wort für diese Predigt, aufgezeichnet im Evangelium nach Matthäus im 4. Kapitel: Da wurde Jesus vom Geist in die Wüste geführt, damit er von dem Teufel versucht würde ..."

Bald leitete Pastor Schrecker zur Bußthematik über: „Die Passionszeit ist eine Bußzeit. Darauf weist auch das Violett als Farbe der Passionszeit hin ..."

Wedigos Gedanken schweiften bald ab. Er hatte nie viel von der norddeutschen Variante des Pietismus gehalten und fand Bußappelle angesichts der Wohlgenährtheit des Geistlichen und der meisten seiner Schäfchen als mehr oder minder heuchlerisch. Der eine oder andere Besucher schien auch abgelenkt zu sein. Melissas scharfe Augen entdeckten mehr. Einige jüngere Herren sandten in Richtung braver Töchter kleine Billette. Zwei ältere waren dagegen dem Schlummer verfallen, ein Schicksal, das eine stattliche Matrone links von ihnen ebenfalls zu teilen schien.

Endlich setzte kraftvoll die Orgel ein, alles erwachte und die Gemeinde sang laut „Herr in Deine Hände leg ich meinen Weg" – der Gottesdienst näherte sich dem Ende. Nur die Gemeindeschwester mit dem Kollektenteller zog noch ihre Runde. Wedigos Geldschein löste in der Nachbarschaft ein Raunen aus. Er bot Melissa den Arm und geleitete sie hinaus. Draußen auf der Treppe trat der Geistliche auf beide zu.

„Ich freue mich, in unserer kleinen Gemeinde zwei neue Persönlichkeiten begrüßen zu dürfen. Gräfin Walewska und Herr von Wedel, nehme ich an?"

Er verbeugte sich in Richtung Melissa. Sie reichte ihm lächelnd die Hand.

„Ich danke Ihnen, Herr Pastor, für Ihre schöne Predigt. Es ist meinem Mann und mir sonntags stets ein Bedürfnis, unserer Seele etwas Gutes und Erbauliches zu tun."

„Vielleicht ergibt sich eine Gelegenheit, uns näher auszutauschen, gnädige Frau. Wir sind über Neuigkeiten aus der großen Welt immer sehr erfreut."

Melissa nickte freundlich und beide verabschiedeten sich. Sie kamen allerdings nicht weit. Eine sehr stattliche Dame, die einen ausladenden Hut trug, steuerte auf Melissa zu, während Wedigos Aufmerksamkeit durch einen jovialen Herrn im Jägeranzug in Anspruch genommen wurde.

Sie tauschten einen kurzen Blick und wandten sich dann ihren neuen Partnern zu.

„Baron von Dellmann,", rief der Jäger mit dröhnender Bassstimme. „Sie sind der neue Gutsherr? Sollten uns kennenlernen, am besten auf einer Jagd. Nächsten Mittwoch? Sie sind dabei! Gut, wir brechen um fünf Uhr auf", und ohne auf eine Antwort zu warten, marschierte der Baron weiter.

„Meine Liebe! Wie schön, Sie hier zu treffen. Es geht nichts über eine erbauliche Predigt, sage ich immer. Gerade, wenn man aus der sündigen Großstadt in unsere geordnete Welt kommt. Ich würde mich sehr freuen, Sie morgen um vier zum Tee begrüßen zu dürfen. Die Damen vom Komitee werden alle anwesend sein. Darf ich mit Ihnen rechnen?"

„Gerne, nur …"

„Wo habe ich nur meine Gedanken, ich vergaß ganz mich vorzustellen. Mein Gatte ist der Kommerzienrat von Bölkow, Vorstand unserer hiesigen Bank. Eulalie von Bölkow, geborene Freiin zu Gamben. Bis später dann, liebe Gräfin!"

Und damit rauschte die pompöse Dame davon.

„Imposant", sagte Wedigo, „deine neue Freundin ist ein wahres Flaggschiff."

„Still, lästere du später, man könnte dich hören. Dein Oberförster ist übrigens auch nicht ohne."

„So ist die hiesige Welt, erbaulich für die Seele und die Sinne."

„Spotte du nur, wenn du in Rom bist, sprich wie die Römer."

„Rom käme mir im Hinblick auf Küstrin nicht unbedingt in den Sinn. Du entschuldigst mich, da drüben ist der Redakteur Mayfarth, der mich zum Frühschoppen entführen will."

„Geh du – und lass dich vor heute Nacht wieder blicken."

Die Honoratioren trafen sich in einem Lokal am Marktplatz. Wedigo wurde dem illustren Kreis vorgestellt: Den Herren Bast und Kube, zwei Bauunternehmer, dem Brauereibesitzer Graul, dem Landrat von Delitz sowie Bürgermeister Securius, dem Fabrikanten Tolke, Herrn Kohlstock von der Malzfabrik, dem Druckereibesitzer Adler, dem auch die Cüstriner Zeitung gehörte, dem Möbelfabrikanten Schumann und so weiter. Sozusagen der ganzen Liste, die Schneidmann bei ihrer Ankunft verlesen hatte. Alle waren stattliche Herren im besten Alter, Zigarre rauchend und mit einem Mosel oder Pfälzer Wein im schweren Glas vor sich.

Die Gespräche drehten sich um Geschäftliches, die Aussichten der Wirtschaft und die verfehlte Politik der Reichsregierung unter Kanzler Wilhelm Marx.

„Man hätte von Seeckt die Regierungsgewalt lassen sollen", polterte Graul und die übrigen am Tisch stimmten zu.

Insgesamt eher banale Gespräche, in dieser Runde würde er kaum etwas Wichtiges erfahren. Zudem waren die Herren Fabrikanten und Ladenbesitzer sehr von sich und ihrer Bedeutung überzeugt und ihr Horizont schien entsprechend beschränkt. Wedigo verabschiedete sich so rasch es ihm möglich war und machte sich auf den Heimweg. Er lief durch die kleinstädtischen Straßen der Stadt. Am Rathaus und dem Zigarrenladen Marx vorbei, sogar eine Straßenbahnlinie gab es in der Stadt. Eine Tram kam, Wedigo stieg ein, zahlte seinen Obolus und fuhr bis zur Haltstelle nahe der Sparkasse.

Gerade als er ausstieg, kam ihm von der anderen Seite das Ehepaar Schneidmann entgegen.

„Lieber Freund, wo kommt ihr beide her? Ihr wart weder in der Kirche noch beim Stammtisch."

„Mit der Kirche haben wir nichts zu tun", entgegnete Elisa. „Das Volk benötigt kein Opium, sondern wache Geister."

„Wir waren beim SPD-Ortverein", erklärte Schneidmann schnell, bevor seine bessere Hälfte sich ganz auf den Klassenkampf konzentrierte. „Die Genossen wussten einiges über die Schwarze Reichswehr und die hiesige Feme zu berichten."

„Die hiesige Feme?"

„Am besten, ich berichte zu Hause, was wir erfahren haben."

Sie kamen gerade richtig zum Mittagsmahl. Während sie speisten, gab Schneidmann einen Abriss der erfahrenen Informationen.

„Ein gewisser Oberleutnant Raphael, er war eine Schlüsselfigur während des Küstriner Putsches im letzten Herbst, erhielt das Kommando über die erste Kompanie im Fort Gorgast, ein Außenfort der Festung Küstrin. Dies, obwohl er verdächtigt wurde, sich an Heereseigentum bereichert zu haben. Im letzten Sommer wurde ein aus Frankfurt/Oder stammender Mann namens Gröschke besagter Kompanie Raphael zugeteilt. Die Kameraden verprügelten ihn nach Äußerungen, er habe Verbindungen zu Kommunisten, da sie ihn für einen Spitzel hielten. Oberleutnant Raphael ließ ihn daraufhin in eine Arrestzelle bringen. Dort verhörte er am nächsten Tag den Arretierten, um Informationen über die Frankfurter Kommunisten und ihre Waffenlager zu erhalten. Diese gingen an Oberleutnant Schulz im Küstriner Zeughaus. Schulz gilt als der führende Kopf der Feme in Brandenburg. Drei andere Soldaten namens Klapproth, Büsching und Fahlbusch übernahmen die Ausführung seiner Urteile."

„Darf ich kurz unterbrechen", sagte Melissa. „Was wird konkret unter ‚Feme' verstanden?"

„Feme", erläuterte Wedigo, „war ursprünglich eine mittelalterliche Strafjustiz. Jetzt verbergen sich hinter dem Wort Anschläge auf Menschenleben auf Grund des Spruchs einer Organisation oder einzelner ihrer Mitglieder wegen eines von ihnen als verräterisch oder gemeinschädlich angesehenen Verhaltens. Nicht nur Verräter und Abtrünnige müssen mit einem Feme-Mord rechnen, sondern zum Beispiel beim Ruhrkampf auch alle, die mit den alliierten Kontrollbehörden zusammenarbeiteten."

„Das heißt, schon eine Vermutung kann genügen? Schrecklich, damit ist der Willkür Tor und Türe geöffnet."

„Das war wohl auch hier der Fall. Die Feme trat in Aktion. Schulz beauftragte seinen Adlatus Büsching. Dieser begab sich, unter dem Vorwand, die Mannschaften in Selbstverteidigung auszubilden, nach Gorgast. Sein eigentlicher Auftrag lautete allerdings, gemeinsam mit Klapproth den ‚kommunistischen Spitzel umzulegen'. Das Kommando vervollständigte ein Oberfähnrich Glaser und der Bruder Klapproths und ein Kurt Vogel. In der Nacht zum 22. Juni liquidierten die genannten Männer Gröschke und verscharrten den Toten in einer Schonung. Das Auffinden des blutbefleckten Mantels durch zwei Arbeiter führte am nächsten Morgen zur Entdeckung der Leiche. Wenige Tage nach dem Putsch im Herbst erfolgte die erste Vernehmung Raphaels durch den Untersuchungsrichter des Landsberger Landgerichtes. Die Ermittlungen wurden jedoch eingestellt, da er unter Eid versicherte, dass Gröschke schwimmend durch den Wassergraben der Festung geflohen sei."

„Der Ortsverband der hiesigen SPD wurde durch die beiden Arbeiter informiert und stellte eigene Untersuchungen an", ergänzte Elisa.

„Selbstjustiz, die bisher ungestraft geblieben ist", fasste Wedigo das Gehörte zusammen. „Wie damals im Fall Luxemburg und Liebknecht."

„Es gibt noch zahlreiche andere Fälle", erklärte Schneidmann, „die Morde an dem Feldwebel Gaedicke, an Leutnant Janke und an dem Unteroffizier Alfred Brauer. Die Feme stellte diese als Ahndung der Verbrechen von Kriminellen und zwiespältigen Gestalten dar. Die Justiz schenkte ihr bisher weitgehend Glauben. So liegen Aussagen von an den Untersuchungen beteiligten Juristen vor, welche die Taten damit rechtfertigen oder entschuldigen, dass die Täter im guten Glauben gewesen seien, nach dem Notwehrrecht zu handeln, um so den Staat zu schützen."

4. Kapitel

Pommersche Jagd

Kahr im Kreuzverhör

Eine Episode aus den Tagen des Kapp-Putsches wird vom ‚Bayerischen Kurier' in Erinnerung gebracht. Zwei Tage nach dem missglückten Berliner Putsch begab sich ein Herr in den Schutz der Einwohnerwehrführer Escherich und Kanzler und fand durch ihre Vermittlung ein Asyl in dem schon mehrfach genannten Schloss Neubeuren.

Berliner Tageblatt, 12. März 1924

Das Wochenende war vorüber und fast schon wieder die halbe Woche. In der Nacht hatte es kräftig geschneit und die frühen Morgenstunden zeigten sich entsprechend frostig. Wedigo stand zusammen mit Schneidmann und den übrigen Gästen um ein Kohlefeuer und bemühte sich, etwas Wärme einzufangen. Schnaps machte die Runde und von den Mündern stiegen weiße Wolken auf. Die Jagd heute galt vor allem den Kaninchen und – aufgrund der hohen Population – auch den Frischlingen; für andere Wildtiere war Schonzeit. Das gute Dutzend Jäger stapfte in Reihen vorwärts durch den Schnee. Wedigo war gespannt, ob das Treffen neue Erkenntnisse bringen würde.

Melissas Sonntagskaffeerunde mit der Regierungsrätin Schlüter und das montägliche Treffen bei Eulalie von Bölkow hatten sich jedenfalls als ebenso provinziell herausgestellt wie der von ihm besuchte Frühschoppen. Außer Tratsch und etwas Klatsch, inklusive neidvollen Blicke auf Melissas schlanke Gestalt und kleinen vergifteten Spitzen in Richtung des ‚ungezügelten‘ Treibens in Berlin konnte sie wenig Erbauliches berichten. Melissa konnte es allerdings nicht lassen, die von den Damen gezeigte Mode darzustellen und zu kommentieren. Vor allem die enorme Figur Eulalie von Bölkows, der geborenen Freiin zu Gamben, schien durch die Fischgrätenkorsage nur bedingt gebändigt worden zu sein und hatte nach dem Genuss mehrerer Tortenstücke bedenkliche Geräusche von sich gegeben.

Es knallte, und das Jagdgeschehen riss Wedigo aus seinen Gedanken. Sein Nebenmann, Oberst Gudowius, Kommandant der Küstriner Festung, hatte geschossen und getroffen. Auch andere waren erfolgreich; als die Jagd abgeblasen wurde, betrug die Strecke mehr als zwei Dutzend Kaninchen und fünf Frischlinge. Wedigo selbst konnte lediglich zwei Kaninchen aufweisen. Irgendwie war er nicht zum Schuss gekommen. Immer hatten sich Bilder der Jagd vor fast zehn Jahren bei Walter von Pannwitz aufgedrängt, bei der jemand auf ihn geschossen hatte. Ob mit Absicht oder ob es ein Zufall gewesen war, konnte nie richtig geklärt werden. Warum in aller Welt kam ihm diese Szenerie in den Sinn?

Der Besitzer der Jagd Baron von Dellmann lud die Herren in seinem Jagdhaus zu einem deftigen Frühstück ein. Im Blockhaus verbreitete ein Schwedenofen wohlige Wärme. Die Einrichtung war einfach. An den Wänden hingen Geweihe und Waffen. Man saß auf Holzbänken, aß und trank viel und rauchte, was das Zeug hielt. Die Gespräche der Herren drehten sich vor allem um das Jagdgeschehen, unterschieden sich sonst aber kaum von denen beim sonntäglichen Frühschoppen. Wedigo wollte gerade aufbrechen, da sprach der Oberst ihn an.

„Habe gehört, Sie seien an der Schwarzen Reichswehr interessiert."

„Wer ist Ihre Quelle, Herr Oberst?"

„Ich habe meine Berliner Kontakte. Und natürlich nachgehakt. Sie galten im Krieg als Nicolais rechte Hand und sollen auch jetzt wieder mit ihm in Kontakt stehen."

„Sie wissen, Oberst, dass ich dazu keine Auskunft geben kann."

„Versteht sich von selbst. Aber gegen den einen oder anderen Hinweis dürften Sie nichts haben."

„Wenn Sie hilfreiche Informationen haben …"

„Habe ich, Herr von Wedel, habe ich. Allerdings sollten wir das nicht hier besprechen. Wie wäre es, wenn Sie mich heute Abend auf der Kommandantur besuchen? Sagen wir um sieben Uhr?"

„Heute Abend um sieben, gerne, Herr Oberst."

Wedigo verabschiedete sich von den Jagdgefährten, schulterte das Gewehr und machte sich auf den Weg zum Waldrand, wo Friedhelm ihn um neun Uhr, also in einer halben Stunde, abholen sollte. Die Bäume waren in Nebel gehüllt und die Sicht betrug nur wenige Meter. Der Boden zeigte sich zudem glatt und teilweise überfroren. Mehr als einmal kämpfte er rutschend mit der Balance. Wieder stolperte er, da krachte plötzlich ein Schuss und ein Projektil schlug jaulend neben ihm in den Boden. Wedigo sprang nach links in den Schutz der Bäume. Erneut knallte es, die Kugel streifte einen Stamm und wurde zum Querschläger, der ihn nur knapp verfehlte. Er riss seine Waffe hoch, zielte kurz und schoss zweimal in die Richtung, in der er den Schützen vermutete. Kurz herrschte Stille. Dann knackten Zweige, während aus der Ferne Rufe zu hören waren. Abermals knackte es, der Angreifer zog sich offenbar zurück. Wedigo verharrte noch einige Augenblicke, bis er vorsichtig zum Weg zurückkehrte. Ein Anschlag wie neulich am Schlachtensee. Wer wusste von seinem Hiersein? Wer war ihm gefolgt? Oder hatte er durch seine Neugier sozusagen einen schlafenden Hund geweckt? Sorgsam auf Geräusche oder andere Gefahrenhinweise achtend bewegte er sich weiter. Aber offenbar hatte sich der Angreifer zurückgezogen und er blieb unbehelligt.

Bald öffnete sich der Waldrand und das wartende Automobil wurde sichtbar. Friedhelm stieg aus und kam ihm entgegen. Wedigo reichte ihm die Waffe, die dieser verstaute.

„Haben Sie eine gute Jagd gehabt?"

„Danke, Friedhelm. Bis auf die Tatsache, dass eben jemand auf mich geschossen hat, bin ich zufrieden."

„Eben? Dann sollten wir uns schnell von hier entfernen."

Wedigo stieg ein, Friedhelm nahm am Steuer Platz und startete das Fahrzeug. Im gleichen Augenblick zersplitterte mit lautem Krachen die hintere Scheibe und eine Kugel bohrte sich in das Armaturenbrett. Friedhelm riss das Steuer nach links und gab Gas. Ein weiterer Schuss schlug in den hinteren rechten Kotflügel ein. „Halt!", rief Wedigo.

Schlitternd kam der Wagen zum Stehen. Wedigo griff nach hinten, packte das Gewehr, riss die Tür auf und ließ sich nach draußen fallen. Ein Geschoss heulte über ihn hinweg. Er zielte in Richtung des eben gesehenen Mündungsfeuers und drückte ab. Auch auf der anderen Fahrzeugseite wurde geschossen, dem Klang nach mit einer Mauser. Friedhelm schien ebenfalls bewaffnet zu sein – eine beruhigende Tatsache. Wieder schoss Wedigo. Abrupt verstummte das feindliche Feuer und alles wurde still. Er wartete – ein, zwei lange Minuten.

„Herr", hörte er Friedhelm flüstern. „Ich glaube, die sind weg."

„Ich werde nachschauen. Geben Sie mir Feuerschutz. Hier das Gewehr, reichen Sie mir Ihre Pistole."

Der Austausch fand unterm Fahrzeug statt. Nun gab Friedhelm nach links und rechts mehrere Schüsse ab. Dann sprang Wedigo auf und lief mit der Waffe in der Hand in gebückter Haltung dem Waldrand zu. Er hatte gut die Hälfte der Strecke zurückgelegt, da meinte er dort eine Bewegung zu sehen und warf sich zu Boden. Friedhelm schoss weiterhin links und rechts Sperrfeuer. Wedigo wartete erneut. Drüben regte sich nichts. Er schnellte hoch und rannte die letzten Meter bis zu dem Buschwerk. Dort hielt er inne und lauschte. Irgendwo knackte es, weiter hinten brach etwas oder jemand durch die Büsche. Sonst war nichts zu entdecken, der Angreifer war erneut entflohen.

„Die Luft ist rein. Kommen Sie, Friedhelm, helfen Sie mit, nach Spuren zu suchen."

„Ich habe eine Lampe dabei!"

Sie leuchteten das Gebüsch aus. Einige dunkle Flecken wurden sichtbar, Blut! Der Schütze musste verwundet sein, beziehungsweise einer der Angreifer, denn die Spurenlage verwies auf mehrere Täter. Stimmen wurden laut und Rufe ertönten. Eine Gruppe kam aus dem Wald, die Jagdgefährten mit dem Baron an der Spitze.

„Wir haben Schüsse gehört. Was ist passiert?"

„Offenbar bin ich Wilderern in die Quere gekommen."

„Die scheinen ganz schön aggressiv gewesen zu sein", wies Oberst Gudowius auf die zersplitterte Rückseitenscheibe.

„Möglicherweise sind die Kerle noch hier", sagte der Baron und warf einen beunruhigten Blick auf den Waldrand.

„Ich denke nicht. Wir haben den Burschen ziemlich eingeheizt und wohl einen auch verwundet."

„Ich werde die Gendarmerie herschicken. So etwas in unserem friedlichen Küstrin", ereiferte sich Bürgermeister Securius. „Die Kerle werden wir einfangen!"

„Ob unsere braven Wachtmeister Erfolg haben?" Der Baron gab sich skeptisch. „Sie lassen den Wagen am besten zu Puhlmann in der Zorndorfer Chaussee bringen", wandte er sich an Wedigo. „Der hat sicher auch einen Ersatzwagen. Mit dem hier können Sie schlecht zu Ihrem Gutstermin fahren. Ich gebe Ihrem Fahrer ein Empfehlungsschreiben mit."

In der Autowerkstatt zeigte man sich, wohl auch aufgrund der Empfehlung des Barons, sehr zuvorkommend. Im Eigentlichen bestand die Werkstatt aus einer großen Garage. Der Besitzer Walter Puhlmann, ein Mann um die dreißig, schlank, mit schütterem dunkelblonden Haar, war, wie er erzählte, noch unschlüssig, ob er ein Autohaus gründen solle.

„Die Inflation steckt allen noch in den Knochen. Aber ich habe schon Kontakte und Reparaturen führen meine Leute umgehend aus. Wegen Ihrer Scheibe kann sicher die Glaserei Friedrich weiterhelfen."

„Haben Sie einen Ersatzwagen zur Hand?"

„Ich stehe mit dem Autohersteller Opel in Kontakt, um in Küstrin eventuell eine Filiale zu eröffnen. Und zu Erprobungszwecken bekam ich ein brandneues Automobil zur Verfügung gestellt. Einen Opel 4 PS, der ab Mai in Rüsselsheim in die Produktion gehen soll. Kommen Sie mit, ich zeige Ihnen den Wagen."

Er führte Wedigo und den Fahrer Friedhelm hinters Haus. Dort stand ein blitzender Zweisitzer. Im Gegensatz zu üblichen Automobilen war der Wagen klein und quietschgrün statt groß und schwarz. Ein wahrer Frosch!

„Der Einlitermotor bringt das Auto auf eine Spitzengeschwindigkeit von 60 km", verkündete Puhlmann stolz. „Er kostet, so wie er dasteht, 4500 Mark."

„Eine Limousine haben Sie nicht?"

„Leider nicht."

„Der Wagen sieht gut aus, er wäre vielleicht etwas für meine Frau, zumal Grün ihre Lieblingsfarbe ist. Wenn wir ihn die Tage bis zur Reparatur des Daimlers nutzen könnten, um die Fahreigenschaften zu prüfen?"

„Selbstverständlich, Herr von Wedel. Er ist vollgetankt, Sie können gleich losfahren."

Melissa stand mit den Schneidmanns und Carlos vorm Haus, als Wedigo in seinem Opel vorfuhr. Friedhelm und er stiegen aus.

„Was ist mit dem Daimler passiert und wo kommt der Laubfrosch her?"

„Der Wagen ist in der Werkstatt und der Kleine hier steht uns für die Dauer der Reparatur zur Verfügung. Lass uns im Haus weitersprechen", sagte Wedigo mit Blick auf nachbarschaftliche Fenstergucker. Drinnen gab er einen kurzen Abriss der Geschehnisse.

„Woher wussten die Angreifer, dass Sie auf der Jagd anzutreffen waren?", fragte Schneidmann. „Ein Zufall scheint mir das nicht zu sein. Nur, wer steckt dahinter?"

„Vor allem, woher bezog man seine Informationen?", sagte Melissa. „Mir gefällt das Ganze nicht. Vielleicht sollten wir Küstrin den Rücken kehren."

„Du meinst, wir sollten fliehen?"

„Manchmal ist es klüger, eine unhaltbare Position aufzugeben."

„Wir zeigen Flagge, bleiben hier und werden uns heute Mittag das Gut anschauen", entschied Wedigo.

Es klingelte an der Haustür. Das Mädchen ging hin, um zu öffnen und kam mit einem Kuvert in der Hand zurück.

„Gnädiger Herr, ein Telegramm!"

Wedigo nahm es. Er riss das Kuvert auf und zog das Nachrichtenblatt hervor. Er überflog es, runzelte die Stirn und reichte es an Melissa weiter.

„Anwesenheit in Berlin dringend erforderlich – Stopp – Sofortige Rückkehr heute – Stopp – Nicolaï", las sie laut vor und lachte. „Soweit zum Thema ‚Flagge zeigen'. Nun gut, ich lasse packen."

Um 16:15 Uhr fuhr ihr Zug ab. Eine Kraftdroschke brachte die Reisenden zum Bahnhof. Wedigo telegrafierte noch rasch ihre Ankunftszeit. Die Fahrt verlief ohne Besonderheiten. Gegen halb sechs erreichten sie den Lehrter Bahnhof. Bei Oberst Gudowius hatte sich Wedigo durch Friedhelm entschuldigen lassen, dennoch hatte er das Gefühl, etwas Wichtiges versäumt zu haben.

„Und jetzt?"

„Wir fahren nach Hause", sagte Elisa mit Nachdruck. „Der Herr Oberst wird sich schon melden, wenn alles so dringend ist."

„Carlos ist von der Reise erschöpft. Wir werden uns ebenfalls zurückziehen. Wedigo, kommst du mit oder stehst du Gewehr bei Fuß?"

Wedigo war unschlüssig. Das Telegramm schien dringlich gewesen zu sein, aber von Nicolai war nichts zu sehen.

„Gut", sagte er schließlich. „Wohin fahren wir? In den Grunewald?"

„In die Jägerstraße. Vor unserer Abreise habe ich alles Notwendige in die Wege geleitet, damit unsere Wohnung bewohnbar ist."

„Davon habe ich nichts mitbekommen."

„Das passiert mitunter. Aber jetzt lass uns fahren, Nicolai hat seine Chance gehabt."

Die Ehepaare verabschiedeten sich und fuhren in getrennten Krafttaxen davon. Die frisch angemietete Wohnung schien vollständig auf ihre neuen Bewohner vorbereitet zu sein. Selbst das Mädchen erwartete sie und hatte bereits den Abendbrottisch gedeckt, wie Wedigo verwundert feststellte.

„Wie hast du das bewerkstelligt?", wandte er sich an Melissa, die Erna, so hieß die ländliche Perle, einige Anweisungen im Hinblick auf das Essen erteilte.

„Tante Nadja hat alles arrangiert."

„Aber woher wusste sie von unserem Kommen?"

„Ein Anruf genügte, dass wir demnächst nach Berlin zurückkehren würden. Du glaubst doch nicht, ich hätte es noch länger in diesem Provinznest ausgehalten! Gut hin, Gut her."

Wedigo verzichtete auf eine Antwort. Sie aßen, abschließend wurde Carlos zu Bett gebracht. Dann setzten sie sich in den Salon. Das Mädchen wurde für den Abend entlassen und eine Flasche Niersteiner geöffnet. Langsam klang der Tag aus …

Am nächsten Tag erwartete Wedigo, etwas von Nicolai zu hören. Als dieser sich bis Mittag nicht meldete, beschloss er, das ‚Büro' aufzusuchen. Er fuhr mit der Tram zum Alex und betrat das Kaufhaus Tietz. Der Lift brachte ihn zur vierten Etage. Er durchquerte eine Ansammlung von halbnackten Schaufensterpuppen und klopfte an die Tür zu Nicolais Räumlichkeiten. Keiner antwortete. Er klopfte erneut, nichts war zu hören. Wedigo drückte die Klinke, die Tür war unverschlossen. Er öffnete sie, trat in den Raum und sah sich um. Niemand war da. Der Schreibtisch vor dem großen Doppelfenster war mit Papieren übersät, auch auf dem Boden lagen Blätter und aus dem Aktenbock an der Wand hatte jemand sämtliche Ordner hervorgeholt und durchsucht. Sie lagen aufgeklappt auf dem Sofa, ihr Inhalt war zum Teil herausgerissen oder im Raum verteilt worden. Er ging zum Telefon, die Leitung war tot. Ein Überfall? Eine Entführung? Und jetzt? Sollte er Kommissar Gennat aufsuchen oder Nicolais Nachfolger Friedrich

Gempp? Was auch immer hier passiert war, er würde es aufklären. Das Polizeipräsidium lag gleich nebenan, er würde mit Gennat beginnen.

Gennat thronte wie immer in seinem Zimmer hinter dem mit Papieren überladenen Schreibtisch. Er hörte sich Wedigos Bericht aufmerksam und in aller Ruhe an. Dann griff er zu einer Zigarre, die vor sich hin qualmte, zog genussvoll an ihr und stieß eine blaue Wolke in die Luft. Sinnend schaute er ihr hinterher. Die Wolke wurde grau, verblasste und löste sich schließlich auf. Gennat legte die Zigarre wieder zur Seite.

„Unordnung und Chaos am Arbeitsplatz?" Er schüttelte den Kopf. „Das klingt nicht nach Oberst Nicolai."

„Ganz und gar nicht", bestätigte Wedigo.

Gennat griff erneut zur Zigarre. „Wehner soll Sie begleiten", befand er „und er soll sich alles gründlich anschauen."

Der Kommissar war im Hause und hatte gerade Zeit. Die Männer liefen hin zum Kaufhaus und fuhren mit dem Lift hoch in die vierte Etage.

„Ein ungewöhnlicher Ort für ein Büro", meinte Wehner, „ziemlich ungeschützt."

Im Raum sah er sich gründlich um. Jedes Blatt hob er auf, schaute unter die Polster und öffnete die Schubladen des Schreibtischs. Schrittweise durchmaß Wehner, die Augen aufmerksam auf den Boden gerichtet, das Zimmer. In der Ecke, nahe dem Aktenregal, bückte er sich. Als er sich wieder aufrichtete, hielt Wehner einen Zigarettenstummel in der Hand.

„Raucht Oberst Nicolai?"

„Nicht dass ich wüsste."

„Wenn, dann sicher keine französische Marke. Der Stummel stammt von einer Gauloises!"

„Also hatte Nicolai ausländischen Besuch."

„Oder jemand war hier, der französische Zigaretten raucht. Kennen Sie Personen, auf die dies zuträfe?"

Wedigo überlegte kurz.

„Nein, bedauere", sagte er dann. „Glauben Sie, dass der Oberst entführt wurde?"

„Es sieht so aus. Wir sollten den für gestern zuständigen Liftboy befragen. Vielleicht hat er etwas bemerkt oder sogar gesehen."

Der Junge am Lift hatte auch am Tag zuvor Dienst gehabt und berichtete, mehrfach seien Warenkartons transportiert worden. Auf Nachfrage gab er an, dass ungefähr gegen 16 Uhr, jedenfalls nach der Kaffeepause, eine größere Kiste nach unten zum Warenlager gebracht worden sei.

Sie fuhren hinunter zum Warenlager. Hier herrschte ein stetes Kommen und Gehen von Waren und Fahrzeugen, ein Überblick schien kaum möglich. Aber sie hatten Glück. Ein älterer Mann, der für die Verladung zuständig war, konnte sich genau erinnern, dass kurz nach der Kaffeepause eine große Kiste in einen Wäschereiwagen verladen worden sei. Er wisse das deswegen so genau, sagte er, da keine Stunde vorher eben diese Kiste hoch in den vierten Stock zu einem …

„Aujenblickchen", er blätterte in einer Kladde, „zu einem Herrn Nicolai jebracht worden ist. Das kam mir seltsam vor."

„Wissen Sie vielleicht noch den Namen der Wäscherei?", fragte Wedigo.

„Die Chemische Waschanstalt Spindler aus Köpenick. Kommt einmal die Woche hierher. Aber nich mittwochs. Hat mich, wie jesacht, jewundert."

Ein Geldstück wechselte den Besitzer und die beiden Herren verließen das Warenlager.

„Und nun?"

„Ich schlage vor, wir fahren nach Köpenick, genauer nach Spindlersfeld, wo sich die Zentrale der Firma befindet."

In Köpnick sprachen sie mit dem Leiter der Logistik, einem Herrn Scholze. Dieser führte die Männer in sein Büro und bestätigte, nach Blick in seine Listen, dass das Kaufhaus Tietz am Alexanderplatz regelmäßig von Lastwagen der Firma angefahren würden.

„Gestern ist allerdings kein Fahrzeug aus unserem Haus dort im Einsatz gewesen. Wir fahren den Alex montags und freitags an."

„Gibt es ein Verzeichnis der Tagesfahrten?", fragte Wehner.

„Selbstverständlich. Die Routen und die Fahrer werden notiert. Einen Moment bitte."

Scholze trat an einen Aktenschrank, öffnete diesen und holte einen Ordner mit der Aufschrift ‚Fahrten März 24' hervor. Er blätterte kurz.

„Da haben wir es. Ach, das ist merkwürdig. Gestern gab es doch eine Fahrt. Ich kann nur nicht erkennen von wem, die Schrift ist nicht zu lesen."

Scholze riss die Tür zum Gang auf.

„Krause", rief er. „kommen Sie mal her!"

Krause, ein rundlicher Mann um die fünfzig erschien.

„Was'n los?"

„Können Sie mir erklären, wieso für gestern am Nachmittag eine Fahrt zum Kaufhaus Tietz am Alex eingetragen ist? Der Name des Fahrers ist unleserlich."

„Gestern Mittag war ich beim Zahnarzt. Habe mich ganz ordnungsgemäß abgemeldet. Der Wilhelm hat übernommen. Müssen Sie den fragen, wenn Sie was wissen wollen."

„Sie meinen Wilhelm Brandowski?"

„Genau, den Brandowski mein ich."

„Schicken Sie mir den Mann! Sofort!"

„Ja, ja, ich geh' schon."

Krause drehte sich um und schlurfte davon.

„Es ist einfach schwierig mit den Leuten", erklärte Scholze. „Alles verkappte Bolschewisten."

Wehner sah ihn fragend an: „Alle?"

„Nun ja", Scholze schien irritiert, „das sagt man doch, oder?", wandte er sich an Wedigo.

„Ich kenne mich in Ihrer Branche nicht aus", antwortete der kühl.

Es klopfte, Krause kehrte zurück. Er wirkt verwirrt.

„Wilhelm ist heute nicht zur Arbeit erschienen. Kurt, also Herr Böhm, der im gleichen Haus wohnt, sagt, er sei am Mittwochabend nicht nach Hause gekommen. Seine Frau ist völlig aufgelöst. Kann man verstehen, ganz allein mit vier Blagen."

„Der Kerl wird sich irgendwo herumgetrieben und das Geld versoffen oder verhurt haben. Jetzt traut er sich nicht mehr nach Hause."

„Nee, Herr Scholze, der Wilhelm, det ist ein anständijen Mann, der macht so was nich."

„Die Wagen sind gestern alle zurückgekommen?", wollte Wedigo wissen.

„In der Hinsicht ist alles in Ordnung."

„Gut", sagte Wehner. „Jedenfalls vielen Dank für die Informationen. Ich hätte gern noch die Adresse. Dann werden wir feststellen, was mit dem Mann los ist und was nicht."

Es zeigte sich, dass Brandowski in Moabit wohnte, ebenfalls in der Wiclefstraße, gerade zwei Hausnummern vom toten Journalisten entfernt.

„Ein eigenartiger Zufall", sagte Wedigo, als beide in Wehners Wagen zur Wiclefstraße fuhren.

„Zufall? Nein, ich glaube nicht an Zufälle, besonders nicht bei Kriminalfällen", erwiderte der Kommissar. „Da stimmt etwas nicht, dieser Herr Wilhelm ist nicht ohne Grund verschwunden."

Die Familie Brandowski lebte mit ihren vier Kindern in einer kleinen Zweizimmerwohnung, zu der auch eine Küche gehörte. Diese war gleichzeitig das Wohnzimmer, da die übrigen Räume lediglich als Schlafkammern genutzt werden konnten. Mutter Brandowski, gekleidet in eine Kittelschürze, war eine verhärmt wirkende Frau um die dreißig. Sie mochte früher einmal ganz hübsch gewesen sein, doch die Arbeit und die täglichen Sorgen hatten sie früh altern lassen, sodass sie eher wie eine Vierzigjährige wirkte.

„Nein", sagte sie leise, „Wilhelm geht nie in Kneipen. Wir kommen mit dem Geld kaum rum, da gibt er für so was nicht mal nen Groschen aus."

„Nicht mal für ein Bier?", fragte Wehner.

„Wilhelm raucht und trinkt nicht."

„Wann ist Ihr Mann gestern zur Arbeit gegangen?"

„Er hatte Frühschicht, also von sechs bis mittags um drei. Da muss er um kurz nach fünfe los. Wilhelm kam aber schon um zwei und sagte, er hätte von einem Kollegen eine Fuhre übernommen, es würde daher sechse werden."

„Wie kam er?"

„Na mit einem Firmenlaster. Immer, wenn er eine Fuhre macht, die in die Gegend geht, schaut Wilhelm kurz vorbei. Nach dem Rechten, sagt er immer."

„Und er kehrte gestern Abend nicht nach Hause zurück?"

„Nein", antworte die Frau unter Schluchzen. „Wilhelm ist nicht heimgekommen."

Eines der Kinder, ein Junge von sieben oder etwa acht Jahren, der mit seinen Geschwistern still zugehört hatte, zupfte Wedigo am Jackett.

„Herr", sagte er, „da war ein Mann beim Vater."

„Ein Mann, mein Junge?"

„Ich habe draußen gespielt und der Vater war bereits da und ich wollte ins Haus und da kam er raus und der Mann sprach mit ihm", sprudelte es aus dem Jungen hervor.

„Was erzählst du da, Fritz?", tadelte die Mutter. „Lass die Herren in Ruhe."

„Ist schon gut, Frau Brandowski", beruhigte Wedigo sie. „Sag mal, Fritz, konntest du hören, was dein Vater und der Mann sprachen?"

„Der Mann sprach komisch, die Worte klangen fremd und", der Junge suchte nach Worten, „nicht in der richtigen Folge."

„Und worum ging es?"

„Um die Laube von Tante Emmy", lautete die überraschende Antwort.

Wedigo und der Kommissar blickten fragend zu Frau Brandowski.

„Emmy ist die Schwester Wilhelms. Sie und ihr Mann haben drüben in Pankow eine Laube mit ein bisschen Garten. Wir dürfen sie ab und zu sonntags besuchen. Sie haben nur ein Kind, die Lotte. Die hat ein lahmes Bein und freut sich immer so, wenn unsere zum Spielen kommen."

„Kann Ihr Mann dorthin gefahren sein?"

„Warum sollte er? Ich weiß nicht."

„Wir schauen am besten nach. Vielleicht klärt sich alles, seien Sie guten Mutes."

„Sagen Sie mir Bescheid, was immer ist?"

Wehner versprach, sie umgehend zu informieren. Er ließ sich die Adresse in Pankow geben und die Herren verabschiedeten sich.

Sie fuhren zur seit zwanzig Jahren bestehenden Schrebergartenkolonie am Pankower Volkspark. Dort waren die Gärten exakt in Parzellen angeordnet, jede mit einer Laube und einer Vielzahl von Beeten versehen. Dazwischen standen in regelmäßigen Abständen Pumpen, von denen das zum Gießen notwendige Wasser in Zinnkannen geholt werden konnte. Überall blühten Krokusse, Iris und erste Osterglocken. Vögel sangen und eine warme Frühlingssonne schien. In den Gärten war trotz des Wochentags ein reges Treiben. Büsche wurden geschnitten, Frauen setzten Pflanzzwiebeln, ältere Männer gruben Beete um. Es war Mittag, da und dort verrieten Rauchwolken, dass über offenem Feuer gekocht wurde. Dem Geruch nach zumeist Bratkartoffeln und Speck.

Der Beschreibung nach sollte sich ‚Tante Emmys Laube' im dritten, parallel zum Hauptgang befindlichen Weg befinden. Vor der Holzhütte stehe ein großer Nussbaum, daran sei diese leicht zu erkennen, hatte Frau Brandowski erklärt. In der Tat gab es keinen anderen Garten mit Nussbaum, sodass sie den gesuchten leicht finden konnten. Das etwa 300 Quadratmeter große Grundstück war von einem gut eins fünfzig Meter hohen Holzlattenzaun mit einem Tor umgeben. Lediglich ein Riegel sicherte den Zugang und die beiden konnten ohne Probleme den Garten betreten. Sie liefen über den kiesigen Weg zur Laube.

„Schauen Sie", sagte Wedigo und wies auf den Boden, „das sind Schleifspuren."

Wehner nickte. „Sieht ganz so aus, als könnten wir hier fündig werden."

Die Tür zur Hütte war mit einem Metallschloss versperrt. Wehner schaute sich um, ergriff einen Stein und schlug kräftig dagegen.

„Was machen Sie da?", tönte eine Bassstimme vom Nachbarareal. Ein kräftiger, überaus großer Mann in kariertem Hemd stand am Zaun und blickte zu ihnen herüber.

„Wollen Sie einbrechen? Wartet, ihr Kerle, ich komme!"

Mit diesen Worten zog er sich am Zaun hoch und schwang sich herüber auf ihre Seite. Er krempelte sich die Ärmel auf und eilte auf sie zu.

„Hören Sie, wir sind von der Polizei …"

„Und mein Bruder wohnt in einem Schloss. Euch werde ich es zeigen."

Angelockt von seiner lauten Stimme zeigten sich auch auf der anderen Seite Gesichter.

„Brauchst du Hilfe, Hans?"

„Eigentlich nicht, aber kommt ruhig her und helft mit, diesen Lumpen eine saubere Tracht zu verpassen."

„Polizei, bleiben Sie stehen!", forderte ihn erneut Wehner auf und zog seine Waffe. „Wir suchen jemand, der hier vermutlich gefangengehalten wird."

Der Hüne hielt inne.

„Sie sind wirklich von der Polente?"

„Wenn ich es Ihnen sage, Mann."

„Und wen suchen Sie?", fragte eine Frauenstimme. Sie gehörte zu einem rundlichen Frauenzimmer, das auf der gegenüberliegenden Seite zu sehen war.

„Zwei Personen: Wilhelm Brandowski und Walter Nicolai", antwortete an Wehners Stelle Wedigo, wobei er bewusst den Dienstgrad Oberst wegließ.

„Sie suchen Wilhelm, den Bruder Emmys? Soll der etwas angestellt haben? Das glaube ich nicht. Das ist ne ganz ehrliche Haut, der tut keiner Fliege was zuleide", sagte die Rundliche.

„Wir glauben, dass beide Männer entführt und hier versteckt worden sind", erklärte Wedigo ruhig, der merkte, wie Wehner langsam ungeduldig wurde.

„In dieser Laube?", fragte der im karierten Hemd. „Warten Sie, ich hole eine Eisenstange. Damit bekommen Sie das Schloss besser auf."

Wieder schwang der Mann sich über den Zaun, diesmal zur anderen Seite, und kehrte wenig später mit einem kräftigen Metallstab zurück. Mit diesem war das Schloss im Nu aufgebrochen.

„Treten Sie zurück", befahl Wehner und stieß mit der Waffe in der Hand die Türe auf. Im Innern der Laube herrschte Dunkelheit.

„Links sind die Fenster, die Klappläden lassen sich nur von innen öffnen", informierte der Karierte, der nicht daran dachte, zurückzutreten. Während Wehner sicherte, tastete sich Wedigo zu dem Fenster. Er fand einen Riegel, schob ihn zur Seite und stieß den Laden nach außen. Licht fiel in das Innere und beleuchtete ein wahres Chaos. Einem Tisch waren in purer Zerstörungswut die Beine abgeschlagen und eine Bank sowie ein Hocker umgeworfen worden. Zwischen den Trümmern lagen Scherben von Flaschen, dazu bedeckte anderer Unrat den Boden. Ganz hinten sahen sie zwei Säcke, der eine bewegte sich.

„Schnell, ich brauche ein Messer", rief Wedigo. Er sah sich hastig um. An der Wand hingen ein Spaten und eine Sichel. Mit ihr öffnete Wedigo vorsichtig die Säcke. Aus dem ersten kroch ein völlig derangierter Nicolai. Er versuchte, sich zu erheben, doch er schwankte und wäre gestürzt, wenn Wedigo ihn nicht gehalten hätte. Vorsichtig führte er ihn nach draußen und half ihm, sich auf eine Bank zu legen. Wehner kümmerte sich inzwischen um die Person im zweiten Sack.

„Er hat eine schwere Kopfverletzung, der Puls ist kaum noch zu spüren. Der Mann muss sofort in die Charité!"

Mit Hilfe des Hünen und anderer Nachbarn brachten sie die beiden Verletzten zur Straße. Wehner stoppte kurz entschlossen einen Wagen, sorgte dafür, dass Wilhelm Brandowski auf die Rückbank gelegt wurde und fuhr mit ihm zur Charité. Wedigo folgte mit Nicolai im Automobil des Kommissars. Beide Opfer wurden im Krankenhaus aufgenommen und umgehend versorgt. Der Oberst war stark geschwächt und dehydriert, die Entführer hatten ihm nichts zu trinken gegeben. Brandowskis Zustand war ernster. Ein Schlag auf den Kopf musste einen Schädelknochen verschoben haben. Der diensthabende Arzt Dr. Borchardt entschied sich für eine sofortige Operation, wobei der Ausgang ungewiss schien.

Die beiden Männer verließen die Charité. Wehner setzte Wedigo in der Jägerstraße ab. In der Wohnung erwartete ihn Besuch. Melissa hatte

Schneidmann und seine Frau Elisa zum Kaffee eingeladen. Wedigo setzte sich zu ihnen und berichtete von den Ereignissen des Tages.

„Sie hätten mich mit zu Nicolais Büro nehmen sollen. Vier Augen sehen immer mehr als zwei."

„Ihr wolltet doch eine Pause haben", sagte Melissa.

„Aber nicht in einer solchen Situation."

„Was mich mehr beschäftigt, ist die Familie des Kraftfahrers. Allein mit vier Kindern, der Mann liegt schwer verletzt in der Charité. Wir müssen helfen. Ich fahre sofort nach Moabit, kommst du mit?", wandte sich Elisa an Melissa.

„Gerne, aber lass uns zuvor ein paar Lebensmittel einpacken."

Eine halbe Stunde später fuhren die beiden Frauen mit einem großen Korb voller Konserven, Mehltüten und Nudeln, Eiern, Milch, Butter und Brot sowie Bohnenkaffee in einer Kraftdroschke in Richtung Moabit.

Wedigo und Schneidmann blieben zurück und überlegten, wie sie im Fall der Entführung Nicolais weiter vorgehen sollten.

„Wir können eigentlich nur abwarten, bis der Oberst soweit wiederhergestellt ist, dass er berichten kann, was geschehen ist. Ob Brandowski das jemals könnte, ist völlig unklar."

Melissa und Elisa betraten den Hauseingang, der zu den Hinterhöfen führte, in denen das Mietshaus lag, in dem in der zweiten Etage die Familie Brandowski lebte. Sie waren zu dritt, Carlos hatte unbedingt mitgewollt und durfte sie nach einigem Hin und Her schließlich mitsamt einem roten Ball begleiten. Auf ihr Klingeln öffnete ihnen eine schmale, krank aussehende Frau, an deren Schürzenzipfel sich buchstäblich zwei kleine Mädchen klammerten. Ein größerer Junge, etwas älter als Carlos, beobachtete den Besuch neugierig aus dem Hintergrund. Frau Brandowski musterte misstrauisch die gediegene Kleidung der fremden Damen.

„Wenn Sie von der Kirche sind, wir haben es nicht mit der Religion", sagte sie und wollte die Tür wieder schließen.

„Ich bin Elisa Schneidmann und das ist Maria Walewska. Wir haben vom tragischen Unfall Ihres Mannes gehört und dachten, Sie könnten etwas Unterstützung gebrauchen. Dürfen wir eintreten?"

Die Frau zögerte mit der Antwort, da kam ihr der Junge zuvor. „Der Ball ist knorke", sagte er zu Carlos. „Wollen wir im Hof mit ihm rumkicken?" Carlos blickte seine Mutter an, die nickte.

„Gerne."

Er gab den Ball dem anderen und beide liefen, ohne sich weiter um die Erwachsenen zu kümmern, polternd die Treppe hinunter.

„Na, dann kommse herein. Is aber nich aufgeräumt."

„Das kenne ich", behauptete Elisa. „Wahrscheinlich sind Sie auch nicht zum Einkaufen gekommen, deswegen haben wir ein paar Notwendigkeiten mitgebracht."

Ein wenig später saßen die Frauen in der Küche und tranken von dem mitgebrachten ‚echten Bohnenkaffe', wie Mina Brandowski anerkennend gesagt hatte. Elisa, die das Milieu aus eigener Anschauung kannte, führte das Wort und es gelang ihr geschickt, nach und nach alles über die Lebensumstände der Familie zu erfahren.

„Das Geld ist knapp, deswegen schaut Wilhelm immer nach was, womit er extra verdienen kann."

„Sie meinen mit Fahrten?"

„Wenn er die Touren fährt, nimmt er zusätzlich die eine oder andere mit. Schadet kenen, sagt er immer."

„Und wie war das gestern Mittag?"

„Das war ne Extratour, aber mehr weiß ich nich."

Die Etagentür wurde geöffnet und die Jungs stürmten herein.

„Mutter, ich habe den Mann von gestern wieder gesehen", rief Fritz atemlos. „Der mit Vater gesprochen hat."

„Er hat mich gefragt, ob ich wüsste, ob Herr Brandowski da sei", berichtete Carlos stolz. „Ich habe gesagt, ich schaue nach."

„Gut gemacht, Jungs", Melissa ergriff die Initiative. „Ich werde mir den sauberen Herren einmal genauer betrachten. Allein", sagte sie zu den Frauen. „Und keine Sorge", sie klopfte auf ihre Handtasche, „ich bin für solche Situation gewappnet."

Melissa stürmte die Treppen hinunter und trat in den Hof. Am Durchgang zum Vorderhaus stand ein Mann in Arbeiterkluft. Mehr war aus der Entfernung nicht zu erkennen. Er warf ihr einen kurzen, abschätzenden Blick zu, drehte sich dann um und eilte davon.

„Halt, bleiben Sie stehen!", rief Melissa, doch der Fremde verließ ohne sich umzudrehen das Haus und verschwand rasch im Gewirr der Straße. Melissa steckte den schmalen Damenrevolver wieder ein, den sie unwillkürlich aus ihrer Tasche gezogen hatte und kehrte in die Wohnung zurück.

„Was wollte der Mann?", fragte Frau Brandowski ängstlich. „Sind die Kinder in Gefahr?"

„Das glaube ich nicht, der Kerl hat gemerkt, dass hier nichts zu holen ist und wird sich hüten, nochmals aufzutauchen. Ich werde auf jeden Fall Kommissar Wehner unterrichten."

Melissa setzte sich wieder an den Tisch und trank einen Schluck aus ihrer Tasse.

„Sind Sie eine Polizistin?", fragte Fritz neugierig. „Frauen dürfen doch gar nicht Polizei werden."

„Meine Mutter kann alles werden, was sie will", wies ihn Carlos stolz zurecht. „Und im Übrigen ist sie eine Gräfin."

„Carlos, was habe ich dir gesagt? Du musst nicht immer alles erzählen", tadelte ihn Melissa.

„Sie sind eine Gräfin?", fragte Fritzens Mutter. „Sie kommen zu uns und wollen uns helfen? Und Ihr Sohn spielt mit meinem Jungen?"

„Warum sollten die beiden nicht miteinander spielen? Und warum sollten wir Frauen uns nicht unterhalten? Wie ich heiße und was ich bin schließt anderes nicht aus. Aber jetzt müssen wir uns verabschieden. Mein Mann wartet. Komm, Carlos!"

Melissa erhob sich und ging zur Tür. Elisa folgte ihr, drehte sich aber noch einmal um.

„Wenn Sie nichts dagegen haben, schaue ich morgen Mittag kurz vorbei. Vielleicht gibt es Neuigkeiten. Auf Wiedersehen."

Frau Brandowski nickte nur. Dass sie Besuch von einer Gräfin erhalten hatte, schien ihr die Sprache verschlagen zu haben.

Carlos verabschiedete sich zögernd von seinem neuen Freund. Er wäre gern noch länger geblieben, aber wenn die Mutter rief …

Ein wenig später saßen alle drei in einer Droschke und fuhren in die Jägerstraße.

„Es ist schlimm, wie manche Menschen leben müssen", Elisa seufzte. „Die Inflation der letzten Jahre hat viele verarmen lassen und die, die bereits arm waren, noch weiter ins Elend geführt."

„Auf der anderen Seite gibt es in Berlin jede Menge Luxus, Glanz und Gloria und Verschwendung in nie geahntem Maße", meinte Melissa. „Eine Stadt der großen Unterschiede mit Facetten in allen Tönen und Farben. Apropos Farbe: Wo ist dein roter Ball, Carlos?"

„Den habe ich Fritz geschenkt. Der hat sich darüber richtig gefreut."

„Das war richtig", lobte ihn seine Mutter. „Der Mann, der euch angesprochen hat, kannst du ihn beschreiben?"

„Den Franzosen?"

„Woher weißt du, dass er ein Franzose ist?"

„Als er hörte, dass jemand zu Besuch sei, fluchte er ‚Merde', genauso wie unser Pferdeknecht auf der Hazienda, wenn etwas nicht klappte."

„Du bist ein guter Beobachter", sagte Melissa anerkennend, „wie sah der Franzose denn nun aus, erzähle!"

„Weiß nicht genau."

„Aber die Haarfarbe hast du gesehen?"

„Die war dunkel und er hatte so einen Bart wie der Mann auf dem Plakat für den Kinderfilm."

„Kinderfilm?", überlegte Melissa.

„Der Mann mit dem Kind. Er hatte aber nicht den Hut. Diesen runden."

„Meinst du vielleicht Charlie Chaplin in ‚The Kid'?"

„Sag ich doch, der Kinderfilm. Aber Vater meinte, ich sei noch zu klein für Filme."

„Womit dein Vater recht hatte."

Am Abend, die Schneidmanns waren gegangen, saßen Melissa und

Wedigo bei einem Glas Wein im Salon und ließen den Tag Revue passieren.

„Die Beschreibung, die Carlos gegeben hat, geht mir nicht aus dem Kopf."

„Warum? Sie passt doch zu der Gauloises, die ihr gefunden habt. Der Kerl ist ein Franzose."

„Das meine ich nicht. Es geht um den Bart des Mannes. An irgendwen erinnerte er mich …"

„An Charlie Chaplin."

„Sicher, nein, jetzt weiß ich es. Ich habe einen solchen Bartmenschen im Adlon gesehen. Und an dem Abend, als wir unterwegs waren, im Café Zielka. Der gleiche Kerl. Und er schaute in unsere Richtung. Ein Zufall war das sicher nicht. Auch nicht, dass ich einen ähnlichen, wenn nicht sogar den gleichen, in der Wohnung des toten Journalisten angetroffen habe. Immer wieder kreuzt der Kerl unseren Weg, als ob er wüsste, was wir vorhätten."

„Du meinst, wir wurden beobachtet? Von diesem Franzosen, der wahrscheinlich auch für die Entführung Nicolais verantwortlich ist?"

„Das halte ich durchaus für möglich. Aber wir werden bald Genaueres wissen, wenn der Oberst wieder ansprechbar ist."

Es sollte aber noch ein paar Tage dauern, bis Nicolai aus der Charité entlassen werden konnte. Der Zustand Wilhelm Brandowski blieb allerdings unverändert. Während dieser Zeit beschäftigten sich Wedigo und Melissa weiter mit der Suche nach einem passenden Gut. Parallel erreichte ihn die Einberufung zu einer Wehrübung ab dem 1. April beim Stab des 4. Preußischen Infanterie-Regiments in Kolberg.

„Erst Küstrin, jetzt Kolberg. Es sieht so aus, als zöge es uns mit aller Kraft nach Pommern", kommentierte Melissa das Schreiben. „Wollen wir schauen, ob unsere Suche in der dortigen Region von Erfolg gekrönt sein wird."

„Wir haben lediglich noch zwei Wochen Zeit."

„Das könnte reichen", Melissa gab sich optimistisch. „Und vor Ort lässt sich ebenfalls suchen."

Sie ließ sich in den nächsten Tagen vom Lehrter Bahnhof mehrfach die Colberger Zeitung für Pommern kommen und studierte aufmerksam den Anzeigenteil. Dort, zwischen der Werbung für Damen Trikotage und Pelzmantelfrühjahrsschlussverkauf, entdeckte sie schließlich neben einem angebotenen Landhaus sowie einer Wassermühle die Annonce *Rechtsanwalt Robert Danielewiez Erben*, in der das Gut Neugasthof, in Größe von ca. 810 ha, zum Amtsgerichtsbezirk Körlin gehörig, zum Verkauf angeboten wurde.

Als sie Wedigo ihren Fund präsentierte, klingelte das Telefon. Es war Nicolai, der, aus der Charité entlassen, sie beide umgehend sehen wollte.

„Ich kümmere mich um die Anzeige, du kannst den Oberst übernehmen", entschied Melissa.

Wedigo fuhr zum Alex. Dort traf er Schneidmann, gemeinsam begaben sie sich ins Nicolais Büro. Der Oberst bedankte sich bei ihnen für die Rettung, lange hätte er im Sack nicht mehr ausgehalten, fügte er hinzu. Seine Darstellung der Geschehnisse gestaltete sich sehr knapp.

„Es hat an der Tür geklopft. Als auf mein Herein niemand reagierte, bin ich hinausgegangen und wollte nachschauen. Dabei packte mich jemand und presste mir einen mit Chloroform getränkten Stoff aufs Gesicht. Als ich wieder zu mir kam, befand ich mich in dem Sack, aus dem Sie mich befreit haben."

„Sie haben keinen der Angreifer gesehen?"

„Richtig, ich kann noch nicht mal sagen, ob es einer oder mehrere waren."

Wedigo gab einen Abriss der eigenen Recherchen.

„Dass ein Franzose dahintersteckt, ergibt einen Sinn", meinte Nicolai. „Ob es um den Separatismus im Rheinland geht? Sie wissen, der Oberbürgermeister von Köln, ein Dr. Adenauer, ist in die Angelegenheit involviert. Oder darum, mit der Ruhrbesetzung die deutsche Wirtschaft zu zerstören, Frankreich ist stets die treibende Kraft. Ich glaube auch, dass die Münchner Geldgeber für Ludendorff und Hitler zum Teil französische Kontakte haben."

106

„Sie meinen, die Schwarze Reichswehr und alles, was mit ihr zu tun hat, ist von Frankreich initiiert worden?"

„Nicht gänzlich, aber die radikalen Teile, um die Reichsregierung zu diskreditieren."

„Also steckt das Deuxième Bureau hinter den Ereignissen?"

„Ich bin sicher, Oberst Edmond de Cointet ist die treibende Kraft. Er stammt aus einer Familie von Soldaten, seinen Deutschenhass hat er gleichsam mit der Muttermilch eingesogen. Ein gefährlicher Mann. Unser Ziel muss es sein, sein Berliner Agentennetz aufzudecken und zu zerschlagen."

„Warum hat er, gesetzt den Fall, er ist der Kopf der Aktion, Sie überhaupt entführen lassen?"

„Eine Warnung, die der Schwarzen Reichswehr zugeordnet werden sollte."

„Wegen des Femehinweises?", fragte Schneidmann.

„Exakt."

„Mir ist nicht klar, warum die junge Frau und der Journalist sterben mussten", bekannte Wedigo. „Höchstens, dass sie zufällig etwas erfahren oder mitbekommen haben, das sie nicht wissen sollten."

„Wir werden die Fakten herausfinden", sagte Nicolai. „Sie haben Ihre Einberufung nach Kolberg erhalten?"

„Zum Stab des 4. Preußischen Infanterie-Regiments", bestätigte Wedigo.

„Gut, Leutnant Schneidmann wird Sie begleiten."

„Ich soll auch nach Kolberg?", fragte Schneidmann überrascht.

„Sie werden Major von Wedel unterstützen. Ich vermute, dass de Cointet dort jemand einzuschleusen versucht. Sie werden die wahre Identität dieser Person enthüllen und diese und ihr Tun beobachten. Ich gehe davon aus, dass Ihre Observation uns zu weiteren Mitgliedern des Netzes führen wird."

„Sicher, noch eine Frage, Herr Oberst. Werden Sie Ihr Büro auflösen beziehungsweise verlagern?"

„Das werde ich ganz sicher."
„Und warum haben Sie uns eigentlich telegrafiert?"
„Von einem Telegramm ist mir nichts bekannt."

5. Kapitel

Kolberg

Das Münchner Angst-Urteil
Ludendorff freigesprochen – Hitler, Poehner und Kriebel je 5 Jahre
Festungshaft, aber Anrechnung der Untersuchungshaft und Bewäh-
rungsfrist nach wenigen Wochen
Justizbankerott

Wenn in den italienischen Stadtrepubliken des Mittelalters der Kaufmann seinen Pflichten nicht nachkommen konnte, dann schritt der Vertreter der Stadt zu ihm und zerbrach ihm auf offenem Markt die Bank. ... Also muss heute das deutsche Volk in aller Öffentlichkeit die Bank des Bayrischen Volksgerichts zerbrechen.

Berliner Tageblatt, 1. April 1924

Die Zeit bis zum 1. April verging wie im Fluge. Melissa, mittlerweile im Besitz des aus Küstrin gelieferten Laubfrosches, fuhr kreuz und quer durch die Lande, um sich Güter anzuschauen. Wedigo begleitete sie mitunter, meist aber war er zusammen mit Schneidmann für Nicolai unterwegs. Allerdings gelang es ihnen nicht, trotz akribischer Suche, dem angenommenen französischen Spionagenetzwerk auf die Spur zu kommen. Auch der Mann mit dem Chaplinbart schien wie vom Erdboden verschwunden.

Sie ließen die Nachforschung ruhen und fuhren zusammen mit den Ehefrauen am vorletzten Märzwochenende zum Gut Neugasthof. 810 Hektar umfasste das Anwesen, an seiner breitesten Stelle erstreckte sich das Land über drei km und in der Länge teils bis zu acht km. Zum Anwesen gehörten weite Felder, auf denen die Wintersaat erste Triebe zeigte. Daneben gab es großzügige Weideflächen für Kühe und Schafe sowie mehrere Pferdekoppeln. Fast zehn Hektar gehörten dem Wald. Natürlich besaß Neugasthof einen eigenen Brunnen, dazu einen See und Schilfgebiet. Zum Gut gehörten ferner eine Meierei, eine Mühle und ein kleines Sägewerk. Das Gutshaus wirkte von der imposanten Größe her wie das Hauptgebäude eines englischen Herrensitzes. Allein der Erbauer hatte mehr Wert auf Zweckmäßigkeit als auf Kunst gelegt. Säulen oder klassizistische Elemente im Stile Schinkels suchte der Betrachter vergeblich. Dennoch wirkte das weite Entrée sehr ansprechend und mit antiken Vasen und Fresken geschmackvoll dekoriert. Ein Kamin verbreitete trotz der Größe des Raums behagliche Wärme. Hinten führte eine breite Holztreppe in die obere Etage. Dort lagen die privaten Zimmer, während sich im Erdgeschoss im hinteren Bereich die Wirtschaftsräume, links vorne das Arbeitszimmer nebst Bibliothek, rechts der Damen- und der Rauchsalon sowie an der Seite ein kleiner Speisesaal befanden. In der Mitte öffnete sich eine Tür in den sogenannten Gartensaal. Dort bot ein weiterer Kamin Wärme und vor ihm angeordnete schwedische Polstermöbel luden zum Sitzen und Plaudern ein. Ergänzt wurde die Einrichtung durch einen großen Flügel. Breite Glastüren führten in einen gepflegten Ziergarten, in dem bunte Primeln und blaue Traubenhyazinthen vom beginnenden Frühling zeugten.

Der Verwalter des früheren Besitzers und der jetzigen Erbengemeinschaft, Herr Nitschke, führte sie durchs Haus. Er war ein ernst wirkender Mann Ende fünfzig, dessen Haar durchgehend graue Farbtöne aufwies. Der Sprache nach musste er aus dem Rheinland stammen. Melissa fragte ihn direkt, warum es ihn in das ferne Pommern verschlagen habe und woher er ursprünglich komme.

Er stamme aus dem Kölner Raum, erklärte Nitschke und sei durch seinen Militärdienst nach Rogzow gelangt. Dann habe er seine Frau kennengelernt und so sei eines zum anderen gekommen.

„Wenn Sie wollen, lasse ich anspannen und ich fahre Sie mit dem Zweispänner einmal durchs Gelände", kam Nitschke rasch auf das eigentliche Thema zurück. Draußen war es sonnig und warm. So stimmten sie zu und fuhren, nachdem alle Räume im Gutshaus besichtigt worden waren, in einer offenen Berline durch das weite Gelände. Die Kutsche wie die Pferde waren sehr gepflegt und die Rundreise gestaltete sich äußerst angenehm. Überall herrschte rege Betriebsamkeit. Auf den Feldern wurde gepflügt, Lastfuhren waren unterwegs, sogar ein Traktor, ein Bulldog der Firma Lanz war zu sehen. Sie hielten an der Meierei. Dort präsentierte Nitschke stolz den hauseigenen Käse und die am Morgen gestampfte Butter. Er lud die Besucher ein, diese Produkte zusammen mit dem ebenfalls in der Frühe aus dem Backofen gezogenen Brot zu probieren. Die Käsemagd, ein frisches junges Mädchen von achtzehn, neunzehn Jahren, bot ihnen auf einem Brett eine Kostprobe verschiedener Käsesorten an.

„Sehr schmackhaft", meinte Melissa, „besonders der Butterkäse." Auch die Schneidmanns lobten die heimischen Produkte.

Zum Abschluss besuchten sie noch den Pferdezuchtbetrieb.

„Wir haben vor kurzem einen Hengst und zwei Stuten aus dem Gestüt Trakehnen bezogen. Eine elegante und ausdauernde Rasse. Insgesamt besitzen wir zehn Reit- und zwanzig Arbeitspferde."

Am Ende hielten sie am Verwaltergebäude. Wedigo ließ sich die Bücher der letzten drei Jahre vorlegen, um Klarheit über die Einnahmen zu erhalten. Er und Schneidmann prüften die Eintragungen. Groß waren die Gewinne nicht gewesen, die schwierigen Zeiten waren auch am Gut nicht spurlos vorübergegangen. Aber das Fundament schien ihm solide zu sein. Schneidmann, der sich aufgrund seiner Tätigkeit mit der Buchhaltung auskannte, bestätigte den Eindruck. Wedigo entschloss sich, mit Melissa darüber zu sprechen, den nächsten Schritt zu wagen und mit der Erbengemeinschaft in die Verhandlung über den Kaufpreis zu treten.

In Berlin zurückgekehrt schlug Melissa vor, sie sollten jetzt gemeinsam ihre Eindrücke besprechen. Natürlich müssten die Schneidmanns im Hinblick auf die geplante Verwaltertätigkeit einbezogen werden. Also setzten sich alle vier zusammen.

„Die Größe entspricht in etwa der Hälfte der Hazienda, die wir in Argentinien bewirtschaftet haben. Allerdings gab es dort vor allem Rinder nebst ein paar Schafen. Hier herrscht eine größere Vielfalt", begann Wedigo.

„Die Gebäude sind in gutem Zustand, wobei im Wohnbereich natürlich einiges zu verändern wäre."

„Das gilt auch für das Verwalterhaus", pflichtete Elisa Melissa bei.

„Mir macht die Verkehrsanbindung Sorgen. Es ist unbedingt zu prüfen, ob es Möglichkeiten gibt, den Weitertransport des Getreides zu optimieren", gab Schneidmann zu bedenken. „Die Anbindung an das Schienennetz der Reichsbahn beziehungsweise die Entfernung zur nächsten Bahnstation sollten wir vorab klären."

„Das habe ich bereits", sagte Wedigo. „Körlin wird von der Kolberger Kleinbahn angefahren. Bis dahin müsste man die hauseigenen Gespanne nutzen. Die Pferde befinden sich jedenfalls in einem guten Zustand. Dennoch denke ich, wir sollten uns auf jeden Fall sämtliche Veterinärunterlagen vorlegen lassen."

„Du hast dich mit dem einen oder anderen der Beschäftigten unterhalten", wandte sich Melissa an Elisa. „Welchen Eindruck machten die Leute auf dich?"

„Einen positiven; die alte Verwaltung wurde vielfach gelobt, die Menschen arbeiten offenbar gern auf dem Gut und betrachten es als ihre Heimat."

Nach dem Austausch weiterer durchweg positiver Eindrücke entschied die Runde sich, wenn das eine oder andere noch geklärt werde und der Preis stimme, für den Erwerb des Gutes. Wedigo und Schneidmann wollten gleich am nächsten Vormittag mit dem Anwalt der Erbengemeinschaft in Verhandlung treten. Diese bestand aus sieben Erben und die Gespräche zogen sich entsprechend hin.

Drei Tage vor der Abreise nach Kolberg hatten sich Verkäufer und Interessenten aber doch soweit angenähert, dass der Abschluss der Verhandlungen in greifbare Nähe gerückt war und ein Notartermin festgesetzt werden konnte.

Wedigo und Melissa beschlossen, das Ergebnis mit einem Essen zu feiern und luden hierzu die Schneidmanns zum Abend ins Adlon ein.

„Du und Schneidmann, warum seid ihr beide immer noch beim Sie? Ihr kennt euch seit mehr als zehn Jahren, habt viel miteinander erlebt und seid zudem Offizierskameraden."

„Es hat sich nie ergeben und ehrlich gesagt, ich kenne nicht einmal seinen Vornamen."

„Johannes, Elisa nennt ihn Hans."

„Was du alles weißt!"

„Wir Frauen reden miteinander und wir stellen Fragen."

Wedigo musste Melissa zustimmen und beschloss für sich, das Thema eines Dus demnächst anzugehen beziehungsweise wenn sich die Gelegenheit dafür böte.

Später, gegen acht, saßen beide Paare im Speisesalon des Adlons und studierten die Karte. Wedigo und Melissa entschieden sich für eine Seezunge mit Artischocken und Spargel sowie Morcheln. Ihre Gäste für das Lamm mit Brokkoli und Kartoffeln. Dazu bestellten sie einen leichten Mosel und als Auftakt eine kräftige Frühlingssuppe. Wedigo war immer wieder erstaunt, wie rasch sich Elisa in ihre neue gesellschaftliche Wirklichkeit eingefunden hatte. Als Johannes Schneidmann und er sie vor sieben Jahren kennengelernt hatten, war die hübsche junge Frau eine einfache Fabrikarbeiterin gewesen. Und heute, ihr ganzes Auftreten, selbst ihr Kleidungsstil zeugte vom erlangtem Selbstbewusstsein und von Souveränität. Eine attraktive Frau der neuen Zeit, die sich sicher nicht mehr in das Korsett früherer Denkmuster sperren ließ. Schneidmann, der als früherer

Feldwebel ebenfalls den Aufstieg vollzogen hatte, warf seiner Frau immer wieder bewundernde und verliebte Blicke zu. Ein harmonisches Paar; nur dass sich bislang der Kinderwunsch nicht erfüllt hatte, trübte ein wenig das schöne Bild. Das Tischgespräch drehte sich erwartungsgemäß um das Gut. Melissa musste, mit entsprechenden Vollmachten versehen, den Notariatstermin am 3. April alleine wahrnehmen, die Wehrübung würde Wedigos Zeit zumindest in der ersten Woche vollumfänglich in Anspruch nehmen.

Als der Nachtisch, Vanilleeis mit Schokoladensplitter und Schlagsahne, serviert wurde, fiel Wedigos Blick auf ein Paar, das soeben den Raum betrat. Die Frau, eine blasse Blondine in mittleren Jahren, trug ein eng geschnittenes, übertrieben dekolletiertes blaugelbes Abendkleid. Ihr Begleiter, ein dunkelhaariger Mann in unauffälligem Anzug, kam ihm bekannt vor. Das schmale, fuchsige Gesicht hatte er schon einmal gesehen. Aber etwas störte seine Erinnerung, richtig, jetzt fiel es ihm ein, der Bart fehlte. Es war der Chaplinfranzose. Im gleichen Augenblick hatte der Kerl ihn ebenfalls erkannt. Er raunte der Frau etwas zu, drehte sich abrupt um und eilte davon. Wedigos ersten Impuls, ihn zu verfolgen, verwarf er. Das würde zu nichts führen, der Franzose war sicher bereits über alle Berge. Besser schien es, sich an die Frau zu halten. Womöglich wusste sie mehr über den Mann und seinen Hintergrund. Die Blonde blickte ihrem entschwundenen Begleiter erstaunt nach. Nach kurzer Überlegung ließ sie sich vom Ober an einen Tisch führen, der offenbar vorbestellt worden war. Wedigo informierte die anderen über seine Entdeckung.

„Die Frau könnte weiterhelfen", schloss er.

„Sicher, aber sie wird sich uns gegenüber nicht äußern", sagte Melissa. „Wir sollten die Polizei einschalten."

Die Blonde warf ihrem Tisch einen forschenden Blick zu, offenbar hatte der Franzose sich über sie geäußert.

„Ich rufe am Alex an", bot Schneidmann an.

„Das mache am besten ich", widersprach seine Frau. „Die Frau beobachtet uns und ich falle am wenigsten auf."

114

Ohne auf eine Antwort zu warten, erhob sie sich und ging hinaus zum Empfang. Der Augenblick war gut gewählt, gerade stand der Kellner mit der Karte am Tisch der Blonden und verdeckte die Sicht auf das Quartett. Es dauerte nur kurz, dann verbeugte sich der Kellner und trat vom Tisch zurück. Die Frau schaute erneut zu ihnen, bemerkte wohl, dass eine Person fehlte. Sie zögerte, dann stand sie auf und begab sich ebenfalls hinaus. Sofort folgte ihr Melissa. Wedigo und Schneidmann sahen sich an. Was hatte sie vor? Eine Weile geschah nichts, dann wurde es draußen unruhig, ein Bediensteter eilte auf einen Blick des Oberkellners hinaus. Ein wenig später kehrte er zurück, wechselte ein paar Worte mit seinem Vorgesetzten, worauf dieser sich zu Wedigo begab.

„Könnten Sie bitte kommen, der Freundin Ihrer Gattin ist schlecht geworden."

„Was ist mit Elisa?" Schneidmann sprang beunruhigt auf.

„Keine Sorge. Ihre Gemahlinnen kümmern sich um alles", versicherte der Kellner.

Trotzdem eilten beide Männer hinaus. Elisa nahm sie in Empfang.

„Die blonde Frau sah uns, eilte in die Waschräume, wo sie offenbar stürzte und sich den Kopf anschlug. Melissa ist bei ihr. Kommissar Wehner ist unterwegs."

„Wo sind die Räume?"

„Nur für Damen. Wenn ihr beide bitte hier wartet, ich sage Bescheid."

Der Hotelmanager, offenbar vom Personal verständigt, kam hinzu. Er kannte Wedigo von seinem letzten Aufenthalt und wandte sich an ihn.

„Herr von Wedel, was ist denn passiert? Ich hoffe, kein Skandal."

„Einer Dame unserer Bekanntschaft ist schlecht geworden. Meine Gattin und eine Freundin bemühen sich um sie. Hilfe ist unterwegs. Wir werden die Dame heimbegleiten."

Der Manager gab sich mit der Auskunft zufrieden. Eben erschien Kommissar Wehner. Die verwirrt wirkende Blonde wurde in seinen Wagen gebracht, Melissa und Elisa stiegen mit ein und sie fuhren zum Alex.

Wedigo zahlte und folgte mit Schneidmann. Im Polizeipräsidium erfuhren sie, was geschehen war. Die Begleiterin des Franzosen hatte sich, als sie im Foyer Elisa erblickte, abrupt umgewandt. Dabei entdeckte sie Melissa und floh voller Panik in den Waschraum, wo sie ausrutschte und unglücklich stürzte.

Sie sei Schwedin und heiße Selma Lindgrön, erzählte sie Wehner, und habe Herrn de Moirot auf einem Empfang der französischen Botschaft kennengelernt.

„Heute wollten wir im Adlon speisen. Doch beim Betreten des Saals entdeckte Henri den Tisch mit den vier Herrschaften. Es handle sich um Spione, sagte er mir, er wolle nur rasch sein Büro informieren, ich solle die Gruppe solange im Auge behalten. In einer Viertelstunde werde er zurücksein. Als ich merkte, dass eine der Frauen den Raum verließ, wollte ich ihr folgen. Draußen wurde ich mit beiden Spioninnen konfrontiert und ich flüchtete in den Toilettenbereich, wo ich stürzte und ohnmächtig wurde."

„Können Sie mir sagen, wo Herr de Moirot derzeit logiert?"

„Er bewohnt ein Haus in Charlottenburg, warten Sie", Frau Lindgrön suchte kurz in ihrer Handtasche und zog dann eine Visitenkarte hervor, die sie dem Kommissar reichte.

„Ich danke Ihnen, gnädige Frau. Das Ganze ist offenbar ein Missverständnis. Dennoch muss ich Sie bitten, das Gesagte zu Protokoll zu geben. Ich lasse Sie anschließend nach Hause fahren. Einen Augenblick bitte."

Wehner eilte nach draußen.

„Ich habe die Adresse des Herrn. Wir sollten sofort dorthin fahren, bevor er abtauchen kann. Die Dame wird hier einige Zeit beschäftigt sein, sodass sie ihren Galan nicht vorwarnen kann."

„Dann los, ich glaube es zwar nicht, aber vielleicht erwischen wir den sauberen Monsieur noch."

Nach einer Viertelstunde erreichten sie die Schillerstraße 10, de Moirots Adresse in Charlottenburg. Eine ferne Kirchturmuhr schlug gerade elf. In dem großen Haus brannte kein Licht. Auch auf ihr Klingeln und Klopfen erfolgte keine Reaktion. Der Kommissar zog einen Satz Dietriche aus der Tasche.

„Soll ich öffnen?"

„Es besteht eindeutig Verdunklungsgefahr."

„Dann los."

Wehner machte sich am Schloss zu schaffen, probierte ein wenig und öffnete dieses mit dem dritten Versuch. Er steckte die Dietriche ein und stieß die Tür auf. Eine modrige Kühle schlug ihnen aus dem Dunkel entgegen. Eine Lampe blitzte auf, der Kommissar hatte an alles gedacht. Er leuchtete mit ihr die Wand ab.

„Da drüben ist ein Schalter."

Wehner betätigte ihn, ohne ein Resultat zu erzielen.

„Dann muss es die Lampe tun."

Mit Hilfe des Lichtscheins tasteten sie sich vorsichtig durch einen Flur vorwärts. Rechts führte eine Holztreppe nach oben. Links und vor ihnen befanden sich geschlossene Türen, eine mit einer Glasfront versehen. Wehner drückte diese gerade auf, als ein dumpfes Geräusch ihn innehalten ließ. Er griff in die Tasche und zog eine Pistole, eine Walther, hervor

„Das kam von oben. Haben Sie eine Waffe?"

„Eine Luger", gab Wedigo leise zurück.

„Dann sichern Sie nach hinten, ich geh voran."

Mit seiner Walther in der rechten und der Lampe in der linken Hand stieg der Kommissar langsam die Treppe empor. Wedigo folgte ihm, den Blick immer wieder nach hinten richtend und auf jedes Geräusch achtend. Die Stufen knarrten bei ihren Schritten, fast, als würden sie ihr Kommen durch laute Rufe ankündigen. Das schien in den höheren Etagen niemanden zu stören, jedenfalls regte sich dort nichts. Sie erreichten einen Treppenabsatz. Nun waren von oben erneut Geräusche zu hören. Seltsame Laute, so wie ein kratzendes Schleifen, dann wieder ein sich wiederholendes Pochen, das abrupt verstummte. Die beiden Männer blieben stehen. Jetzt wurde ein Gegenstand über die Dielenbretter gezogen. Etwas fiel zu Boden. Nun verstummten auf einmal die Laute. Eine lastende Stille breitete sich aus. Nur ihr leises Atmen war noch zu hören. Dann erlosch Wehners Lampe und die Dunkelheit hüllte die Männer ein. Eine böse, kalte

Finsternis breitete sich aus. Wedigo überlief ein Schauer. Er fühlte in jeder Haarspitze, dass irgendetwas Übles näherkam, eine undefinierbare, tödliche Gefahr aus der Schwärze hinten und über ihnen. Gleich, gleich würde es passieren. Er wusste nicht warum, aber schnell griff er nach vorne und zog den überraschten Kommissar nach unten, während er sich ebenfalls zusammenkauerte. Da knallte es dreimal kurz hintereinander und mehrere Geschosse schlugen genau an der Stelle ein, wo sie eben noch gestanden hatten. Wedigo zielte in die Richtung des Mündungsfeuers und drückte ab. Auch Wehner gab mehrere Schüsse ins Ungefähre ab. Wieder kehrte Stille ein.

„Wir sollten weiter nach oben", raunte Wedigo dem Kommissar zu, „hier sind wir zu sehr auf dem Präsentierteller."

Sie sprangen aus ihrer kauernden Position auf und hasteten die Stufen nach oben. Wedigo rechnete jeden Augenblick damit, neuerlich beschossen zu werden, doch nichts geschah und sie erreichten unversehrt die obere Etage. Im gleichen Augenblick schaltete sich das Treppenhauslicht ein. Unten waren eilige Schritte zu hören, eine Tür klappte und wieder wurde es still.

„Verdammt, die haben uns ausgetrickst", schimpfte Wehner. „Sollen wir hinterher?"

„Die werden, bis wir unten sind, längst über alle Berge sein. Daran können wir jetzt nichts ändern. Lassen Sie uns erst oben alles durchsuchen, dann unten, vielleicht finden sich verwertbare Spuren oder andere Hinweise."

Die Räume, die sie durchsuchten, wirkten unbewohnt. Überall lag Staub, und die wenigen Möbel, die es gab, waren mit grauen Laken bedeckt. Was genau die schleifenden Geräusche erzeugt hatte, konnten sie auf die Schnelle nicht klären. Eigenartigerweise funktionierte in der ganzen Etage das Licht. Im letzten Zimmer des Stockwerks stießen die Männer zu ihrer Überraschung auf Henri de Moirot. Ihn bedeckte eines der Laken, der Mann war tot. Am noch warmen Leichnam zeigten sich auf den ersten Blick keine Verletzungen.

„Kein Wunde oder Ähnliches zu entdecken", meinte Wehner. „Wie immer der Mann auch getötet worden ist, der oder die Täter haben sich offenbar einen lästigen Mitwisser vom Halse geschafft."

„Da ist etwas in seiner Hand", sagte Wedigo und beugte sich zum Toten. Es schien ein Zettel zu sein. Zum Glück hatte die Totenstarre noch nicht eingesetzt, sodass sich die Finger auseinanderbiegen ließen. Er zog den Zettel hervor, da erlosch wieder das Licht. Gleichzeitig donnerte es, als ob etwas explodiert wäre.

„Was ist das wieder für eine Teufelei?" Wehner zog die Luft ein. „Riechen Sie, es brennt!"

Beide Männer eilten so schnell es ging durch das Dunkel zum Treppenhaus. Dort flackerte ein grell gelbrotes Licht, die Holztreppe stand in hellen Flammen und Hitze schlug ihnen entgegen.

„Wir müssen einen anderen Weg nach unten finden, zurück!"

Sie eilten in das hintere Zimmer, in dem der Tote lag. Wedigo öffnete das Fenster. Ein Schuss knallte und eine Kugel krachte ins Holz.

„Die wollen uns rösten."

„Am besten gibt einer Feuerschutz, während der andere es seitlich versucht."

„Gehen Sie, Kommissar, ich halte die Stellung. Wenn Sie unten sind, nehmen wir die Kerle in die Zange."

Wedigo beugte sich vor und feuerte links und rechts in die Dunkelheit hinein, während sich Wehner auf der anderen Seite hinunterhangelte. Wieder knallte es, etwas pfiff vorbei, Wedigo erwiderte umgehend. Jetzt schoss es auch im Garten, Wehner war angekommen und griff in den Kampf ein. Hinter Wedigo begann es zu qualmen, höchste Zeit, auszusteigen, ganz gleich ob geschossen würde. Er schwang sich aus dem Fenster, griff zum Regenrohr und rutschte mehr, als dass er kletterte, nach unten. Unsanft kam er auf dem Boden an. Er erhob sich rasch und schaute nach oben. Eben schlug eine Stichflamme aus dem Zimmer, das er gerade verlassen hatte. Das war ein Ausstieg in letzter Minute gewesen. Eine von teuflischem Rot umhüllte Gestalt kam um die Ecke und eilte auf ihn zu. Es war der Kommissar, den die Flammen in gespensti-sches Licht tauchten.

„Sie haben es gerade noch geschafft, diese Lumpen wollten uns tat-sächlich verbrennen lassen. Bloß weg von hier, das Ganze bricht gleich zusammen."

Beide eilten auf die Straße. Hinter ihnen schlugen blaue und rote Flam-men aus dem Dach. Glas zerbarst und einzelne Mauerteile und Balken stürzten in die Tiefe des Gartens.

„Haben Sie erkennen können, wie viele es waren?"

„Mindestens zwei, wenn nicht gar drei."

In der Nachbarschaft gingen die Fenster auf und Stimmen wurden laut. „Es brennt!", schrie eine hysterische Frauenstimme. „Die Feuerwehr ist verständigt", rief ein Mann.

In der Ferne blitzten blaue Lichter und Martinshörner kamen näher.

Ein Einsatzwagen der Polizei brachte sie schließlich zum Alex ins Prä-sidium. Dort erwarteten sie zu ihrer Überraschung bereits Gennat und Nicolai.

„Sie riechen, als kämen Sie beide aus Troja!", begrüßte der Oberst die Männer.

„Eher aus Neros Rom", erwiderte Wedigo.

„Wie auch immer, es scheint sich um ein größeres Problem zu handeln. Bitte berichten Sie, was geschehen ist."

Wehner gab einen kurzen Abriss. Dann setzte Gennat mit Fragen an. Wedigo schüttelte den Kopf und erhob sich.

„Meine Herren, das hat jetzt wirklich Zeit bis morgen. Ich bin müde, ich bin schmutzig und in letzter Sekunde einem grässlichen Flammentod entkommen. Sie entschuldigen mich: Gute Nacht!"

Er verließ das Präsidium, nahm draußen eine Droschke und ließ sich in die Jägerstraße bringen. Alles schlief schon. Er wusch sich rasch und schlich dann ins Schlafzimmer, wo er sich niederlegte. In Sekundenschnel-le glitt er ins Reich der Träume.

Etwas strich über seine Wange und ein Lippenpaar berührte sanft die

Stirn. Langsam öffnete Wedigo die Augen und sah in Melissas schönes Gesicht.

„Guten Morgen! Aufgewacht, du Langschläfer. Es ist bereits halb zehn Uhr und wir haben heute einiges vor."

„Was haben wir vor?", fragte er schlaftrunken.

„Sag nur, du hast es vergessen. Wir wollen zum Wannsee und eine Schiffstour unternehmen. Von dort zum Pohlesee und über den Stölpchensee und Griebnitzsee zum Glienicker See, zum Jungfernsee und endlich auf die Havel. Abfahrt um 12 mittags, also raus aus den Federn."

„Ich müsste heute Vormittag aber zum Polizeipräsidium …"

„Ich habe mich wohl verhört. Nicht nur, dass unser gestriger Abend auf diese Weise enden musste, jetzt willst du dir auch noch die Gestaltung der letzten Tage vor der Übung durch Nicolai diktieren lassen. Das kommt nicht infrage, mein Lieber. Carlos wäre absolut enttäuscht und meinen Zorn möchtest du sicher nicht erleben."

Vor allem dem letzten Argument konnte Wedigo nichts entgegensetzen. Also stand er auf und begab sich ins Bad. Nachdem er sich rasiert und die üblichen Prozeduren vollzogen und sich angekleidet hatte, setzte er sich an den Frühstückstisch und trank einen Kaffee. Melissa leistete ihm Gesellschaft, das heißt, sie wollte wissen, was er in der Nacht erlebt hatte. So erzählte er von den Ereignissen im Haus in der Schillerstraße, von den Schüssen, dem Auffinden des Toten und vom Brand.

„Du bist also wieder einmal knapp dem Tod entronnen und willst trotzdem gleich brav bei Nicolai antreten? Wann lernst du endlich mal etwas? Er nutzt dich nur aus, und als Ehemann und Vater hast du jetzt andere Pflichten."

„Wir fahren zum Wannsee, keine Sorge. Aber lass mich wenigstens Wehner anrufen. Der war im Haus dabei und sollte informiert werden, dass ich nicht ins Präsidium komme."

„Mach das und dann brechen wir auf."

Wehner zeigte Verständnis für die Situation.

„Sie können ohnehin nichts anderes berichten. Es reicht, wenn einer

Rede und Antwort steht. Apropos Antwort, was stand auf den Zettel, den Sie dem Toten aus der Hand genommen haben?"

„Das weiß ich nicht, ich bin aufgrund der Ereignisse nicht mehr zum Lesen gekommen und jetzt müsste ich das Papier erst einmal suchen und finden."

„Sie werden das Blatt schon entdecken. Bis dahin lasse ich den Fund im Bericht aus. Einen guten Ausflug!"

Wedigo dankte und hängte ein.

Das Papier, wo hatte er es hingetan? In eine Tasche gesteckt? Wenn, dann in eine der Anzugstaschen.

„Melissa, weißt du, wo mein Anzug von gestern ist?"

„Der so schmutzig war und nach Rauch stank? Den hat das Mädchen in die Reinigung gebracht."

„Und was in den Taschen war?"

„Ich habe selbst alles ausgeräumt. Deine Brieftasche, die Taschenuhr und das Zigarettenetui mit dem Feuerzeug liegen auf deinem Schreibtisch. Deine Waffe habe ich in die Schublade getan, du hast sie rumliegen lassen. Die Taschentücher sind ebenfalls in der Wäsche gelandet."

„Ein einzelnes Blatt war nicht dabei?"

„Nein, und jetzt komm, Carlos ist schon im Auto und betätigt die Hupe."

Eine Stunde später erreichten sie in Melissas Laubfrosch den Wannsee. Der kleine Ausflugsdampfer gab bereits das Abfahrtssignal, sie schafften es gerade noch an Bord zu gehen. „Leinen los!", kommandierte der Schiffer und die ‚Fröhliche Bertha' legte ab.

Auf dem Wasser wehte ein angenehmer Wind, rechts und links zog das Ufer vorbei, viele Bäume und Gärten, einzelne Häuser, dazwischen winkende Kinder. Hin und wieder kreuzten Segler den Weg des Dampfers.

Ihre erste Station war das Strandbad Templin, danach steuerte das Schiff das Schloss Caputh an.

„Heute will mein Liebster mit mir segeln geh'n", reimte Melissa fröhlich und rückte ihre Sonnenbrille zurück.

„Von Segeln keine Spur", kommentierte Wedigo ihre dichterische Glanzleistung. „Das ist ein Dampfer!"

„Du bist ein Banause. Wart's nur ab, mein Lied wird noch ein echter Gassenhauer!"

Sie passierten die Glienicker Brücke, Babelsberg, wo Kaiser Wilhelm I. gewohnt hatte. In sattem Grün leuchtete die breite Rasenfläche bis zur Schlossrampe hinauf. Auf dem anderen Havelufer, landeinwärts, die Türme des Pfingstberges, wo sich Wedigo vor Jahren duelliert hatte.

Gegen sieben kehrten die Ausflügler in die Wohnung zurück. Vor dem Haus stand eine dunkle Limousine. In ihr wartete Oberst Nicolai und mit ihm eine dunkle Wirklichkeit.

„Wenn Sie einen Augenblick Zeit haben? Ich will Ihnen lediglich einige Aktenstücke zur Kenntnis geben."

Er reichte Wedigo eine dünne Kladde.

„Studieren Sie die Papiere genau, ich lasse alles morgen abholen."

Später, nach dem Abendbrot und dem Zubettbringen des Sohnes, setzte sich Wedigo mit einem Glas Wein in den Salon und begann mit dem Aktenstudium. Das erste Blatt enthielt lediglich eine Anzahl von Namen:

Hans Adam Dorten *1880

Karl Graf Bothmer *1881

Franz Geueke *1887

Georg Heim *1865

Bertram Kastert *1868

Joseph Friedrich Matthes *1886

Louis Rivet *1883

Das zweite gab einen Abriss zur sogenannten Rheinischen Republik:

Der ehemalige Offizier Hans Adam Dorten proklamierte am 1. Juni 1919 in Wiesbaden mit Unterstützung der französischen Besatzungsmacht eine selbstständige Rheinische Republik. Diese fand in der Bevölkerung kaum Unterstützung und löste sich bald auf. Das Reichsgericht in Leipzig erließ gegen Dorten einen Haftbefehl wegen Hoch- und Landesverrats, der im besetzten Gebiet nicht vollstreckt wurde. Am 22. Januar 1920 gründete Dorten in Boppard eine Rhei-

nische Volksvereinigung. Sie forderte für das besetzte Gebiet eine eigene gewähl-
te Vertretung bei der Hohen Interalliierten Rheinlandkommission in Koblenz.
Den Vorsitz übernahm der Kölner Oberpfarrer Bertram Kastert. Ferner arbeite-
te Dorten mit dem bayerischen Separatisten Karl Graf Bothmer sowie mit Georg
Heim, dem Mitgründer der Bayerischen Volkspartei zusammen. Im Spätsommer
1923 trat die Rheinische Vereinigung wieder auf den Plan. Sie warb für einen
separaten Rheinstaat. Am 22. Oktober 1923 proklamierte man in Aachen eine
Rheinische Republik und am 12. November 1923 in Speyer eine „Autonome
Pfalz". Dorten bildete mit dem von Joseph Friedrich Matthes geführten „Rhei-
nischen Unabhängigkeitsbund" am 20. Oktober 1923 in Koblenz eine „Vorläu-
fige Regierung der rheinischen Republik". Die französische Regierung ließ Ende
November die Separatisten fallen und Dorten musste in der Silvesternacht das
Rheinland verlassen. Er lebt seitdem in Nizza.

Ein drittes Blatt enthielt Angaben zur treibenden Kraft auf französischer
Seite:

Louis Rivet, geboren am 3. Januar 1883 in Montalieu-Vercieu, trat 1902 in
das 140. französische Infanterieregiment ein. Von 1908 bis 1909 besuchte er
die Offizierschule in Saint-Maixent, die er als Souslieutenant verließ. Am 1.
Oktober 1909 wurde er zum 30. Infanterieregiment versetzt und 1911 zum
Lieutenant befördert. Ende März 1913 kam er zum 2e régiment de tirailleurs
algériens. Am 24. August 1914 wurde er in Florennes schwer verwundet und
geriet in deutsche Kriegsgefangenschaft. Erst im Oktober 1918 kam Rivet wie-
der frei. 1919 trat er im Rang eines Capitaine dem Deuxième Bureau bei. Co-
lonel Fournier schickte ihn 1920 als Verbindungsoffizier zur Armée française
du Rhin nach Mainz. Dort förderte er die separatistischen Bewegungen. Seit
Beginn des Jahres 1924 arbeitet Rivet verdeckt in Berlin, um unter Förderung
durch die Botschaft ein Spionagenetz aufzubauen. Auch bemüht sich Rivet um
Kontakte zum polnischen Geheimdienst. Einer seiner in Berlin eingesetzten
Agenten ist Jaques Bernet, der unter verschiedenen Tarnexistenzen agiert. Es
ist davon auszugehen, dass der gestern ums Leben gekommene Henri de Moirot
von ihm geführt wurde. Eventuell sind in Berlin auch die Verräter Mathes und
Heim unter angenommenen Namen für die Franzosen als sogenannte Aufklärer

im Einsatz. Ebenfalls ist zu vermuten, dass der vor Kurzem aus Warschau nach Berlin eingereiste polnische Major Jerzy Dąbrowski mit Rivet in Verbindung steht. Das derzeitige Ziel der französischen und polnischen Aktivitäten ist besonders die Diskreditierung der Reichswehr durch Einschleusung radikaler Elemente sowie die Vorbereitung von Sabotageakten in ausgewählten Bereichen der Wirtschaft und der Reichsbahn.

Wedigo schloss die Akte. Höchst interessant, das eine oder andere der Ereignisse schien klarer zu werden. Ob die Anschläge in Küstrin auf das Konto Polens gingen? Das schien ihm denkbar zu sein. Er zog sein Zigarettenetui hervor und öffnete es. Ein Zettel fiel auf den Boden. Er bückte sich und hob das Blatt auf. Das musste das Papier sein, welches er gestern aus der Hand des toten de Moirot gezogen hatte. Es enthielt nur wenige Angaben:

Hans Hayn 13. MW-Kom. Kol. ᛉ

Ein deutscher Name, eine militärische Abkürzung. Hayn war offenbar ein Angehöriger der 13. Minenwerferkompanie in Kolberg. War das ein Kontakt gewesen? Oder handelte es sich um einen eingeschleusten Agenten? Und schon wieder diese Rune.

Trotz dieser Merkwürdigkeit nahm das Geschehen langsam Konturen an. Es schien immer sinnvoller zu sein, die eigenen Nachforschungen auf das 4. Preußische Infanterie-Regiment in Kolberg zu konzentrieren. Sollte er Nicolai über seine Entdeckung informieren? Nein, damit wartete er. Aber Schneidmann klärte er auf, denn der Kamerad begleitete ihn nach Kolberg und würde sich dort als sein persönlicher Ordonanzoffizier mitten im Geschehen befinden.

„Bist du endlich fertig mit deinen Aktenstudien?"

Melissa stand lächelnd in der Tür, das blonde Haar geöffnet und gekleidet in einen Hauch von nichts. Wedigo legte die Papiere zur Seite, erhob sich und trat zu ihr.

„Ich glaube, ein Akt dürfte mir jetzt genügen."

„Genug geredet, mein Lieber. Nunc est agendum" und sie zog ihn mit sich.

Am nächsten Morgen, man saß noch am Frühstück, meldete das Dienstmädchen Besuch: Oberst Nicolai hatte sich persönlich in die Jägerstraße bemüht. Wedigo zog sich mit ihm ins Arbeitszimmer zurück und ließ Kaffee servieren. Sein Gast trank einen Schluck und kam dann gleich zur Sache.

„Sie haben die Papiere bestimmt schon gesichtet, was halten Sie von dem Ganzen?"

„Eine Verbindung unserer Gegner Frankreich und Polen scheint sich zumindest auf der Geheimdienstebene abzuzeichnen. Ich vermute sogar, dass polnische Kräfte hinter den Anschlägen in Küstrin stecken."

„Denkbar ist vieles. Daher sollten Sie Ihre Nachforschungen über Kolberg hinaus auf das Grenzgebiet zu Polen ausdehnen. Dort braut sich etwas zusammen, das möglicherweise ähnliche Dimensionen annehmen könnte wie vor Jahren die Geschehnisse in Oberschlesien."

„Sie denken an provozierte Aufstände?"

„Exakt, eventuell als Abwehrmaßnahmen gegenüber geheimer deutscher Rüstung getarnt. Mein Verbindungsmann in Kolberg Wilhelm Fleck wird Sie instruieren."

„Wilhelm Fleck? Der Bruder von Wolfgang Fleck?"

„Das ist korrekt. Noch Fragen?

„Nein, alles klar."

„Gut."

Nicolai erhob sich. Wedigo geleitete ihn zur Tür. Dort blieb der Oberst noch einmal stehen.

„Wie steht es mit Ihrer Ausrüstung? Ist alles vollständig oder benötigen Sie noch etwas?"

„Danke, Herr Oberst. Ich habe mir eine Uniform bei Wormser schneidern lassen, der sich auch um das Übrige kümmerte. Ein akkurater Mann."

Nicolai nickte und ging endlich. Wedigo kehrte zu Melissa zurück.

„Demnächst wird er noch bei uns einziehen. Ich hoffe, euer Fall klärt sich bald und nach deiner Militärübung können wir uns wieder ganz auf uns konzentrieren."

„Sicher, aber du musst zugeben, dass dich die Angelegenheit schon reizt. Immerhin hast du die Flucht dieser Schwedin verhindert. Und am Schlachtensee warst du ebenfalls aktiv."

„Mein Ziel ist jedenfalls nicht der Witwenstand", entgegnete Melissa. „Du gehst hoffentlich keine unnötigen Risiken ein."

„Das versteht sich, meine Liebe."

Den Rest des Vormittags baute Wedigo mit Carlos Türme und ließ Husaren paradieren. Später begleitete er Melissa bei einigen Einkäufen. Am Nachmittag wurde die neue Uniform nebst Mütze, Stiefeln und Gürtel geliefert. Alles passte wie angegossen. Die übrigen Kleidungsstücke waren schnell in den Koffer gepackt, sodass der morgigen Abreise nichts mehr im Wege stand.

Am Abend bummelten sie über den Gendarmenmarkt und spazierten die Friedrichstraße entlang. Ein letzter Hauch von Sonnenschein wärmte das Pflaster. Die Kleidung der Bürger war bunter und frischer geworden, alles freute sich auf den Frühling und die kommenden Osterwochen. Später brachte eine Droschke Melissa und Wedigo zu Max Schlichters Lokal in Schöneberg und ein auserlesenes Diner rundete den Abend ab.

Am Dienstag, den 1. April fuhren Major von Wedel und Leutnant Schneidmann um 10:45 Uhr mit der Kleinbahn in der I. Klasse in Richtung Kolberg ab. Sie hatten ihr Abteil für sich, sodass Wedigo während der langen Fahrt ausreichend Gelegenheit fand, Schneidmann auf den aktuellen Stand zu bringen.

„Die Kerle wollten euch wirklich in den Flammen umkommen lassen, was für ein Abschaum. Und Sie meinen, da stecken die Franzosen dahinter?"

„Die oder ihre deutschen Helfershelfer. Das halte ich für die wahrscheinlichere Variante, denn sie haben diesen Herrn de Moirot ohne Probleme getötet."

„Aber aus welchem Grund?"

„Ein Streit unter Halunken oder Ähnliches. Denkbar ist vieles. Jetzt sollten wir uns auf unsere Kolberger Aufgabe konzentrieren. Ich bin gespannt, was unser Kontaktmann zu berichten hat."

Gegen halb eins erreichten sie Stettin. Hier hatte der Zug fast 20 Minuten Aufenthalt. Sie nutzten die Pause, um einen Kaffee zu trinken und einige Zeitungen zu erwerben. Ein Extrablatt berichtete vom Ausgang des Hochverratsprozesses in München:

Pommersche Zeitung

Extrablatt Urteil im Hochverratsprozess in München

1. April 1924. Heute um zehn Uhr trafen die Angeklagten in der Infanterieschule ein. Die Offiziere trugen ihre Ausgehuniform, General Ludendorff und Oberstleutnant Kriebel sogar ihre Pickelhauben. Im gut besuchten Gerichtssaal verlas Landgerichtsdirektor Neithardt das mit vier zu einer Stimme gefällte Urteil. Die Begründung verwies auf den „rein vaterländischen Geist und edelsten Willen" der Angeklagten. Mit Ausnahme von General Ludendorff wurden alle Angeklagten für schuldig befunden, Oberleutnant Brückner, Hauptmann Röhm, die Leutnante Pernet und Wagner sowie Oberamtmann Frick jedoch lediglich der Beihilfe. Die Untersuchungshaft wird von der Strafzeit abgezogen, so dass Frick, Röhm, Wagner und Brückner auf Bewährung freikommen. Hitler, Dr. Weber, Oberstleutnant Kriebel und Landgerichtsrat Pöhner verurteilte das Gericht zur Mindeststrafe von fünf Jahren Festungshaft nebst Geldbuße von 200 Goldmark. Im Gerichtssaal erschollen Bravo- und Heilrufe. Mehrere junge Fräulein überreichten den Gefangenen sogar Blumensträuße. Als sie sich am Fenster der Wachstube präsentierten, brach die in der Blutenburgstraße versammelte vielköpfige Menge in laute Jubelrufe aus.

Der Stationsvorsteher pfiff und hob die Kelle und der Zug setzte sich dampfend in Bewegung. Im Abteil reichte Wedigo das Extrablatt an Schneidmann, der es ebenfalls studierte.

„Schon eigenartig", kommentierte dieser das Gelesene, „da revoltiert eine Gruppe unter der Führung eines Generals und eines Gefreiten gegen den Staat. Bei dem Aufstand kommen drei Polizisten ums Leben und eine Vielzahl wurde verletzt. Niemand spricht über die Toten, niemand von Hochverrat, niemand von der Gewalt. Im Gegenteil, Richter und Staatsanwalt loben die Täter für ihre vaterländische Gesinnung. Liegt das an Bayern?"

„Das Land ging seit jeher seine eigenen Wege. Bei der Reichsgründung in Versailles zog es König Ludwig vor, sich andernorts aufzuhalten. Dazu sicherte sich Bayern jede Menge Privilegien: eine eigene Armee, ein eigenes Postwesen – und die Biersteuer leitete München ebenfalls weiter in das heimische Staatssäckel. Selbst in Brest-Litowsk war Bayern mit einer eigenen Delegation vertreten."

„Der verlorene Sieg", kommentierte Schneidmann das Letztere. „Glauben Sie an den Dolchstoß?", fügte er überraschend hinzu.

„Nicht an den, den uns Ludendorff verkaufen will. Aber die von der Linken initiierten Streiks in den Munitionsfabriken im Jahre 17 hatten schon einen üblen Charakter. Betrogen hat uns auf jeden Fall Amerika. Der Kriegseintritt erfolgte rein aus finanziellen Erwägungen und Wilsons 14 Punkte waren schlicht und ergreifend ein Köder."

„Wenn ich daran denke, wie viele Kameraden gefallen sind oder schwer verwundet wurden. Alles für nichts, für eine Niederlage und diesen Schmachfrieden! Da kann ich Leute wie Hitler schon verstehen, geht es dir nicht auch so?"

Schneidmann schien in Rage, deswegen auch das Duzen. Das war die Gelegenheit.

„Das Du, lieber Freund, ist schon lange fällig. Johannes, soviel ich weiß?"
„Besser: Hans."
„Gut, bei mit schlicht und ergreifend Wedigo."
Die Männer reichten sich die Hände.

„Aber ich muss auf dein Verständnis für diesen Herrn Hitler zurückkommen. Der Mann ist eine verkrachte Existenz und seine völkische Bewegung ein Sammelsurium von Spinnern und Antisemiten. Auch wenn der eine oder andere Enttäuschte dabei sein mag. Leutnant Pernet zum Beispiel kenne ich noch aus dem Krieg, er war ein guter Jagdflieger. Bei einem Erkundungsflug über russische Linien brachen die Streben von Pernets linkem Flugzeugflügel und die Maschine war kurz davor, unkontrollierbar zu werden. Er konnte aber noch drehen und sich über die Linien ins deutsche Frontgebiet retten. Dort stürzte er in ein Wäldchen ab und erlitt schwere Verletzungen. Nach seiner Genesung wurde Pernet der Staffel Oswald Boelckes zugeteilt. Ein Fliegerass. Unverständlich, was so einen Mann zu Hitler zieht."

„Und andere wie die aus der Liste Nicolais verraten ihr Land an die Franzosen. Es ist eine verrückte Welt. Wie es wohl in hundert Jahren sein wird?"

„Noch verrückter, davon kannst du ausgehen."

Gegen achtzehn Uhr erreichten sie ihr Ziel. Der Bahnhof lag am Knotenpunkt der Staatsbahnlinien Belgard-Kolberg und Gollnow-Kolberg. Die Stadt besaß zudem einen Hafen mit einem Leuchtturm unweit der Mündung der Persante. Und Kolberg hatte Geschichte. Vom Februar bis zum Juli 1919 war die Stadt der letzte Sitz der Obersten Heeresleitung gewesen. Besonders rühmlich zeichnete sich der Ort bei der sechsmonatigen Belagerung der Feste durch die Franzosen in den Jahren 1806 und 1807 aus. Hierher hatte sich der schwer verwundete Freiheitskämpfer Ferdinand von Schill gerettet. Er und der Bürger Joachim Nettelbeck hielten den Willen zum Durchhalten von Besatzung und vor allem den der Bürger trotz ständiger Bombardements und feindlicher Attacken am Leben. Die Stadt kapitulierte nicht. Erst der Frieden von Tilsit beendete die Belagerung und ließ die Franzosen abziehen.

Die Gegenwart schien weniger militärisch geprägt. Kolberg war heute ein gern besuchtes Seebad mit Kurbetrieb und Amüsements und kaum noch eine Garnisonsstadt.

Ein Automobil erwartete sie und brachte die Herren in das etwa 500 Meter entfernte Kasino, wo sich der Stab des Regiments einquartiert hatte. Ein älterer Feldwebel nahm die Herren in Empfang.

„Herr Major, Herr Leutnant, Feldwebel Gerserowski. Ich bin Ihnen als Ordonanz zugeteilt und darf Sie zunächst zu Ihren Zimmern geleiten. Scholz, nehmen Sie das Gepäck und folgen Sie uns", wies er einen Gefreiten an.

Er führte sie in das obere Stockwerk, wo sich die Offiziersunterkünfte befanden. Die Räume boten den bekannten ‚Kasernenkomfort‘, waren aber heller und größer als gewöhnlich und besaßen jeweils eine eigene Dusche. Die Betten hatte man frisch bezogen und jeweils zwei olivfarbene Handtücher bereitgelegt. Die Koffer wurden abgestellt und der Gefreite meldete sich ab.

„Wenn Sie etwas benötigen, ich bin im Erdgeschoss im Stabsbüro zu finden, gleich neben dem Zahlmeister. Oberstleutnant von Bock erwartet Sie um acht im Speisesaal, das ist der große Raum unten links."

„Danke, Herr Feldwebel, Sie können wegtreten!"

Gerserowski grüßte zackig und begab sich wieder nach unten.

Punkt acht betraten beide Offiziere den Speisesaal des Kasinos. Dieser war ganz im Stil der Gründerzeit mit schweren dunklen Möbeln und jeder Menge Plüsch eingerichtet. Kristallleuchter hingen von der Decke, eine breite Fensterfront und eine Vielzahl an den Wänden befestigter Spiegel erzeugte einen Eindruck lichter Helle. Etliche Bilder der Offizierskorps der früheren Traditionsregimenter belegten den militärischen Duktus des Raumes. Auf eine große Speisetafel hatte man zugunsten einzelner Vierergruppen verzichtet, was für ein Kasino durchaus ungewöhnlich erschien.

Fedor von Bock saß mit seinem Adjutanten direkt am Fenster. Wedigo wollte Meldung machen, doch der Kommandeur winkte ab.

„Lassen Sie die Formalitäten, Kamerad von Wedel, und nehmen Sie und Leutnant Schneidmann Platz. Das ist mein Adjutant Oberleutnant von Hüffeln."

Von Hüffeln erhob sich und verbeugte sich militärisch knapp. Man setzte sich.

„Ich habe mir selbstverständlich aus dem Ministerium Ihre Akten kommen lassen, meine Herren. Ich schätze es, zu wissen, mit wem ich es zu tun habe. Ich wusste nicht, dass Sie als Flieger im Einsatz waren, Herr Major. Und auch nicht von Ihren Einsätzen hinter den Linien. Beeindruckend", wandte sich von Bock speziell an Schneidmann.

Die Ordonnanz kam und servierte das militärisch einfache Abendessen, Schnitzel mit Kartoffeln und Salat. Dazu stellte er neben jedes Gedeck einen Krug Ostmarkbier.

„Nun, ich weiß", fuhr von Bock fort, als der Mann wieder gegangen war, „Sie haben Ihren Spezialauftrag und ich werde Sie daher nicht in den dienstlichen Ablauf einplanen. Oberleutnant von Hüffeln steht Ihnen in allen Fragen zur Verfügung."

Der Oberleutnant zog aus einer Mappe einen Ordner hervor.

„Herr Major, ich habe für Sie einige Informationen zusammengestellt. Unsere Garnisonen und die wichtigsten Rufnummern usw. Feldwebel Gerserowski kümmert sich um ein Fahrzeug nebst Fahrer."

Er reichte Wedigo die Kladde.

„Danke, Herr Oberleutnant."

„Soweit das Dienstliche. Was sagt Ihre Frau zu Ihrem Osteinsatz? Vier Wochen sind eine gewisse Zeit", wandte sich von Bock an Wedigo.

„Nun, wir tragen uns mit der Absicht, in der Gegend um Kolberg, genauer im Amtsbezirk Rogzow, ein Gut zu erwerben. Der Notartermin ist in wenigen Tagen. Meine Frau will im Anschluss hierherreisen, damit wir gemeinsam unser Eigentum in Besitz nehmen."

„Ihre Zukunft ist es demnach, ein Gut zu bewirtschaften und zu führen. Das heißt, Sie als ehemaliger Gardeoffizier und Freund des Kronprinzen wollen sich nicht auf Dauer wieder aktivieren lassen?"

„Nicht unter den gegenwärtigen Bedingungen."

„Das kann ich leider nachvollziehen."

Das Gespräch wandte sich allgemeinen Themen zu.

Später auf seinem Zimmer schlug Wedigo die Kladde auf. In Kolberg befanden sich der Regimentsstab, das II. Jäger-Bataillon und die 13. Minenwerfer-Kompanie. Dazu kamen in Stargard das I. Bataillon, in Deutsch-Krone das III. Bataillon mit dem Stab und der 9. und 10. Kompanie sowie in Schneidemühl die 11. und 12. Kompanie des III. Bataillons und in Neustettin das Ausbildungs-Bataillon. Neben Kolberg vier weitere Orte, wo sie Untersuchungen anstellen mussten. Ohne dabei zu wissen, ob sich etwas Konkretes finden lassen würde.

Am nächsten Morgen klopfte es um sieben an der Tür. Wedigo öffnete. Es war Schneidmann, der vorgab, er habe den Weckdienst übertragen bekommen.

„Mein Lieber, ich bin längst wach und bereit, zum Frühstück zu gehen."

„Einverstanden, ich hoffe, der Kaffee ist im Kasino aktuell besser als in früheren Zeiten."

Schneidmanns Hoffnung wurde positiv erfüllt, der Kaffee war heiß und stark. Auch die frisch vom örtlichen Bäcker gelieferten Brötchen zeigten sich braun und knusprig. Nur die klumpige Marmelade hatte sich nicht verändert und auch die Butter gehörte einer älteren Generation an. Kommis blieb eben Kommis. Wedigo verzichtete auf Belag. Er trank zwei Tassen Kaffee, aß ein halbes trockenes Brötchen und schob schließlich den Teller zur Seite.

„Ich schlage vor, wir verschaffen uns heute einen Eindruck vom Standort und den hiesigen Einheiten. Dann sehen wir weiter."

„Das heißt, wir bräuchten ein Fahrzeug. Ich informiere Feldwebel Gerserowski."

„Tu das, ich hole von oben die Unterlagen."

Sie standen auf und Wedigo ging hoch in den ersten Stock. Er wollte gerade aufschließen, da hielt er inne. Vor der Zimmertür lag auf dem Boden ein graues Kuvert. Er sah sich um, niemand war zu sehen. Also bückte er sich und hob es auf.

Major von Wedel lautete die Anschrift, ein Absender fehlte.

Wedigo trat vorsichtshalber ins Zimmer und schloss die Tür. Dann erst öffnete er den Umschlag und zog ein einzelnes Blatt hervor.

Heute um zwölf am Leuchtturm. Fleck

Der Kontakt hatte sich gemeldet.

6. Kapitel

Ostland

Donnerstag, 3. April 1924 — Abend-Ausgabe — Einzel-Nummer 10 Goldpfennig

Berliner 🛡 Tageblatt

und Handels-Zeitung

Nr. 161 — 53. Jahrgang

Die Frage der Ruhrbesetzung.

Poincarés Ankündigung einer „veränderten Wirtschaftsorganisation an der Ruhr".

„Die militärische Besetzung muß erhalten bleiben".

(Telegramme unserer Korrespondenten.)

Die französische Armee.

Von
Maximilian Müller-Jabusch.

Parade vor Ludendorff

Die Folgen des Angsturteils

Die Angeklagten des Hitler-Prozesses sind fortwährend Gegenstand von Ovationen, in denen sich die verhängnisvolle Auswirkung des juristisch und politisch gleich bedenklichen Volksgerichtsurteils zeigt. Die vaterländischen Bezirksvereine Münchens haben an die bayerische Regierung einen mit vielen tausend Unterschriften gedeckten Antrag auf völligen Straferlaß für alle Verurteilten mit sofortiger Entlassung Hitlers, Kriebels und Webers aus der Festungshaft gerichtet. In Landsberger Gefängnis häufen sich wie in den ersten Tagen nach Hitlers Verhaftung die Blumen und Geschenke zu Bergen …

Berliner Tageblatt, 3. April 1924

Den Vormittag verbrachten sie mit der Inspektion des Jägerbataillons und der Minenwerferkompanie. Ein Wagen brachte die beiden Offiziere zunächst zur alten Maschinengewehrkaserne in der Proviantstraße. Dort beobachteten sie das Exerzieren am leichten Minenwerfer 7,58. Die eingeteilten Soldaten agierten, dass es eine wahre Freude war. In Nullkommanichts zerlegten die Männer das Steilfeuergeschütz in seine Bestandteile, tauschten das Werferrohr und die Hydraulikzylinder und brachten das wieder zusammengesetzte Geschütz in eine neue Stellung. Dennoch schien der als Aufsicht eingeteilte Unteroffizier mit ihren Leistungen nicht zufrieden.

„Stillgestanden!", kommandierte er und ließ eine donnernde Rede los: „Wenn Sie beim nächsten Mal wieder das Rohr in den Dreck werfen, machen wir miteinander Bewegungsübungen von hier bis zum Preußenplatz! Verstanden, Ihr Hornochsen?"

Eine andere Formation schien sich bereits in diesem Üb-Stadium zu befinden. Sie wurden zunächst in den Rayons abgerichtet.

„Auf, nieder! Sprung auf, marsch, marsch! Rühren, richten! Stillgestanden! Links um! Rechts um! Abteilung kehrt!"

Es folgte das Exerzieren im Kasernenhof mit Gliederbildern, Sichzerstreuen und ständigem Platzwechsel, eine einzige Hetzerei. Ein junger, schlaksiger Leutnant beobachtete die Abläufe. Er trug eine unbeteiligte Hochnäsigkeit zur Schau, die Soldaten betrachtete er mit einem zugekniffenen Auge durch ein Monokel. Plötzlich brüllte er: „Richter, zu mir" und erteilte dem herbeieilenden Unteroffizier eine scharfe Instruktion, wonach er sich verachtungsvoll abwandte. Als er Wedigo erblickte, gab er das Kommando: „Achtung!" und alles erstarrte. Der Leutnant trat vor, salutierte und machte eine zackige Meldung.

„Herr Major, melde I. Zug der 13. Minenwerfer-Kompanie bei Geschütz- und Bewegungsübungen!"

„Danke, rühren und weitermachen!", und das ganze Spektakel nahm seinen Fortgang. Sie fuhren weiter in die Gelder Vorstadt in die Artilleriestraße zur eigentlichen Minenwerferkaserne.

„Was das bringen soll, wenn die ganze militärische Tätigkeit darauf hinzielt, die persönliche Würde auf ein Mindestmaß herabzusetzen", sagte Schneidmann. „Das motiviert niemanden und mit solchem Unfug gewinnt man keinen Krieg."

In der Kaserne nahm sie Hauptmann Badinski in Empfang. Im Eigentlichen gehört er der 13. (Minenwerfer) Kompanie des 6. Infanterie-Regiment in Ratzeburg an, war aber zu Ausbildungszwecken für drei Monate nach Kolberg abkommandiert worden. Badinski war ein großer, hagerer Mann mit streng wirkenden Gesichtszügen. Er trug das Ritterkreuz des Königlich Preußischen Hausordens von Hohenzollern mit Schwertern und beide Eiserne Kreuze. Der Hauptmann führte sie durch die Gebäude, öffnete die Waffenkammer und präsentierte den Fahrzeugpark.

„Herr Major, soweit habe ich Ihnen alles gezeigt. Aber ehrlich gesagt, weiß ich nicht, was Sie hierherführt. Sind Sie Inspizienten des Ministeriums? Sie entschuldigen meine Frage, Herr Major."

„Leutnant Schneidmann und ich absolvieren eine Wehrübung", antwortete Wedigo ausweichend. „Aber, um Ihre Frage aufzugreifen, warum wurden Sie nach Kolberg kommandiert?"

Ein Trupp Soldaten marschierte vorbei und unterbrach laut singend ihr Gespräch: „Es ist so schön, Soldat zu sein, Rosemarie…"

„Es geht um den Aufbau sogenannter Wehrzellen. Eine Kerntruppe von gut ausgebildeten Kräften, mit deren Hilfe bei Bedarf schnell und effizient bestehende Einheiten erweitert und neue Formationen aus der Taufe gehoben werden können."

„Eine Kadertruppe, ich verstehe. Haben Sie bereits derartige Gruppen bilden können?"

„Fahren Sie nach Schneidemühl", erwiderte der Hauptmann nach kurzem Zögern. „Dort erfahren Sie mehr. Herr Major, ich darf mich abmelden. Ich habe einen Termin bei Oberst von Stülpnagel."

„Selbstverständlich; und danke für Ihre Informationen."

Badinski grüßte zackig und ging raschen Schrittes davon.

„So ganz wohl war es dem Herrn Hauptmann am Ende nicht", kommentierte Schneidmann. „Ob er fürchtet, zu viel verraten zu haben?"

„Ich denke nicht, an dem Konzept ist nichts Verbotenes. Die Umsetzung könnte allerdings interessant sein. Ich frage mich nur, warum nicht er uns durch die Jäger-Kaserne geführt hat. Das wäre sein eigentliches Terrain gewesen."

„Wahrscheinlich eine Zeitfrage. Wir können sie später noch besuchen."

„So wird es sein."

Wedigo blickte auf seine Uhr.

„11:45 Uhr, wir sollten uns auf den Weg zum Leuchtturm machen, um unseren Informanten zu treffen."

Sie fuhren am Sportplatz vorbei, überquerten den Holzgraben sowie die Persante und fuhren die Wilhelmstraße bis zum Bahnhof und am Theaterpark vorbei. Nun bog der Wagen links auf die Bahnstraße ein, der sie bis zum Fort Münde folgten. Dort erhob sich der Lotsenturm. Von der St. Nicolaikirche her schlug es zwölf, als sie anhielten. Auf dem freien Platz vor dem Fort stand ein Mann um die vierzig. Er trug Zivil, eine feste Schifferhose mit blauer Jacke, dazu eine einfache Wollmütze, unter der sich rötliche Haare zeigten.

„Herr Major von Wedel. Ich bin Wilhelm Fleck, Ihr hiesiger Kontakt."

„Angenehm, das ist Leutnant Schneidmann."

„Ich schlage vor, wir machen bei diesem schönen Wetter einen Spaziergang durch das Damenwäldchen zum Rosengarten. Da sind wir ungestört."

„Einverstanden."

Wedigo gab dem Fahrer Anweisung, dort auf sie zu warten.

„Was haben Sie zu berichten, Herr Fleck?", wandte er sich wieder dem Mann zu.

„Zuvor muss ich um eine Identifizierung bitten, Herr Major. Sie entschuldigen."

„Das ist Ihre Pflicht. Nur wüsste ich nicht wie, Oberst Nicolai hat uns in dieser Angelegenheit keine Instruktionen gegeben."

„Das ist unproblematisch. Beantworten Sie mir bitte nur eine Frage. Worum ging es in dem ersten Fall, bei dem Sie mit Oberst Nicolai, damals Major, zusammengearbeitet haben?"

„Sie meinen die Ermordung von Oberstleutnant Brose?"

„Korrekt. Jetzt stehe ich für Ihre Fragen zur Verfügung."

„Vielleicht berichten Sie erst einmal, in welcher Funktion Sie in Kolberg im Einsatz sind. Als Soldat offenbar nicht."

„Mein Auftrag ist es, der Commission militaire interalliée de contrôle zu folgen, die aktuell die hiesigen Provinzen auf Einhaltung der im Versailler Diktatfrieden festgeschriebenen Rüstungsbeschränkungen kontrolliert."

„Damit wir uns richtig verstehen, Sie sprechen von der Interalliierten Militär-Kontroll-Kommission?"

„Korrekt, Herr Major. Diese hat das Recht, so oft sie es für angebracht erachtet, sich an jeden beliebigen Ort des deutschen Reichsgebiets zu begeben, Unterausschüsse dorthin zu entsenden oder eins oder mehrere ihrer Mitglieder zu beauftragen, sich dorthin zu verfügen. Das nutzen vor allem die Franzosen zur Industriespionage aus, da dieses Recht auch den Besuch jeder beliebigen Fabrikanlage beinhaltet. Zudem besteht der Verdacht, dass hier im Osten der Kontakt zu polnischen Gruppen gesucht wird, die vor allem in Grenzregionen, aber auch in Ostpreußen und Ostpommern Sabotage und Zersetzung betreiben."

„Aktuell ist also eine französische Gruppe in Kolberg?"

„Stettin ist Standort einer Distriktkommission, die letzte Woche eine Untersuchungsgruppe nach Kolberg geschickt hat."

Die kleine Gruppe erreichte einen Pavillon, der von Bänken umgeben war. Offenbar wurde er erst im Sommer bewirtschaftet, die Saison würde wohl nach Ostern beginnen. Jetzt war der Platz verlassen. Die Herren setzten sich.

„Ist Ihnen bekannt, ob sich im hiesigen Distrikt inoffizielle Formationen gebildet haben?"

„Sie meinen eine Gruppierung der Schwarzen Reichswehr?"

„Etwas in diese Richtung."

„In Schneidemühl haben sich die Mitglieder einer Turnergruppierung und die eines Schützenvereins zu einer Heimatwehr zusammengetan. Die Führung soll ein ehemaliger Offizier übernommen haben."

„Kennen Sie seinen Namen?"

„Nein, das Ganze ist auch nicht verifiziert."

„Der Name Hans Hayn wurde in diesem Zusammenhang nicht genannt?"

„Nein, aber ich kenne den Mann. Er war Kriegsfreiwilliger und ist Leutnant der Reserve. 1921 kämpfte er als Mitglied des Freikorps Roßbach in Oberschlesien gegen polnische Aufständische. Zwei Jahre später organisierte Hayn mit anderen den aktiven Widerstand gegen die französische Besetzung des Ruhrgebietes. Er und Leo Schlageter verübten dabei Dynamitanschläge auf französische Einrichtungen. Als Schlageter gestellt und verhaftet wurde, gelang ihm die Flucht. Im letzten Oktober beteiligte Hayn sich am Putsch in Küstrin und wurde dafür in einem Prozess zu acht Monaten Gefängnis verurteilt."

„Das heißt, der Mann müsste noch in Haft sein."

„Korrekt. Aber Hayn könnte bereits vorher in der Region in Sachen Heimatwehr aktiv gewesen sein. Es würde zu seiner bisherigen Biografie passen."

„Sie wissen nicht, ob er im Offizierskorps des Regiments Gleichgesinnte gefunden hat?"

„Bedaure, darüber habe ich keine Informationen. Ich müsste mich jetzt verabschieden, ein weiterer Termin wartet. Sobald ich Neues weiß, werde ich Sie kontaktieren."

Fleck erhob sich, zog den Hut und eilte davon.

Schneidmann blickte ihm nach.

„Besonders ergiebig fand ich das Gespräch nicht."

„Immerhin haben wir erfahren, dass eine französische Militärkommission in der Gegend ist. Und sich offenbar Heimatwehren bilden oder gebildet haben. Alles andere müssen wir selbst herausfinden."

Die ferne Kirchturmuhr schlug halb.

„Gehen wir etwas essen?", fragte Schneidmann. „Gegenüber vom Theaterpark habe ich bei der Herfahrt ein Restaurant gesehen."

„Die Strandpromenade ist näher und unser Wagen dürfte gleich da vorne warten. Sicher finden wir beim Schloss ein gutes Speiselokal. Das am Park war lediglich ein Café."

Sie verließen den Rosengarten und gelangten zum Strandschloss. Es war 1899 in der Blütezeit des Kolberger Kurwesens errichtet worden. Das Schloss war mit Türmchen sowie Erkern und vielen Verzierungen versehen und ragte weit über die umliegenden Bäume und Gebäude auf. In den

Schloss-Arkaden fanden sie ein gutbürgerliches Restaurant. Die Einrichtung war entsprechend bieder in Nussbaumholz gehalten und die Menükarte übersichtlich. Beide bestellten das Tagesgericht Königsberger Klopse mit Kapern und Salzkartoffeln, das zusammen mit einer klaren Suppe und einem Nachtisch angeboten wurde. Sie waren bei der Süßspeise, Rote Grütze und Vanillesauce, als eine Gruppe Männer den Gastraum betrat. Es handelte sich gemäß den französischen und belgischen Uniformen um Mitglieder der von Fleck erwähntem alliierten Kontrollkommission. Es waren insgesamt vier Personen, den Dienstgradabzeichen nach ein belgischer Capitaine und ein französischer sowie ein Commandant und ein Colonel. Sie riefen laut nach der Bedienung und benahmen sich mit größter Ungezwungenheit, als seien sie die einzigen Gäste. Nachdem die Bestellung aufgegeben war, sahen die Herren sich im Gastraum um. Der Commandant entdeckte Wedigo und Schneidmann und wies den Colonel auf ihre Anwesenheit hin. Dieser erteilte in leisem Ton dem jüngeren der Capitaines offenbar einen Auftrag, wonach sich dieser erhob und zu ihrem Tisch kam.

„Que faites-vous ici?", fragte er in barschem Ton und fügte in gebrochenem Deutsch hinzu: „Namen und Papiere!"

Wedigo wandte sich an Schneidmann.

„Noch einen Mokka, bevor wir aufbrechen?"

„Jawohl, Herr Major", erwiderte dieser mit einer Stimme, die durch das ganze Lokal klang, „einen schwarzen Mokka!"

„Ober!", Wedigo winkte dem Kellner. „Bitte zwei Mokka und die Rechnung!"

Das Gesicht des Capitaines rötete sich.

„Sie wollen sich nicht ausweisen? Das wird Folgen haben, meine Herren!"

Er kehrte an seinem Tisch zurück und berichtete seinem Vorgesetzten.

Inzwischen wurde der Mokka serviert. Während der Kellner die Tassen vor sie stellte, bat er in leisem Flüsterton: „Seien Sie um Himmelswillen vorsichtig, Herr Major. Der Colonel hat erst gestern eine junge Frau verhaften lassen, die ihm nicht ihre Adresse geben wollte."

„Keine Sorge, wir verhalten uns besonnen", erwiderte Wedigo, „wenn andere dies auch tun. Mésange pour tat", fügte er lauter hinzu. Die Botschaft erreichte offenbar den ‚Franzosentisch'. Der Colonel schob den Stuhl zurück, erhob sich und kam selbst zu ihnen. Er war von kleinerer Gestalt, auffällig war vor allem sein breiter, dünnlippiger Mund.

„Haben Sie nicht verstanden, was mein Capitaine Ihnen befohlen hat?", fuhr der Franzose ihn in einem nahezu akzentfreien Deutsch zornig an.

Wedigo stand langsam auf.

„Bonjour, Monsieur Colonel", erwiderte er dem gut anderthalb Köpfe kleineren Offizier. „Wenn Sie und Ihre Leute nicht die einfachsten Höflichkeitsformen beherrschen, brauchen Sie sich über eine Missachtung Ihrer Wünsche nicht zu wundern. Im Übrigen bin ich deutscher Offizier. In meinem Land gibt mir kein Ausländer Befehle."

„Monsieur, Sie wissen nicht, mit wem Sie sprechen. Ich bin Colonel Jacques Bariéty und leite die hiesige Sektion der Commission militaire interalliée de contrôle. Ich habe jede nur notwendige Befugnis, um Verstöße gegen die vertraglichen Rüstungsbeschränkungen aufzudecken. Sie tragen die Uniform der Reichswehr, könnten also an einem Komplott zur geheimen Aufrüstung beteiligt sein. Daher meine Aufforderung an Sie, weisen Sie und Ihr Leutnant sich umgehend aus. Sonst werde ich ..."

„Sonst werden Sie ...?"

„Sonst werde ich Sie festnehmen!" Mit diesem Worten zog er einen Browning hervor und richtete ihn auf Wedigo.

Im gleichen Augenblick heulte hinter ihnen eine Sirene auf. Aus der Öffnung der Küchendurchreiche quoll gelblicher Rauch und jemand rief: „Feuer, Feuer!"

Die Franzosen sprangen auf und hasteten zum Ausgang. Nach einem kurzen Zögern folgte der Colonel seinen Untergebenen.

„Herr Major, Herr Leutnant, schnell, hier hinaus."

Der Keller, der beim Mokka die Warnung ausgesprochen hatte, riss eine Seitentür auf, die auf einen Hof führte.

„Links durch den Flur, dann einfach durch das Tor."

Wedigo drückte dem Mann einen Geldschein in die Hand.

„Für die Rechnung, der Rest für Sie. Und danke, mein Herr, für Ihre Hilfe!"

Sie eilten hinaus und fanden sich bald auf dem Schlossvorplatz wieder, wo zum Glück ihr Wagen bereits wartete.

„Zur Jägerkaserne", befahl Wedigo.

„Das war knapp", meinte Schneidmann, als der Fahrer losfuhr.

„Was hättest du gemacht, wenn der Kellner nicht den Alarm ausgelöst hätte?"

„Den sauberen Monsieur entwaffnet. Der Browning war noch gesichert."

„Und dann?"

„Die Kerle zum Teufel gejagt. Aber ich denke, die Alarmlösung war die bessere Variante. Der diplomatische Schaden ist bei solchen Konfrontationen nicht kalkulierbar. Wer weiß, was Paris sich als Gegenmaßnahme wieder ausgedacht hätte."

„Was machen wir, wenn wir erneut auf den Colonel stoßen?"

„Ich werde ihn fordern, es sei denn, er entschuldigt sich für sein Verhalten."

„Das halte ich für unwahrscheinlich, genauso glaube ich nicht, dass er sich zu einem Duell herablässt."

„Wir werden sehen, mir fällt dann sicher etwas anderes ein."

In der Jägerkaserne bereiteten sich die Soldaten auf eine für die nächste Zeit angesetzte Verlegeübung vor. Der Materialbestand wurde geprüft, fehlende Teile ergänzt und alles auf Vordermann gebracht. Einige Züge übten das Auseinandernehmen und Zusammensetzen ihrer Karabiner und der Maschinengewehre. Überall wurde gereinigt, geölt und geputzt. Gegen fünf Uhr versammelte von Bock alle Offiziere im Kasino und stellte Wedigo und Schneidmann offiziell als Wehrübende vor. Wedigos Ankündigung, die erste Runde gehe auf ihn, fand Anklang, besonders auch, da der Kommandeur sich bereit erklärte, die zweite zu übernehmen.

„Sagen Sie, Herr von Wedel", fragte ihn von Bock, als sie am Tresen standen, „mir wurde zugetragen, Sie hätten einen Zusammenstoß mit Colonel Bariéty gehabt, ist das korrekt?"

Wedigo bestätigte den Zusammenstoß und berichtete kurz von dem Ereignis. Der Kommandeur nickte, als er endete.

„Dachte mir schon, dass es sich bei dem Aufeinandertreffen um eine französische Provokation handelte. Dennoch, wir müssen in der aktuellen Situation vorsichtig sein. Vermeiden Sie möglichst jeden Kontakt. Und sollten Sie daran denken, den Monsieur zu fordern, lassen Sie es. Die politischen Verwerfungen dürften unkalkulierbar sein."

„Sie empfehlen also einen taktischen Rückzug?"

„Ich erwarte ein verantwortungsvolles Handeln, das auch Entscheidungen einbezieht, die persönlich unbequem oder gar unangenehm sein können. Und jetzt lassen Sie uns das leidige Thema beiseitelegen. Wie ist Ihr erster Eindruck meiner neuen Einheit?"

„Die Männer erscheinen gut ausgebildet und motiviert, Waffen und Gerät sind in gutem Zustand. Die Offiziere und Unterführer verstehen ihr Handwerk."

„Sehen Sie das auch so, Herr Leutnant?", wandte sich von Bock an Schneidmann, der schweigend neben ihnen stand.

„Im Prinzip ja, Herr Oberstleutnant. Nur bei der Minenwerfereinheit schien mir ein Leutnant weniger befähigt zu sein."

„Berichten Sie!"

Schneidmann gab einen Abriss ihrer morgendlichen Beobachtungen.

„Ein Verhalten, das ich prüfen werde. Danke, meine Herren, für Ihre Informationen. Jetzt entschuldigen Sie mich."

Von Bock grüßte und verließ das Kasino.

Jetzt traten verschiedene Offizierskameraden zu ihnen. Auch diese fragten nach den ersten Eindrücken und rasch kam man ins lockere Plaudern. Natürlich interessierte das aktuelle Berlin. Die Politik fand weniger Beachtung, eher das Nachtleben. Dann kam man auf den Krieg. Alle, bis auf die Fähnriche, waren im Einsatz gewesen, vor allem im Westen und in

Russland, mehrere auch auf dem Balkan und ein Oberleutnant als Verbindungsoffizier an der Isonzofront. Namen wie Champagne, Arras, Chemin des Dames, Somme und natürlich Verdun fielen. Erlebnisse wurden erzählt:

„Der Tommy hatte um vier Uhr begonnen, den Graben stark mit Minen zu belegen. Alles ging in Deckung. Dann erschienen, in Rauchwolken verborgen, zwei englische Patrouillen. Unsere Leute empfingen sie indessen so meisterhaft, dass nur ein einziger in den Graben gelangte. Die anderen wurden schon vor dem Drahtverhau zusammengeknallt …"

„Hunderte von schweren Batterien krachten, unzählige Granaten kreuzten sich heulend und fauchend über uns. Alles war in dichten Rauch gehüllt, der von Leuchtkugeln bestrahlt wurde …"

„Während der ganzen Zeit spielte sich über uns eine Reihe erbitterter Luftkämpfe ab. Sie endeten fast immer mit der Niederlage der Gegner, da Richthofens Staffel über der Gegend kreiste. Oft wurden sechs, sieben feindliche Flugzeuge nacheinander brennend abgeschossen …"

„Waren Sie nicht mit Richthofen im Einsatz?" fragte Hauptmann Badinski Wedigo.

„Ich hatte die Ehre, im Frühsommer 17 Mitglied der Jagdstaffel 11 zu sein."

„Ich habe gehört, Sie seien in England gelandet, um Mata Hari zu befreien", sagte ein Oberleutnant.

„Es ist richtig, dass Kamerad Schneidmann und ich ein Kommandounternehmen zur Befreiung einer Agentin durchgeführt haben. Es war aber nicht Mata Hari, die war in Frankreich im Einsatz. Aber das ist alles längst vorbei."

Dass es um Melissa gegangen war, erzählte Wedigo nicht.

„Alles vorbei", bestätigte Badinski, „wir waren kurz vor Paris und jetzt kurvt der Franzose frech durch unser Land und nimmt sich alle Freiheiten heraus."

„Das letzte Wort ist noch nicht gesprochen", fügte ein Oberleutnant hinzu. „Deutschland wird wieder erstarken und erwachen."

145

Er hob sein Glas. „Ich trinke auf die deutsche Freiheit!"

„Auf die deutsche Freiheit!", riefen alle und tranken.

Und mehr wurde getrunken. Viel mehr. Die Zeit verging. Irgendwann stimmten die Fähnriche ein Lied an:

In einem Polenstädtchen,
da wohnte einst ein Mädchen,
sie war so schön.
Sie war das allerschönste Kind,
das man in Polen find´t
aber nein, aber nein sprach sie,
ich küsse nie.

„Lass uns gehen", sagte Wedigo zu Schneidmann. „Es wird mir zu feucht-fröhlich." Schneidmann stimmte zu und beide Männer zogen sich zurück.

Die Woche verging mit militärischen Gleichläufen. Am Freitag versuchte Wedigo, Melissa zu erreichen, um zu erfahren, ob alles mit dem Notartermin geklappt habe, hatte aber keinen Erfolg.

„Die Damen werden anderes zu tun haben", meinte Schneidmann, dem es mit Elisa ähnlich erging. So nutzten sie das Wochenende, sich die Stadt und die Umgebung anzusehen, zumal es sonnig und warm war. Die Waldenfelsschanze, der Wolfsberg mit der Freilichtbühne, ein Blick auf die Pferderennbahn. Einige Reiter drehten im Galopp ihre Runden. Am Abend besuchten die Herren das örtliche Theater, wo eine Kleistinszenierung geboten wurde. Den Sonntag verbrachten beide am Strand, schauten den vorbeifahrenden Schiffen nach oder lasen. Nach einem ausgiebigen Mahl im Restaurant Grünhausen kehrten sie in das Kasino zurück und tranken noch ein Bier. Einige Kameraden zelebrierten einen fröhlichen Umtrunk und drängten beide, doch mitzuhalten. Sie dankten, luden aber die Einladung ab und zogen sich bald zurück. Beim Betreten des Unterkunftsgebäudes trat der Unteroffizier vom Dienst auf sie zu.

„Melde, Herr Major, eine Nachricht für Sie!"

Er überreichte Wedigo ein blaugraues Kuvert. Dieser dankte und nahm den Brief. Er trug keinen Absender und hatte auch nicht den postalischen Weg genommen. Wedigo steckte ihn ein und zog ihn erst oben vor dem Zimmer wieder hervor. „Warte kurz, Hans. Ich will sehen, wer mir schreibt:"

„Fleck?"

„Glaube ich nicht."

Er riss den Umschlag auf und zog ein Blatt hervor, dessen Text er vorlas:

Gnädiger Herr Major von Wedel!

Ich konnte Ihnen kürzlich behilflich sein. Ihr Auftreten gegenüber dem Franzmann war beispielhaft. Wir, eine Gruppe vaterländischer Männer, brauchen Führer wie Sie! Es wäre uns eine große Ehre, wenn Sie nächste Woche am Freitagabend an unserer Versammlung teilnehmen würden. Natürlich auch der Herr Leutnant. Treffpunkt Restaurant Maikuhle 17 Uhr. Ich erwarte Sie dort. Antwort nicht erforderlich. Hochachtungsvoll Bruno Adamsky

„Der Kontakt zur hiesigen Wehrgruppe", stellte Schneidmann fest, „und das ganz von selbst!"

„Wir gehen, aber sollten vorher schauen, was über Adamsky und seine Gruppe bekannt ist. Gute Nacht!"

Die Recherchen zu Adamsky mussten warten. Denn um drei Uhr morgens begann die längst erwartete Verlegeübung. Eine Sirene heulte und laute Stimmen brüllten „Alarm!"

Wedigo sprang aus dem Bett und zog rasch Kampfuniform und Stiefel an. Solche nächtlichen Aktivitäten war er nicht mehr gewöhnt und froh, sich früh genug aus dem Kasino zurückgezogen und so wenigstens einige Stunden Schlaf bekommen zu haben. Auf dem Flur traf er auf Schneidmann, der gähnend sein Koppel schloss.

„Müssen wir so etwas wirklich mitmachen?", beschwerte er sich. „Ich dachte, unsere Aufgabe sei die Recherche."

„Gehört alles dazu, und jetzt lass uns eilen. Ich möchte nicht als Letzter am Sammelplatz erscheinen."

Sie zogen die Stahlhelme auf und liefen nach unten zur Straße.

Der Sammelplatz befand sich vor dem Kasino, wo mehrere Automobile standen, die die Offiziere zur Kaserne fahren sollten. Der erste Wagen war mit ihrer Ankunft komplett. Neben dem Fahrer saß Hauptmann Badinski, der kurz einen Finger an den Helm legte.

„Guten Morgen, Herr Major! Herr Leutnant! Hätte mich gewundert, wenn Sie nicht unter den ersten gewesen wären. Andere Kameraden dürften es nach gestern Abend schwerer haben, auf die Beine zu kommen."

Sie nahmen hinten Platz und das Automobil fuhr los. In der Jägerkaserne wurden bei ihrer Ankunft bereits die ersten Material- und Munitionskisten verladen. Kommandos schallten über den Platz, Soldaten eilten durch die Dunkelheit, um weiteres Gerät herbeizuschaffen. In kürzester Zeit waren alle Laster beladen und die leichten Geschütze angespannt. Mittlerweile waren auch die letzten Offiziere erschienen, wobei der Zeitpunkt ihres Eintreffens genau registriert wurde.

„Bataillon zur Befehlsausgabe antreten!", erscholl das Kommando.

Eine halbe Minute später stand die komplette Mannschaft ausgerichtet und in voller Montur bereit zum Appell.

„Guten Morgen, Soldaten!"

„Guten Morgen, Herr Oberstleutnant!"

Von Bock gab die Lage bekannt: „Der Feind ist heute Nacht über die Grenze in das Reichsgebiet vorgestoßen. Unser Auftrag ist die Sicherung …"

Wedigo stand mit Schneidmann in der ersten Reihe der Stabskompanie. Alte Bilder kamen in ihm hoch aus seiner Zeit im Garderegiment in Potsdam. Welche Hoffnungen und welcher Glaube an eine glorreiche Zukunft hatten ihn damals erfüllt … und heute?

„Daher befehle ich die Verlegung in den Raum Trienke", endete der Kommandeur. „Unterführer, übernehmen Sie!"

Die Formation öffnete sich.

„Trienke, wo liegt denn das?", fragte Schneidmann. „Den Namen habe ich noch nie gehört."

„Das Dorf Trienke liegt etwa 19 Kilometer südlich der Stadt, Herr Leutnant", erklärte Stabsfeldwebel Menke. „Die nächsten Nachbarorte sind im Nordwesten Simötzel, im Nordosten Plauenthin und Kärmitz, im Süden Damitz und im Westen Drosedow. Die Gegend ist wasserreich, es gibt den Großen und Kleinen Trienker See sowie den Kämitzsee."

„Also sumpfig?"

„Durchaus und im Sommer voller Mücken und Bremsen."

Eine gute Stunde später erreichte gegen Sonnenaufgang der letzte Wagen Trienke. Alles wurde entladen und als erstes Posten und Streifen eingeteilt. Dann errichteten die Soldaten ihre Biwakzelte und größere für den Stab, den Nachschub, die Sanität und vor allem für die Feldküche. Wedigo besichtigte die Außenposten und gab da und dort Anweisungen, wie diese im Hinblick auf Gefechtsbedingungen verstärkt werden konnten. Schneidmann kümmerte sich um die Einrichtung der Feldfernsprecher. Um acht Uhr gab es Kaffee. Der Tag verging mit verschiedenen Geländeaktivitäten und Schießübungen. Schneidmann übernahm die Unterweisung der eingeteilten Spähtrupps. Wedigo hielt einen Vortrag über das Führen unter Gefechtsbedingungen, wobei er besonders auf seine Erfahrungen vor Verdun zurückgriff.

„Um zwei Uhr morgens geht es ohne Tritt los. Am Gürtel schaukeln vier Stielhandgranaten, in den Taschen stecken Munitionsschachteln und seitlich trägt man eine gefüllte Wasserflasche. Denn der Durst ist an der Front oft das größte Problem. Es regnet und es ist kalt, der Boden ist sumpfig, beim Graben stößt man schon in 20 Zentimeter Tiefe auf Grundwasser. Ein Stellungsbau ist derart schier unmöglich, man behilft sich durch Tarnmaßnahmen und Maskenbau, um die flachen Mulden, in denen die Männer tagsüber regungslos kauern, der feindlichen Sicht zu entziehen. Dennoch gibt es täglich Verluste durch gelenktes Feindfeuer …"

Am Dienstagmorgen zitierte von Bock Wedigo und Schneidmann zu sich.

„Meine Herren, ich schätze Ihr Engagement, da zeigt sich der echte Truppenoffizier. Nun, aber Ihre Aufgabe ist eine andere und ich habe volles Verständnis dafür, dass Sie dieser nachgehen."

„Danke, Herr Oberstleutnant. Wir würden uns dann nach Schneidemühl abmelden. Vorausgesetzt, Sie können einen Wagen mit Fahrer entbehren."

„Daran soll es nicht liegen. Stabsfeldwebel Menke wird alles Nötige organisieren. Meine Herren!"

„Herr Oberstleutnant!"

Die beiden Offiziere verließen das Stabszelt. Der Stabsfeldwebel kümmerte sich um ein Fahrzeug. Zunächst kehrten sie nach Kolberg zurück. Dort rasierten die Männer sich und machten sich frisch. Zusätzlich packten sie zivile Kleidung ein, bei ihren Nachforschungen konnte die Uniform unter Umständen hinderlich sein. Eine halbe Stunde später fuhren sie weiter in Richtung Schneidemühl.

Schneidemühl war nach der in Versailles diktierten Abtretung Posens zur Grenzstadt geworden. Die Einwohnerzahl war dennoch sehr gewachsen, da eine große Zahl der Deutschen Posens nicht zu einem polnischen Staat gehören wollte und die alte deutsche Provinz verlassen hatte. Auch die gegen den deutschen Grundbesitz gerichteten Maßnahmen, die Annullierung von Ansiedlerverträgen, die Liquidierung des Eigentums Reichsdeutscher im Lande und die Auswirkungen der brutalen Entdeutschungspolitik des polnischen Staates führte zur verstärkten Zuwanderung in die deutsch gebliebenen Teile Westpreußens. Das alles berichtete ihnen der Fahrer, ein altgedienter Unteroffizier und gebürtiger Bromberger, der bereits im Frühjahr 1919 ins Reich, wie er sagte, geflüchtet war.

„Wie in Oberschlesien gab es auch hier polnische Insurgenten, die mit Waffengewalt weitere Gebiete unter die Herrschaft ihres Landes bringen wollten. Unsere Heimatwehren konnten die Kerle zum Glück verjagen", schloss der Mann seinen Bericht.

In der Stadt fuhren sie fürs Erste zur Kaserne in der Bromberger Chaussee. Sie hatte früher eine Fliegerersatzabteilung beherbergt und gehörte jetzt vollständig dem 4. preußischen Infanterieregiment, das dort die 11. und 12. Kompanie des II. Bataillons untergebracht hatte. Dort bezogen sie Quartier, kleideten sich in Zivil und ließen sich dann ins Stadtzentrum bringen. Über die Mühlenstraße vorbei am Möbelhaus Krohn erreichten sie den neuen Markt mit dem Denkmal Kaiser Wilhelm I. Hier stiegen beide aus und schlenderten weiter. Direkt am Platz lag das Postamt. Wedigo fiel es ein, dass er sich am Sonntag nochmals bei Melissa hätte melden sollen. Schneidmann hatte es ebenfalls versäumt, Elisa anzurufen, also traten beide in das Innere des Prachtgebäudes.

Ein Fräulein vom Amt verband ihn mit Berlin und deutete, als es klingelte, auf eine seitliche Kabine.

Melissa war gleich am Apparat. Ihre Stimme zeigte die gewisse Tonlage, die Wedigo befürchtet hatte. Seine Frau schien mehr als verärgert zu sein.

„Wie schön, dass der Herr sich mal meldet. Ein kleiner Anruf wäre auch zu viel gewesen. Das Soldatspielen scheint dich umfassend absorbiert zu haben. Was ist es, das Kasinoleben, das Beiprogramm, die Damenwelt Kolbergs?"

Endlich kam er zu Wort.

„Nein, Liebling, ich habe es neulich vergeblich versucht und finde erst jetzt wieder Gelegenheit ..."

„Papperlapapp, wenn du nicht so gedankenlos wärest ... das Fräulein vom Amt sagte, der Anruf käme aus Schneidemühl? Ich dachte, du befändest dich in Kolberg? Was suchst du in Westpreußen? Das ist beinahe Polen."

„Schneidmann und ich untersuchen ..."

„Dein saubrer Freund ist also auch dabei. Hole ihn ans Telefon, Elisa ist zu Besuch und möchte ihm sicher auch gern ein paar Worte sagen. Hol ihn!"

Wedigo öffnete die Tür und winkte Schneidmann zu kommen. Überrascht nahm dieser das Hörteil in die Hand. Wedigo verließ die Kabine.

Melissa war wirklich sehr temperamentvoll gewesen. Natürlich hatte sie allen Grund dazu und überhaupt; jetzt wurde Schneidmann ebenfalls in die Mangel genommen. Geteiltes Leid und so. Nach ein paar Minuten öffnete der Kamerad wieder die Tür.

„Melissa hat dir noch etwas mitzuteilen."

Ging die Gardinenpredigt weiter? Wedigo griff zum Hörer.

„Zur Information. Elisa und ich kommen am nächsten Sonnabend nach Kolberg. Buche uns im Strandhotel ein Zimmer. Es gibt Neuigkeiten."

„Was für Neuigkeiten? Ist mit dem Notar alles glattgegangen?"

„Du wirst es am Sonnabend erfahren. Treffpunkt Hotel um elf."

Sie legte auf.

Wedigo zahlte am Schalter und wandte sich an Schneidmann.

„Auch am Boden zerstört?"

„Völlig, ich weiß nicht, ob ich jemals wieder aufstehen werde …"

„Unsere Damen sind wirklich einmalig in ihrem Zorn. Wahre Furien. Herrlich!"

Beide mussten lachen.

„Gut, dass sie uns jetzt nicht sehen. Wir sollten im Übrigen etwas essen gehen. Nur von Kaffee allein kann man nicht leben."

Sie aßen im Restaurant Schreiber in der Posenerstraße eine Portion Ente mit Hefeklößen und tranken dazu ein heimisches Bier. Von ihrem Platz am Fenster hatten sie einen guten Blick auf das Straßenleben. Eben marschierte ein Soldatentrupp vorüber. Dann kam eine brave Bürgersfamilie. Vorneweg stattlich und bieder der Vater, neben ihm seine Gemahlin, eine achtunggebietende Dame mit großem Hut. Gefolgt vom Kinderfräulein mit zwei Knaben im Matrosenanzug und einem vielleicht zehnjährigen Mädchen mit langen, blonden Zöpfen.

„Als ob die Zeit stehengeblieben wäre", sagte Schneidmann „und der gute Wilhelm noch regierte."

Wie zur Bestätigung lief jetzt eine Gruppe kichernde Backfische vorüber, deren Kleidung gänzlich aus der Kaiserzeit stammen konnte.

„Diesen Herrn hätten wir früher allerdings nicht gesehen", Wedigo deutete auf einen Mann, dem sie bereits in Kolberg begegnet waren: Colonel Jacques Bariéty.

Er trug Zivil und befand sich mit einer anderen Zivilperson in Gespräch, die Wedigo ebenfalls bekannt vorkam. Er konnte sie nur nicht recht einordnen.

„Den Kerl neben dem Colonel habe ich in Kolberg gesehen", sagte Schneidmann. „Das ist einer der Unteroffiziere der Minenwerferkompanie. Richter, hieß er, glaube ich."

„Was macht der in Schneidemühl? Der müsste doch in Trienke sein."

„Die kommen ins Lokal!"

„Keine Sorge, in unserer Ecke werden sie uns kaum bemerken."

Vor der Tür blieb der Franzose jedoch stehen und zog seine Taschenuhr. Dann schüttelte er den Kopf und sagte etwas zu seinem Begleiter, das die Beobachter naturgemäß nicht verstanden. Dieser nickte und beide gingen weiter. Schneidmann sprang auf.

„Ich bin dem Colonel nicht so aufgefallen wie du. Ich folge ihnen, in Zivil wird mich keiner erkennen."

„Gut, wir treffen uns in der Kaserne."

Schon war Schneidmann davongeeilt. Wedigo bestellte noch einen Kaffee. Diesen trank er in aller Ruhe. Dann zahlte er, verließ er das Restaurant und wandte sich in die Richtung, in die alle drei verschwunden waren. Wedigo erreichte den Neumarkt, dort sah er eine größere Menschenmenge, die sich neugierig um etwas drängte. Über die Köpfe hinweg entdeckte er eine Gestalt am Boden. Daneben standen mehrere Polizisten und – Schneidmann! Wedigo schob die Leute vor ihm kurzerhand beiseite und trat zu der Gruppe.

„Was ist hier passiert, Herr Leutnant?", wandte er sich in dienstlichem Ton an Schneidmann. Dieser verstand und antwortete ebenso militärisch: „Herr Major, melde: Unteroffizier Richter aus der Minenwerferkompanie ist unter verdächtigen Umständen tot aufgefunden worden."

„Danke, Leutnant. Wer ist der Verantwortliche hier?", fragte er einen der Polizisten. Ein Mann in einem abgetragenen Anzug, der sich zum Toten hinuntergebeugt hatte, erhob sich.

„Polizeiinspektor Czeminski", stellte er sich vor.

„Major von Wedel", Wedigo zückte seinen Dienstausweis. „Wenn Sie mich unter Ausschluss der Öffentlichkeit informierten."

„Sehr wohl, Herr Major. Am besten auf dem Revier, wenn es recht ist?"

„Einverstanden."

Ein Wagen brachte sie zum Revier im Regierungsgebäude am Danziger Platz. Czeminski führte sie umgehend in sein Büro. So leicht schien er vom militärischen Habitus doch nicht beeindruckt zu sein, denn er begann,

Schneidmann sehr konkrete Fragen zum Geschehen zu stellen. Nach einem Blick zu Wedigo, der leicht nickte, gab dieser einen knappen Abriss. Er habe Richter gesehen und sich gewundert, dass sich der Mann nicht auf einer gerade stattfindenden Übung im Raum Trienke aufhalte. Auch die Begleitung des Unteroffiziers sei ihm aufgefallen.

„Es handelte sich um Colonel Bariéty von der Commission militaire interalliée. Beide waren im Gespräch, da trat plötzlich eine schlanke Gestalt auf sie zu und griff Richter an. Der Unteroffizier sank zu Boden und ich eilte hinzu, um Hilfe zu leisten. Aber es war zu spät. Der arme Kerl war bereits tot. Ein präziser Stich ins Herz, soweit ich erkennen konnte. Der Täter war inzwischen verschwunden. Es bildete sich schnell ein Zuschauerkreis. Ich bat einen Mann, die Polizei zu verständigen und blieb beim Toten."

„Und der Colonel?"

„Der muss sich ebenfalls abgesetzt haben."

Es klopfte und ein Wachtmeister brachte einen Umschlag.

„Herr Inspektor, das wurde soeben für Sie abgegeben. Sie sollen gleich öffnen, es hat mit dem Toten zu tun."

„Danke, Sie können gehen."

Kurz zögerte Czeminski.

„Sie erlauben."

Er öffnete den Umschlag und zog ein Blatt hervor. Der Inspektor überflog es, dann schob er es Wedigo zu. Der las laut vor:

„Dem zuständigen Polizeiinspekteur

Mein Herr, nehmen Sie Folgendes zur Kenntnis: Bei einem Prüfgespräch mit einem Unteroffizier des 4. Preußischen Infanterie-Regiment wurde dieser attackiert und getötet. Es handelt sich um eine rein deutsche Angelegenheit. Die Commission militaire interalliée ist damit nicht in Verbindung zu bringen. Dies ist eine Anweisung. Handeln Sie entsprechend!

Gezeichnet Colonel Bariéty"

Ein Adresskopf, eine Unterschrift oder ein Siegel fehlten. Kurz herrschte Schweigen, dann räusperte sich der Inspektor.

„Meine Herren, ich gehe davon aus, dass dieser Fall in der Tat außerhalb der üblichen Kompetenzen liegt. Allein Ihre zivile Anwesenheit deutet in diese Richtung. Ich wäre Ihnen sehr verbunden, wenn Sie sich um die Angelegenheit kümmerten. Sie wurden, so vermute ich, aus Berlin in unsere ferne Provinz entsandt. Ich hätte, aber verstehen Sie mich nicht falsch, gern einen Ansprechpartner in Berlin, der Ihre Legitimation bestätigt."

Der Mann war gründlich und unerschrocken, Eigenschaften, die Wedigo schätzte. „Herr Inspektor, ich gratuliere Ihnen zu Ihrer Korrektheit und Ihrer Akribie. Kontaktieren Sie in Berlin Hauptkommissar Gennat, der Ihnen unsere Identität bestätigen wird. Das Ganze hat in der Tat politische Brisanz und der Fall geht über den konkreten Mord sicher hinaus. Doch haben Sie bitte Verständnis, dass wir unserseits zur Verschwiegenheit verpflichtet sind. Im Übrigen wurden von Ihren Beamten sicher weitere Zeugen vernommen. Wir wären Ihnen verbunden, wenn wir Akteneinsicht erhielten."

Der Anruf in Berlin erreichte Gennat. Dieser bestätigte Wedigos Angaben und verlangte, ihn selbst zu sprechen:

„Herr von Wedel, wieder eine Leiche auf Ihrem Weg. Warum bin ich nicht überrascht?"

„Wenn Sie nicht lästern können! Gibt es etwas Neues in Berlin?"

„Wehner glaubt eine Spur zu haben, hält sich aber bedeckt."

„Gut, vielen Dank und Gruß an Trudi."

Wedigo legte auf und sah den Polizeibeamten an.

„Nun, Inspektor, zufrieden?"

„Jawohl, Herr Major!"

Czeminski nickte und ließ umgehend die Vernehmungsprotokolle kommen.

Insgesamt war fast ein Dutzend Zeugen vernommen worden. Die meisten Aussagen beinhalteten Belanglosigkeiten oder ergaben Widersprüchliches. Neben Behauptungen, der Tote habe plötzlich Schaum vorm Mund gehabt oder eine Frau habe ihm etwas injiziert, gab es Hinweise auf die Täterschaft des Colonels und Schneidmanns. Eine einzige unterschied sich von den anderen in ihrer präzisen Klarheit: „Eine Person in Arbeiterkleidung hat den Mann angerempelt. Dann ist sie schnell weggelaufen und der Mann ist auf den Boden gestürzt." Auf Nachfrage ergänzte die Zeugin: „Ich weiß nicht, ob es ein Mann oder eine Frau war, ich habe die Person nur von hinten gesehen. Sie war nicht besonders groß und eher schlank."

Die Aussage stammte von dem Kindermädchen der Bürgerfamilie, die Wedigo und Schneidmann vom Lokal aus gesehen hatten. Ihr Dienstherr, der seinerseits mit Vehemenz die Injektionstheorie vertrat, riet von einer Vernehmung der ‚dummen Trine' ab.

„Das Mädchen hat eine blühende Fantasie und erzählt gerne Lügengeschichten", teilte er mit und hatte seine ‚Beobachtungen' mit weiteren Details ausgeschmückt.

„Ein renommiersüchtiger Schwätzer", urteilte der Inspektor. „Der Mann starb aufgrund eines Messerstichs und nicht wegen einer Giftspritze."

„Es könnte also eine Frau gewesen sein, das deckt sich mit Leutnant Schneidmanns Aussage zur Gestalt des Täters", überlegte Wedigo, „nur fürchte ich, das bringt uns im Augenblick nicht unbedingt weiter."

Wedigo dankte dem Inspektor für seine Unterstützung und beide Männer verließen das Polizeipräsidium. Ein Taxi brachte sie zur Kaserne. Dort kleideten sie sich wieder in Uniform und suchten das Kasino auf. Die Ordonnanz brachte jedem ein Pils.

„Wenn der Backfisch richtig beobachtet und sich nicht alles eingebildet hat, wäre es gut, mit dem Mädchen noch einmal zu reden."

„Das dürfte bei dem Dienstherrn schwierig sein und ich weiß auch nicht, ob wir mehr erfahren werden", entgegnete Wedigo auf Schneidmanns Vorschlag. „Mir scheint es wichtiger, mit der hiesigen Heimatwehr in Kontakt zu gelangen."

Ein Hauptmann trat an ihren Tisch und grüßte militärisch. Er war sehr blass und die Gesichtszüge wirkten fast hart.

„Major von Wedel?"

„Korrekt."

„Hauptmann Schmidt", stellte er sich vor. „Oberstleutnant von Bock hat Sie und Leutnant Schneidmann telefonisch angekündigt. Ich begrüße Sie in unserer Einheit."

„Danke, setzen Sie sich zu uns, Hauptmann."

Schmidt nahm am Tisch Platz. Er behielt seine aufrechte, steife Haltung bei.

„Wir werden morgen die hiesigen Einrichtungen inspizieren. Dazu benötigen wir einen Begleitoffizier."

„Ich werde Sie selbst führen. Worum geht es bei Ihrer Inspektion? Um unsere Einsatzfähigkeit?"

„Es gibt Anzeichen im Regiment für die Existenz von Kontakten nach außen", erklärte Wedigo vorsichtig.

„Zur Schwarzen Reichswehr?"

„Denkbar, eventuell auch zu radikalen Elementen."

„Es gibt in Schneidemühl, wie überall in den östlichen Provinzen, mehrere Heimatwehren, um polnische Freischärler unterhalb der militärischen Eskalationsstufe rasch bekämpfen zu können. Naturgemäß sind ihre Mitglieder deutschnationale Patrioten. Wenn Sie das unter ‚radikale Elemente‘ verstehen."

„Ich gebe Ihnen eine kurze Definition, Herr Hauptmann: sowohl Hitleranhänger, Kapp-Leute und Offiziere wie die, die in Küstrin geputscht haben, als auch Mitglieder der Organisation Consul, das sind Radikale im Wortsinn."

„Verstehe, Herr Major."

Einen Augenblick herrschte Schweigen. Dann erhob sich Schmidt.

„Herr Major, wenn Sie mich entschuldigten, ich muss zur Wache."

„Sicher, Herr Hauptmann. Morgen früh um neun im Stab."

„Jawohl, Herr Major. Melde mich ab!"

Schmidt grüßte sehr förmlich und verließ den Raum.

„Deine Definition scheint unserem Hauptmann nicht geschmeckt zu haben."

„Das ist mir auch aufgefallen. Ich glaube, ich lasse mir von Nicolai die

Personaldaten geben. Immer gut zu wissen, welchen Hintergrund die Leute haben, vielleicht finden sich Auffälligkeiten."

„Du meinst, Schmidt stehe in Verbindung zu radikalen Kreisen?"

„Nun, eventuell hatte er Kontakte, warten wir ab, was uns Nicolai mitteilt."

Wedigo rief in Berlin an. Nicolai meldete sich nicht, was aufgrund der Uhrzeit nicht verwunderte. Daher telefonierte er direkt mit dem Ministerium und hatte das Glück, Major von Boehm-Bezing, einen schlesischen Kameraden aus dem Krieg, in der Leitung zu haben. Dieser versprach, selbst nach der Personalakte zu schauen. Wenn Wedigo ihn gleich morgen früh anriefe, könne er ihm sicher Genaueres mitteilen. Wie es ihm gehe, er sei doch nach Argentinien ausgewandert? Nach einem kurzen Austausch endete das Gespräch, da von Boehm-Bezing zu einer Verabredung wollte.

„Eine attraktive Dame. Alte Familie, gutes Aussehen, Witwe, solides Vermögen. Wir verstehen uns blendend."

„Dann viel Erfolg bei deinem Rendezvous", wünschte Wedigo und hängte ein.

Der Anruf am nächsten Morgen gab einen Einblick in Schmidts Biografie. Dieser war 1906 als Fahnenjunker in das 3. Kurhessisches Infanterie-Regiment von Wittich Nr. 83 eingetreten. Beim Regiment wurde er nach Besuch der Kriegsschule 1908 zum Leutnant befördert. Im August 1914 kam er zur Fernsprech-Abteilung des I. Reservekorps an die Ostfront … Es folgten Angaben zum Kriegseinsatz als Zugführer und Kompaniechef. 1917 wurde Schmidt verwundet. Nach seiner Genesung kommandierte man ihn 1918 zur Gewehrfabrik Danzig ab. Nach dem Krieg gehörte der Mann dem Freikorps Landesjäger in Mitteldeutschland an. Mit diesem wurde er in das 200.000 Mann-Übergangsheer übernommen. Bei der Bildung des 100.000 Mann-Heeres der Reichswehr versetzte man Schmidt in das 16. Infanterie-Regiment. Im Juli 1922 wurde er dann zum Hauptmann befördert.

Wedigo informierte Schneidmann über das Ergebnis seines Anrufs.

„Er gehörte einem Freikorps Landesjäger an", kommentierte Schneid-

mann. „Das Korps wurde, wie ich weiß, von Generalmajor Maercker geführt. Eine kampferprobte Truppe."

„Stimmt, im Januar 1919 stellte sich Korps in Berlin den Spartakisten
entgegen."

„Und im Februar 1919 ging das Landesjägerkorps nach Weimar, um
den dortigen Arbeiter- und Soldatenrat zu entwaffnen. Maerckers Freikorps sicherte die in Weimar tagende Nationalversammlung und die Wahl
Eberts zum Reichspräsidenten ab. Dann war das Freikorps in Gotha, in
Eisenach und in Halle. Dort kam es zu Straßenkämpfen mit bewaffneten
Arbeitern und Matrosen mit erheblichem Blutvergießen. Einen Monat
später befahl die Reichsregierung Maercker, in Magdeburg die Ordnung
wiederherzustellen, was er tat. Im Anschluss wurde er nach Braunschweig
kommandiert, später nach Leipzig und Eisenach. Überall ging es darum,
spartakistische Aufstände niederzuschlagen."

„Das heißt, das Freikorps war sozusagen ein Regierungsverband."

„Das ist richtig", bestätigte Schneidmann. „Es wurde auch komplett in
die Reichswehr übernommen. Ich habe damals die Akten bearbeitet, daher
kenne ich die Details. Allerdings war während des Kapp-Putsches 1920
Maerckers Haltung zweifelhaft. Deswegen wurde er 1920 aus dem aktiven
Militärdienst entlassen."

„Schmidt ist also ein ehemaliger Freikorpsmann. Das erklärt seine Haltung zu Heimatschutzverbänden und zur Schwarzen Reichswehr. Ich denke, der Mann weiß etwas und wir sollten uns bemühen, ihn zum Reden zu
bringen."

Die Kaserne hatte der Architekt im typischen neugotischen Stil errichtet. Die beiden Hauptgebäude waren in einem schmalen von Nord
nach Süd verlaufenden Streifen angeordnet. Die Anlage umfasste von früher noch Pferdeställe, eine Reithalle, die jetzt für Automobile umgebaut
worden war und einen Appellplatz sowie einen kleineren Sportplatz. Im
Stabsgebäude befand sich die Kommandantur, die Verwaltung sowie die
Waffenkammer und ein Besprechungsraum. Dazu das Kasino und die Offiziersunterkünfte. Im zweiten Gebäude waren in jeweils einem Stockwerk

Räume für die hiesigen Kompanien vorgesehen. In Schlafsälen für die Mannschaften hatte man meist auch einen Unteroffizier untergebracht; an den Treppenaufgängen befanden sich die Zimmer für ältere Unteroffiziere. Die Führung dauerte eine gute Stunde. Dann kehrten die drei Offiziere zum Kasino zurück, um dort einen Kaffee zu trinken.

„Haben Sie noch Fragen, Herr Major?"

„Die habe ich, Herr Hauptmann. Sie waren 1919 in Mitteldeutschland bei Generalmajor Maercker und haben das Land gegen die Roten verteidigt. Durchaus ehrenwert. Aufgrund dieser Teilnahme bin ich überzeugt, dass Sie mehr über die einheimischen Wehren wissen als das, was Sie gestern sagten."

„Wie soll ich das verstehen, Herr Major?"

„Wie ich es sage, Herr Hauptmann, was wissen Sie konkret über die hiesigen militärischen Aktivitäten außerhalb der Reichswehr?"

„Wer sagt mir, dass Sie nicht mit der Commission militaire interalliée des Colonel Bariéty zusammenarbeiten? Oder ein zweiter Emil Eichhorn sind?"

„Sie meinen den Berliner USPD Polizeipräsidenten, der sich 1919 Spartakus anschloss?"

„Exakt, den oder seine Genossen Koenen und Kilian, mit denen wir es in Halle zu tun hatten. Kilian sitzt heute im preußischen Landtag, Koenen im sächsischen", stieß er voller Verbitterung vor. „Verrat zahlt sich aus!"

„Können Sie uns das genau erläutern?", fragte Wedigo, der von diesen Dingen aufgrund seiner Zeit in Argentinien kaum etwas wusste.

„Wie Sie sicher wissen, hat unser Korps in Berlin geholfen, den Spartakusaufstand niederzuschlagen" begann der Hauptmann seinen Bericht. „Einige Monate später wurde wir von der Regierung nach Halle entsandt. Dort hatte die radikale Linke die Macht an sich gerissen und drohte damit, notfalls gegen Berlin zu marschieren. Wir fuhren los und planten, mit unseren 3.000 Mann bis in die Mitte der Stadt zu fahren und im Handstreich in aller Frühe die wichtigsten Versorgungspunkte zu besetzen. Doch bei Weißenfels entgleiste ein Truppenzug und wir verloren fünf Stunden. Als wir gegen Mittag im Vorort Ammendorf anlangten, wussten die Aufständischen in kürzester Zeit Bescheid. Angeführt von Kilian und Koenen bereiteten sich die Revolutionäre auf den Kampf vor."

„Die hatten doch mit Gewehren gegen die Artillerie und Maschinengewehre Ihrer Leute keine Chance."

„Deswegen versuchten sie einen Trick. Zum Schein streckte die Matrosenkompanie unter ihrem Führer Meseberg die Waffen. Doch als unsere Männer die rote Fahne vom Rathaus holen wollten, fielen von hinten Zivilisten über die Soldaten her und schalteten sie aus. Wir mussten uns zurückziehen. Generalmajor Maercker besetzte nun die Hauptpost gegenüber dem Opernhaus, wo die Kommandozentrale der Roten lag."

„Eine Pattsituation."

„Richtig, ein Patt mit verheerenden Auswirkungen. Da am nächsten Tag, einem Sonntag, Stadtratswahlen stattfanden, blieben wir in unseren Unterkünften. Ein Fehler, denn jetzt übernahm der Mob die Straße. Hunderte von Geschäften wurden geplündert und Handwerker und Gastwirte ausgeraubt. Wer sich widersetzte, um sein Eigentum zu verteidigen, wurden zusammengeprügelt oder sogar totgeschlagen."

„Das haben Ihre Leute zugelassen?", fragte Wedigo überrascht.

„Wir waren auf eine solche haarsträubende Rohheit, wie wir sie in Halle fanden, nicht vorbereitet. Selbst in Berlin war der Mob nicht so zügellos und bestialisch wie dort. Wir beschossen nun mit Minenwerfern die Roten in der Oper und führten Hunderte von Hausdurchsuchungen durch, bei denen jede Menge Waffen gefunden und konfisziert wurden. Das Schlimmste war, als Oberleutnant von Klüber, in Zivil, bei einem Ausflug in die Stadt erkannt wurde. Eine fanatisierte Menschenmenge warf ihn von einer Brücke in die Saale. Als von Klüber zu schwimmen begann, feuerte man auf den Wehrlosen. Trotzdem erreichte er das Ufer, wo er mit Kolbenschlägen traktiert und schließlich erschossen wurde. Der Generalmajor griff nun durch. Kilian wurde verhaftet, Koenen jedoch konnte entkommen. Plünderer und Waffenbesitzer bekamen ein Ultimatum gestellt: Straflos bleibe, wer Waffen und Raubgut abgebe. Wer aber weiter Waffen horte oder als Plünderer auffalle, werde festgenommen und notfalls erschossen. 29 Tote und 67 Verwundete kostete der Einsatz, Teile der Regierungsparteien distanzierten sich von der Truppe und forderten die Auflösung des Korps. Und heute, heute sitzen die beiden Rädelsführer frech und breit im Landtag."

„Ich danke Ihnen für Ihre offenen Worte", sagte Wedigo. „Jetzt verstehe ich auch Ihre Skepsis."

Er hielt inne und überlegte kurz. Dann sprach er weiter.

„Ich will Ihnen erläutern, was uns nach Schneidemühl und Kolberg geführt hat. Oberst Nicolai, in dessen Auftrag wir agieren, hält es für möglich, dass französische Agenten einen radikalen Arm der Schwarzen Reichswehr beziehungsweise entsprechende Heimatwehrformationen ins Leben rufen, um dadurch für polnische Gruppierungen eine Basis zum Eingreifen zu erzeugen. Die bisherigen Ereignisse und Ermittlungen, die darzustellen jetzt zu weit gehen würde, deuten in diese Richtung. Nur so viel ..."

Wedigo gab einen knappen Abriss der Geschehnisse.

„Alles das weist auf die genannten Überlegungen hin", endete er.

„Wie auch die Anwesenheit der Commission militaire interalliée des Colonel Bariéty", ergänzte Schneidmann.

Hauptmann Schmidt schwieg einige Zeit. Dann trank er einen Schluck Kaffee und nickte.

„Gut, ich will Ihnen vertrauen, Herr Major. Sie haben mich im Rahmen dessen, was Ihnen erlaubt ist, umfassend informiert. Also will ich Ihnen berichten, was ich weiß. Es geht nicht um Schneidemühl oder Kolberg, es geht um ..."

Im gleichen Augenblick begann eine Sirene zu heulen und auf dem Gang schrie eine laute Stimme „Alarm, Feuer!"

7. Kapitel

Störfeuer

Gegen die „Geheimorganisationen"
Umfangreiche Untersuchungen auf Befehl Degouttes

Eine Havas-Meldung aus Koblenz meldet, daß heute auf Veranlassung des Generals Degoutte vom Vorsitzenden der Rheinlandkommission, Tirard, durch die militärische Sicherheitspolizei umfangreiche Untersuchungen bei den Mitgliedern der deutschen Geheimorganisationen im Rheinland und im Ruhrgebiet vorgenommen worden seien. Die französischen, belgischen und englischen Delegierten der Rheinlandkommission seien darüber einig, daß die nationalistische Agitation im besetzten Gebiet seit drei Monaten täglich wachse.

Berliner Tageblatt, 5. April 1924

Der Hauptmann sprang auf und rannte ohne ein Wort aus dem Kasino. Wedigo und Schneidmann folgten.

„Wo brennt es, Feldwebel? Rasch!"

„Im Munitionsdepot"

„Sind Soldaten dort?"

„Ein Trupp mit Unteroffizier Diers befindet sich in der ersten Kammer. Das Feuertor ist geschlossen, sie können nicht hinaus."

„Sofort die Feuergruppe zu mir, wir holen die Männer raus."

„Ich komme mit", bot Wedigo an.

„Danke, Herr Major, aber da müssen Spezialisten in entsprechender Kleidung ran."

Schmidt griff nach dem Stahlhelm und verließ das Gebäude. Gerade traten die Männer der Feuergruppe an. Sie trugen dicke, asbestverstärkte Schutzwesten und führten Beile, Stemmeisen und tragbare Spritzen mit sich. Sie sprangen auf einen LKW und rasten in Richtung Brand davon.

„Wir ziehen den Kampfanzug an und fahren hinterher. Auf, Hans!"

Beide eilten in ihre Unterkunft, zogen sich hastig um und eilten wieder nach unten.

Gerade kehrte ein Wagen von einer Transportfahrt zurück. Wedigo riss die Tür auf.

„Zum Munitionsdepot!", befahl er und los ging es.

Das Munitionslager befand sich im hinteren Teil des Areals mit gehörigem Sicherheitsabstand zu den übrigen Gebäuden. Über dem hallenförmigen Bau stieg eine dicke, gelbliche Qualmwolke auf. Menschen bemühten sich mit Feuerspritzen, die Flammen einzudämmen. Andere versuchten mit Werkzeugen, das Sicherheitsschott zu öffnen. Ihr Wagen war knapp 100 Meter vom Depot entfernt, als eine heftige Detonation alles im näheren Umkreis erschütterte und die in der Nähe befindlichen Helfer umwarf. Eine rotgelbe Stichflamme schoss gut fünfzig Meter in die Höhe und eine Druckwelle schob ihren Wagen wie von Riesenhand zur Seite. Das Auto stellte sich quer, der Fahrer stoppte, Wedigo riss die Tür auf, sprang nach draußen und rannte auf die Brandstätte zu. Schneidmann folgte. Zusammengekrümmte Gestalten lagen auf den Boden, verletzte Soldaten, die wimmerten oder vor Schmerz schrien. Andere schienen vom Knall betäubt, aber sonst unverletzt zu sein. Sie versuchten, auf die Beine zu kommen, um den Kameraden zu helfen.

164

„Die Tür wurde durch die Explosion aus den Angeln gehoben", rief Schneidmann. „Vielleicht gibt es im Innern Überlebende."

Doch die Hoffnung sollte schnell enttäuscht werden. Aus der Flammenhölle im Gebäude war niemand entkommen.

Andere Fahrzeuge mit Helfern und Sanitätern kamen hinzu und gemeinsam schaffte man die Verletzten in die Sanitätswagen und transportierte sie in die städtische Klinik ab.

„Hast du den Hauptmann gesehen?", fragte Wedigo.

„Er wurde gerade eben fortgebracht. Es scheint ihn ziemlich erwischt zu haben, ansprechbar war Schmidt nicht."

Ein Feldjägerleutnant trat zu Wedigo.

„Herr Major, wir sollten einen Brandsachverständigen hinzuziehen. So ein Feuer bricht nicht von ungefähr aus."

„Tun Sie das, Herr Leutnant. Ich erwarte spätestens heute Abend einen ersten Bericht."

„Jawohl, Herr Major."

Sie ließen sich zurück zum Stab bringen. Bisher hatte Hauptmann Schmidt das Ortskommando innegehabt. Als ranghöchster Offizier übernahm jetzt Wedigo die Funktion. Bis zum Nachmittag war er mit Organisatorischem beschäftigt. Sicherung des Brandortes, Feststellen der Verluste, Zuweisung der Aufgaben an den Ersatz für die Ausgefallenen und mehr. Gegen drei Uhr gelang es ihm, von Bock zu erreichen, den er über das Geschehen und seine ergriffenen Maßnahmen informierte. Der Oberstleutnant zeigte sich mit Wedigos Vorgehen zufrieden. Er wies noch darauf hin, dass gegenüber der Presse strikte Zurückhaltung gelte.

„Sie halten bis auf Weiteres die Stellung, ich werde versuchen, morgen Mittag in Schneidemühl zu sein. Gute Arbeit, Herr Major!"

Erst gegen vier konnte Wedigo die verrußte Kampfuniform ablegen und duschen. Keine Viertelstunde später wurde er wieder im Stab benötigt.

Unerwarteter Besuch war erschienen: Colonel Bariéty mit einem Team der Commission militaire interalliée kam zur überraschenden Inspektion. Sie befanden sich am Tor vor der Wache, wo sie auf den Einlass warteten.

Wedigo merkte, wie in ihm der Ärger wuchs. Dem ersten Bericht nach schien es denkbar, dass die verheerende Explosion aufgrund von Sabotage stattgefunden hatte. Gewisse Funde wie Zündholzschachteln mit Aufdrucken in slawischer Sprache wiesen auf polnische Insurgenten hin. Wenn dies zutraf, war zu vermuten, dass Frankreich als Geldgeber dahintersteckte. Erst gestern hatte er den Colonel im Gespräch mit einem Verdächtigen gesehen. Und heute besaß der Franzose die Unverfrorenheit, hier zur angeblichen Kontrolle aufzutauchen. Es schien ihm eher, als wolle der Mann das Ergebnis einer versteckten Attacke in Augenschein nehmen. Musste er ihm Zutritt gewähren? Kurz entschlossen rief Wedigo in Berlin Nicolai an. Mochte der Franzose warten.

„Ein Colonel Bariéty verlangt Zutritt? Den Namen kenne ich, er war ein Mitarbeiter von Georges Ladoux."

„Dem Nachrichtenoffizier vom Deuxieme Bureau?"

„Genau, ein scharfer Hund und Deutschenhasser."

Nicolai überlegte.

„Sie hatten im Munitionsdepot eine Explosion? Sozusagen eine Brandkatastrophe? Da gäbe es eine Lösung ..."

Ein wenig später hängte Wedigo ein und überflog die Notizen, die er sich gemacht hatte. Er riss das Blatt vom Block und steckte es ein. Es klopfte. Es war Schneidmann.

„Was sagt der Oberst?", wollte er wissen.

„Da gibt es offenbar einen Paragrafen, der ihrer Spionage für den Augenblick wenigstens Einhalt gebietet. Verständige die Wache, ich komme persönlich zum Tor. Bis dahin weiterhin kein Zutritt für die Franzosen. Die sollen aussteigen und warten. Der Wagen wird solange kontrolliert!"

Er ließ sich zum Eingang fahren. Dort am Tor stand ein Wachtrupp und vor diesem befanden sich Colonel Bariéty und drei weitere Personen. Ihr Wagen wurde durchsucht und die Gruppe war sichtlich erregt.

„Wie kommen Ihre Leute dazu, uns den Zugang zu verwehren? Und zu fordern, dass wir aussteigen und dass sie unseren Wagen durchsuchen? Wir sind eine alliierte Kommission, für uns gilt diplomatisches Recht und

166

wir haben jederzeit zu allen militärischen Einrichtungen ungehinderten Zutritt!"

Jetzt erkannte er Wedigo und ein höhnisches Grinsen trat auf sein Gesicht.

„Ah, ich sehe, Sie sind der, der sich neulich weigerte, mir seinen Namen zu nennen und sich dann absetzte. Habe ich Sie doch gestellt. Ihre Weigerung wird Folgen haben. Und jetzt lassen Sie uns sofort in die Kaserne einfahren, das ist ein Befehl!"

„Da es heute zu einem Sabotageakt gekommen ist, besteht höchste Alarmstufe und unter Umständen könnte im Fahrzeug eine Bombe versteckt sein", erwiderte Wedigo ruhig. „Im Übrigen basiert Ihr Kontrollbesuch auf dem Artikel 177 des Versailler Vertrags. Sicher ist Ihnen auch der Passus des Reichs-Entwaffnungsgesetzes vom 7. August 1920 bekannt, in dem es heißt, ‚bei Katastrophenfällen steht es den örtlichen Kommandanten von Militäreinrichtungen inklusive schwimmender Einheiten frei, den Zutritt nichtdeutscher Militärpersonen restriktiv zu behandeln.‘ Diese Regelung wende ich aufgrund der heutigen Brandkatastrophe an, Colonel. Im Übrigen weise ich Sie daraufhin, dass ich mich als Offizier nicht beleidigen lasse. Wer dies versucht, wird von mir gefordert. Also: Heute besteht für Sie und Ihre Kommission keine Zugangsmöglichkeit. Und jetzt steigen Sie mit Ihren Leuten ein und fahren Sie ab, ehe ich Sie wegen Widerstands festsetze!"

„Eine Unverschämtheit! Sie vergessen wohl, wer den Krieg gewonnen hat!"

„Die amerikanischen Banken", sagte Wedigo. „Wache, Gewehre in Anschlag", kommandierte er dann in aller Ruhe und zog seine eigene Waffe. „Bei drei. Ich zähle: eins, zwei …"

„Das hat ein Nachspiel", stieß der Colonel wütend hervor. Er stieg mit seinen Begleitern rasch in ihr Automobil. Sie wendeten und fuhren davon.

„Gewehre auf, Wache zurücktreten!"

Die Soldaten schulterten ihre Waffen und machten kehrt.

„Wachhabender, übernehmen Sie!"

Der Offizier vom Wachdienst, ein junger Leutnant, der das Geschehen mit großen Augen verfolgt hatte, nahm Haltung ein.

„Jawohl, Herr Major!"

Er wandte sich der Wachmannschaft zu.

„Soldaten, stillgestanden. Ein dreifaches Hurra dem Herrn Major!", befahl er zu Wedigos Überraschung.

Aus dreißig Kehlen erscholl es begeistert: „Hurra, Hurra, Hurra!"

Den nächsten Morgen und Vormittag verbrachte Wedigo mit weiteren organisatorischen Dingen. Schneidmann besuchte das Krankenhaus, um nach den verletzten Soldaten zu schauen. Es ging ihnen den Umständen entsprechend, Hauptmann Schmidt war allerdings noch nicht ansprechbar.

Am Mittag traf Oberstleutnant von Bock ein. Er ließ sich berichten, was passiert war. Die Konfrontation mit dem Franzosen gefiel ihm gar nicht.

„Das ist die Eskalation, die ich befürchtet habe. Wohlgemerkt, ich werfe Ihnen nichts vor, Herr Major. Aber wir können davon ausgehen, dass früher oder später eine Reaktion erfolgen wird."

Das Läuten des Telefons unterbrach ihn.

„Von Bock … Herr Oberst … Sie erwarten eine Antwort … wir auch … verstehe, das wäre eine Lösung. Selbstverständlich …"

Er streckte Wedigo den Hörer hin.

„Oberst Nicolai will Sie sprechen."

„Herr Oberst?"

„Hören Sie, Herr von Wedel. Es ist gut, dass Sie Bariéty losgeworden sind. Aber machen wir uns nichts vor, der Kerl wird versuchen, Ihnen jede Menge Schwierigkeiten zu bereiten."

„Ich werde mich zu wehren wissen."

„Daran habe ich keinen Zweifel. Nur, Ihr Auftrag war ein anderer. Jetzt sind Sie zu exponiert, Ihre Tarnung ist faktisch aufgeflogen."

„Was schlagen Sie vor, Herr Oberst?"

„Sie und Schneidmann sollten die Wehrübung abbrechen. Am besten, Sie kehren sofort nach Berlin zurück."

„Gibt es für eine heutige Abreise eine zwingende Notwendigkeit?"

„Nein."

„Dann halte ich eine Rückkehr am Wochenende für besser. Wir haben noch einen Kontakt zu überprüfen."

„Einverstanden, aber Ihr Militärdienst endet zur Sicherheit bereits am Freitag. Ich will Sie aus der Schusslinie haben. Jetzt geben Sie mir wieder von Bock."

Wedigo reichte den Hörer wieder dem Kommandeur. Nach einem kurzen Austausch endete das Gespräch.

„Oberst Nicolai wird im Ministerium die vorzeitige Beendigung Ihrer Wehrübung in die Wege leiten, was er Ihnen bereits mitgeteilt hat. Ich bin, ehrlich gesagt, darüber erleichtert, Herr Major. Sie wissen, was ich meine. Jedenfalls können Sie und Leutnant Schneidmann noch heute nach Kolberg zurückkehren. Kennen Sie den Oberst eigentlich gut? Sie schienen mit ihm sehr vertraut zu sein."

„Der gemeinsame Einsatz im Krieg und in der Revolutionsphase hat uns verbunden", sagte Wedigo kurz.

„Verstehe. Dann lassen Sie sich nicht aufhalten. Ich habe hier noch zu tun und werde Sie nicht im Kreise der Offiziere verabschieden können. Daher wünsche ich hier und jetzt alles Gute und viel Erfolg bei Ihren Nachforschungen."

„Danke, Herr Oberstleutnant; ich hätte eine Bitte. Sollte es Hauptmann Schmidt wieder bessergehen, erlauben Sie, dass er mir noch eine Mitteilung zukommen lässt. Er wollte mich gerade unterrichten, als der Alarm losging. Eventuell könnte es etwas Wichtiges gewesen sein."

„Selbstverständlich, Herr von Wedel!"

Von Bock erhob sich und reichte Wedigo die Hand.

„Alles Gute, Herr Kamerad in Ihrem Kampf!"

Schneidmann hatte draußen gewartet.

„Wir fahren zurück nach Kolberg und werden dort morgen mit Dienstschluss unsere Übung beenden. Später Genaueres."

„Gut, ich besorge einen Wagen."

Schneidmann gab dem Kompaniefeldwebel entsprechende Anweisungen. Dann packten sie und ließen ihre Koffer durch einen Gefreiten in ein bereitgestelltes Automobil verladen. Gegen zwei Uhr verließen sie Schneidemühl.

Während der Fahrt gab Wedigo einen Abriss des Gesprächs mit Nicolai und dem Kommandeur.

„Eine richtige Entscheidung", schloss er. „Wir haben am Freitagabend noch die Möglichkeit, den Mann von der Kolberger Heimwehr zu treffen und können uns am Wochenende um die Damen kümmern."

„Sehe ich genauso; übrigens eine noble Geste vom Kommandeur, der Abschied per Handschlag."

„Ein fähiger Mann, ich denke, er wird es noch weit bringen."

Nach ihrer Ankunft in Kolberg zogen sie sich in Zivil um und ließen sich zum Strandhotel fahren, wo Wedigo die von den Damen bestellten Zimmer reservierte und für sie selbst ab Freitagabend buchte. Abends aßen beide im Kasino.

Am Freitagmorgen erledigten sie die notwendigen militärischen Dinge wie den obligatorischen Papierkram. Beim Mittagessen verabschiedeten sie sich von den anwesenden Offizieren und wollten sich gerade zum Hotel bringen lassen, da wurde Wedigo ein Anruf gemeldet. Es war Hauptmann Schmidt, der noch ziemlich angeschlagen war, aber sein Versprechen, ihn zu informieren, unbedingt einlösen wollte.

„Herr Major, Schmidt. Ich danke Ihnen für Ihre Hilfe. Ich habe Zeit zum Nachdenken gehabt. Ganz ehrlich, die Heimatwehren hier sind von einfacher militärischer Qualität und politisch harmlos. Sie sollten nach Stettin fahren und dort versuchen, mit einem gewissen Otto Peltzer in Kontakt zu treten. Ein Lehrer und Sportler …"

Mehr wusste Schmidt nicht zu sagen, in Stettin, dabei blieb er, würde der Herr Major sicher fündig werden.

Schneidmann war skeptisch.

„Der Name Peltzer ist mir bekannt. Vor zwei Jahren wurde er bei den Deutschen Leichtathletik-Meisterschaften in Duisburg Deutscher Meister im 1500-Meter-Lauf. Und letztes Jahr war Peltzer bei den Göteborg-Spielen dabei. Was soll der wissen?"

„Wir werden sehen. Jetzt beziehen wir unser Hotelzimmer und dann geht es zum Treffen mit diesem Adamsky."

Gegen 17 Uhr fuhren beide ins Restaurant Maikuhle. Von Adamsky war nichts zu sehen, also bestellten sie das Abendmenu. Während sie aßen, besprachen die Männer das weitere Vorgehen.

„Vielleicht sollten wir zunächst das bisherige Geschehen festhalten, ich verliere langsam den Überblick."

Die Bedienung brachte Papier und einen Stift, Schneidmann übernahm das Schreiben.

Nacht zum 3. März Einbruch im Hotelzimmer von W.s

3. März Angebliche Entführung Ursulas von Bock

3. März Ermordung Veronikas von Reichenbach (Feme?/Moirot? Verwechslung?) Rune, Bedeutung?

4. März Anschlag am Schlachtensee

4. März Ermordung des Journalisten Fritz Emil Cohn (Feme?/Moirot?) Rune, Bedeutung?

5. März Eindringling in Cohns Wohnung

12. März Doppelter Anschlag während der Jagd in Küstrin auf WvW

13. März Entführung Nicolais durch Henri de Moirot (?)

14. März Befreiung Nicolais

29. März Ermordung Moirots, erneuter Mordversuch beim Hausbrand Schillerstraße

2. April Kontakt Fleck Kolberg

2. April Erstes Zusammentreffen mit Colonel Bariéty/Kontakt Adamsky

8. April Mord an Unteroffizier Richter/Bariéty dabei (Schneidemühl)

9. April Kontakt Hauptmann Schmidt

9. April Wahrscheinlicher Anschlag auf Munitionslager Schneidemühl (Polen?)

9. April Erneutes Zusammentreffen mit Bariéty

11. April Telefonkontakt Hauptmann Schmidt, Hinweis auf Otto Peltzer

11. April geplantes Treffen mit Adamsky

„Das ist wirklich einiges geschehen", sagte Schneidmann. „Mehrere Morde, Anschläge, dazu Hinweise und Indizien aller Art. Und dennoch, wir tappen nach wie vor im Dunklen."

„Vielleicht erhellt Herr Adamsky uns."

„Oder in Stettin dieser Otto Peltzer."

Zehn Minuten später trat ein Mann in das Lokal und sah sich forschend um. Dem Anschein nach war es Bruno Adamsky, der Mann, mit dem sie verabredet waren. Natürlich trug er jetzt keinen Kellnerfrack, dafür eine eher einfache Garderobe. Er war von mittlerem Wuchs und hatte eine leicht schiefe Körperhaltung. Adamsky blickte in ihre Richtung, erkannte sie und kam rasch an ihren Tisch. Der Mann bewegte sich flink und lebendig, wobei er beim Gehen die linke Schulter etwas hochzog. Sein Gesicht zeigte unregelmäßige Konturen. Auffällig waren die sehr blauen Augen und der lebhafte Blick.

„Herr von Wedel, Herr Leutnant, ich danke Ihnen, dass Sie gekommen sind."

„Das Vergnügen ist auf unserer Seite. Nehmen Sie bitte Platz. Was darf ich Ihnen bestellen?"

„Ich nehme ein Bier."

Auch Wedigo und Schneidmann bestellten ein Bier. Bis die Getränke kamen, unterhielten sie sich über Belangloses. Als die Krüge vor ihnen standen, kam endlich das eigentliche Thema zur Sprache, weswegen die Männer zusammengekommen waren.

„Herr Adamsky, Sie haben das Treffen vorgeschlagen. Was erwarten Sie von uns?"

„Wie ich aus sicherer Quelle weiß, sind Sie mit Nachforschungen zur Schwarzen Reichswehr beauftragt."

Wedigos Haltung musste Überraschung verdeutlichen, denn Adamsky fühlte sich zu einer Erklärung bemüßigt.

„Sie müssen mich nicht aufgrund meiner Kellnertätigkeit vorschnell in eine subalterne Kategorie stecken, Herr Major. Gehen Sie einfach davon aus, dass ich weiß, worum es geht."

„Das mag sein und Ihre Sprache, Herr Adamsky, sagt mehr über Sie aus als Ihr abgetragener Kellnerfrack. Dennoch bin ich erstaunt und auch misstrauisch. Normalerweise dürften Sie bestimmte Fakten nicht wissen. Woher beziehen Sie Ihre Kenntnisse?"

„Vielleicht sollte ich Ihnen erst einmal ein Eindruck der hiesigen Verhältnisse geben?"

„Wenn Sie sicher sind, dass Sie uns vertrauen können."

„Ich habe erlebt, wie Sie den Franzosen Paroli geboten haben. Das hat mich überzeugt."

„Und Sie haben uns in der Situation zu helfen gewusst."

„Berichten Sie einfach", schaltete sich Schneidmann ein. „Dann wird sicher das eine oder andere klarer werden."

„Gut", sagte Adamsky, „ich berichte. Vorab: Wir haben in allen Standorten des 4. preußischen Infanterie-Regiments Verbindungsleute, die den Aufbau unserer Wehren ausbildungsmäßig begleiten und auch sonst unterstützen. Nahezu alles, was aus Berlin an Nachrichten, Aufträgen und sonstigen Informationen an den hiesigen Stab geschickt wird, gelangt in kürzester Zeit auch an uns. Keine Sorge, die Kommandoführer unserer Wehr sind alle kriegsgediente Patrioten, die mit ihrem Wissen verantwortungsvoll umgehen. Verräter allerdings würden der Feme verfallen – wir hatten zum Glück noch keinen solchen Fall."

„Sie wissen, welche Verbrechen mittlerweile mit dem Femebegriff in Verbindung gebracht werden?"

„Sie meinen die Aktivitäten der Organisation Consul. Mit der Gruppierung haben wir nichts zu tun. Unsere Aufgabe ist der Schutz der hiesigen deutschen Grenzregion gegen polnische Sabotage und Eindringversuche. Naturgemäß ist der Kampf gegen die französischen Unterstützer der Insurgenten ebenfalls ein Teil unserer Aufgaben. In aller Vorsicht, denn der Franzmann sitzt derzeit am längeren Hebel."

„Wie halten Sie es mit Leuten wie Ludendorff und Hitler?"

„Der sogenannte Herr Lindström, alias Ludendorff, der sich mit einem finnischen Diplomatenpass über Dänemark nach Schweden absetzte, ist in unseren Augen ein Versager und verantwortungsloser Mensch. Und was Hitler betrifft: Wir haben es hier nicht so mit Österreichern, wir sind Preußen."

„Vorgestern wurde in Schneidemühl ein Unteroffizier Richter getötet. Der Mann befand sich im vertraulichen Gespräch mit dem französischen Colonel, den wir drei kennen. Haben Ihre Leute mit dessen Tod zu tun?"

„Ich weiß von keinem Unteroffizier Richter in unseren Reihen. Der Mann mag ein Verräter gewesen sein, allerdings nicht in unserer Angelegenheit."

„Welche Aktionen gehen aktuell auf das Konto der Polen?"

„Wojciech Korfanty, der schon in Oberschlesien die polnischen Aufstände initiierte und höchstwahrscheinlich für die Ermordung Theofil Kupkas vom Bund der Oberschlesier verantwortlich zeichnet, hatte verschiedene Gruppen der Bojówka Polska unter der Führung der Herren Myrcik und Jendrzej im Bezirk im Einsatz. Kleinere Sabotagen, mal sind es Strommasten oder ein Verteiler, mal ist ein Wasserspeicher das Ziel. Es gab auch schon Überfälle auf Fahrzeuge und abgelegene Höfe."

„Aber keine militärischen Konfrontationen wie in Oberschlesien?"

„Das nicht."

„Gibt es konkrete Hinweise für eine Verbindung der Franzosen zu den hiesigen Bojówka Polska?"

„In Kolberg und Stettin wurde mehrfach der französische General Le Rond gesehen, der bereits Wojciech Korfantys Schlesischen Aufstand mit Waffen und Geldern unterstützte. Es wird vermutet, dass er hier Ähnliches vorbereitet."

Adamsky blickte auf seine Uhr.

„Wenn Sie wollen, meine Herren, bringe ich Sie zu einer Versammlung in der Redoute Schill, die in einer Viertelstunde beginnt."

Sie fuhren mit dem Automobil über den Vogelsang zur Redoute.

„Herr Adamsky, Sie entschuldigen die Frage, Sie sind kein Kellner, oder?"

„Herr Major, nach dem Krieg musste ich sehen, wo ich bleibe. Aufgrund einer Verwundung", er wies auf die Schulter, „entfiel der Waffendienst. So

174

wurde ich Kellner. Auch als Oberleutnant muss man leben, zumal wenn man Familie hat."

Schneidmann nickte mitfühlend.

„So ist es vielen Kameraden gegangen."

In der Redoute herrschte reges Treiben. Gut sechzig Männer in Feldgrau übten unter der Aufsicht eines Älteren an verschiedenen Waffen, vor allem Gewehren und Pistolen. Sie wurden auf Zeit auseinandergenommen und wieder zusammengesetzt. Dann marschierten sie unter Leitung eines Unteroffiziers der Reichswehr zu einer Schießübung auf dem Schweineanger. Alles wirkte harmlos, genauso als ob Erwachsene Soldat spielten. Der Ältere, der die Übung zu leiten schien, wandte sich ihnen zu.

„Feldwebelleutnant Schulz", stellte er sich vor. „Sie sind die Offiziere, die dem französischen Colonel Paroli geboten haben?"

„Korrekt", bestätigte Wedigo. „Dem Herrn wurden Grenzen aufgezeigt."

„Auch in Schneidemühl, wie ich hörte", sagte Schulz. „Darf ich fragen, wo Sie im Krieg eingesetzt waren, Herr Major?"

Wedigo lachte. „Wenn das heute noch eine Rolle spielt. Kamerad Schneidmann und ich kämpften vor Verdun. Und wir waren im verdeckten Einsatz in England und Russland. Gegenfrage, wieso wissen Sie bereits von den Geschehnissen in Schneidemühl, Herr Feldwebelleutnant?"

„Manches spricht sich schnell herum, Herr Major. Ich habe mich auch erkundigt. Denn als ich Ihren Namen und Potsdamer Garde-Regiment hörte, dachte ich zuerst an Etappe und Stabsverwendung. Sie entschuldigen."

„Mein lieber Schulz, es gibt und gab in der Truppe solche und solche, das dürfte Ihnen als echter Soldat bekannt sein. Aber jetzt erlauben Sie mir einige Fragen zur hiesigen Heimwehr. Mir ist nicht klar, wer sie gegründet hat, wer die Leute führt und vor allem, wer das Ganze finanziert."

„Wir sind eine Gruppe heimattreuer Bürger, die zum großen Teil im Krieg waren und unsere Provinz vor weiteren polnischen Raubzügen schützen wollen. Auch vor den Roten, wie es sie in Berlin zuhauf gibt. Die hiesigen Geschäftsleute unterstützen uns und auch in der Reichswehr gibt es aktive Unterstützer. Wir haben aber nichts mit Leuten wie Kapp oder Hitler zu tun. Und mit Franzosen und Polacken schon gar nicht."

Wedigo stellte weitere Fragen, doch im Großen und Ganzen bestätigte sich der erste Eindruck der Freude am Soldatenspiel. Von einer groß angelegten Verschwörung war wirklich nichts zu entdecken. Dennoch, es musste für die ganzen Ereignisse eine Erklärung geben, nur war die nicht hier zu finden. Vielleicht in Stettin, vielleicht auch nicht. Sie bedankten sich bei Schulz und bei Adamsky und luden beide zu einem Bier ein. Beide lehnten jedoch ab, da der Abend gänzlich für die Übungen verplant war. So verabschiedeten sich Wedigo und Schneidmann und kehrten ins Strandhotel zurück.

Am Samstagmorgen gegen halb elf erschienen Melissa und Elisa im grünen Frosch. Frisch und hübsch stiegen die Damen aus dem Auto. Wedigo merkte, wie sehr er Melissa vermisst hatte. Die Zimmer wurden bezogen und dann machten sie sich zu einem Strandgang in der warmen Sonne auf.

„Wo hast du Carlos gelassen?", fragte Wedigo.

„Der ist bei Tante Nadja und spielt mit seinem neuen Freund Fritz. Die beiden sind unzertrennlich."

„Fritz Brandowski, der Sohn des Lastkraftwagenfahrers?"

„Warum nicht? Ein höflicher, sehr gut erzogener Knabe. Hast du etwa Standesdünkel?"

„Nein, ich frage nur. Und wenn wir beim Fragen sind. Was ist mit unserem Gutserwerb? Ist beim Notar alles gut verlaufen?"

„Nein, einer aus der Erbengemeinschaft ist mit der Verkaufssumme unzufrieden und hat den Termin platzen lassen."

„Um welche Preisvorstellung geht es denn?"

„Um ein Plus von 500.000 Mark."

„Das ist happig."

„Das sehe ich genauso und ich bin mir auch gar nicht mehr sicher, ob das mit dem Landleben ein so guter Einfall ist. Elisa sieht das ähnlich."

„Berlin ist eben trotz aller Macken Berlin", bestätigte diese.

„Und jetzt?", fragte Wedigo überrascht.

„Oh, wir haben einige neue Ideen", erwiderte Melissa fröhlich. „Beim Essen mehr."

Aufgrund des schönen Wetters nahmen die vier ihr Mittagsmahl auf der Sonnenterrasse des Hotels ein. Der Seefisch war fangfrisch und die dazu gereichten Kräuterkartoffeln und Brechbohnen rundeten den Geschmack angenehm ab.

„Was haben eure hiesigen Nachforschungen ergeben?", fragte Elisa.

„Einiges, aber im eigentlichen Sinne wenig", antwortete ihr Mann. Kurz berichteten beide Herren, was sich in den letzten zehn Tagen ereignet hatte und zu welchen Schlussfolgerungen sie gekommen waren.

„Das heißt, eure Reise in die tiefste Provinz erbrachte – bis auf den vagen Hinweis auf diesen Otto Peltzer – kein brauchbares Ergebnis", stellte Melissa nüchtern fest.

„Nicht ganz", widersprach Wedigo. „Immerhin wissen wir, dass die hiesigen Heimwehren relativ harmlos sind und ansonsten die Franzosen ihre Finger mit im Spiel haben."

„Du meinst wegen des Mordes an diesem Unteroffizier Richter? Was haben die Franzosen damit zu tun? Durch die Tötung ihres Informanten hat Colonel Bariéty nichts gewonnen, im Gegenteil."

„Eine Zeugin nennt eine Frau als Täterin", sagte Elisa. „Das scheint sich eher um ein Beziehungstat zu handeln. Im Übrigen glaube ich, dass wir es mit zwei verschiedenen Tätergruppen zu tun haben. Zum einen die Franzosen, die als Stimmungsmacher agieren. Zum anderen eine radikale Korporation wie eben die Organisation Consul."

„Das klingt alles ziemlich plausibel", bestätigte Wedigo. „Vor allem die Beziehungstat scheint eine passende Erklärung für den Mord in Schneidemühl zu sein. Ansonsten denke ich, wir halten uns an diesen Sportler. Stettin liegt auf dem Weg. Es sollte mich allerdings wundern, wenn die Spuren nicht wieder nach Berlin führen."

Der Nachtisch kam und Melissa erläuterte ihre neuen Anlageideen.

„Die Begegnung mit der Familie Brandowski zeigte uns, wie prekär die Wohnungslage in Berlin ist. Der Zustand der Mietshäuser ist miserabel. Warum sich nicht sozial engagieren und in einen preiswerten Wohnungsbau investieren? Tante Nadja erzählte, dass auf dem Gebiet des ehemaligen Rittergutes Britz eine Siedlung mit etwa 2000 Wohnungen entstehen soll. Der verantwortliche Architekt und Stadtplaner Bruno Taut plant bereits die erste Hälfte der Großsiedlung in Hufeisenform. Sein Partner ist Stadtbaurat Wagner und beide sind Anhänger des Neuen Bauens."

„Das klingt nach einem großen Wurf."

„Das wird der Bau sicher. Das gut 350 Meter lange, aus mehreren gleichartigen Modulen hufeisenförmig angelegte zentrale Gebäude umschließt eine Grünanlage mit einem Teich. Rund um das Hufeisen sollen sich in einer späteren Phase mehrere auf das Zentrum bezogene Straßenzüge in Zeilenbauweise gruppieren. Dazu wird mit Farbe gearbeitet: die Fassade selbst ist durch hervorspringende, farblich abgesetzte und mit einem vertikalen Band quadratisch geschnittener Fensternischen gegliedert und die Eingänge betont ein kräftiges Blau."

„Und innen gibt es für jede Wohnung ein Bad mit eigener Toilette sowie eine Küche", fügte Elisa hinzu.

„Wir würden als anonyme Investoren einsteigen und damit eine gewisse Anzahl von Wohneinheiten erwerben, mit der Verpflichtung, diese sozial verträglich zu vermieten."

„Eine eindrückliche Idee", meinte Wedigo. „Immobilien sind immer eine gute Anlage. Vielleicht sollten wir uns aber nicht nur auf dieses Projekt festlegen, sondern das eingesetzte Kapital breiter streuen."

„In den gestrigen Immobilienanzeigen des Berliner Tageblatts gab es einige verlockende Angebote", erzählte Melissa. „Eine Villa am Starnberger See für 125.000 Goldmark, eine Schokoladenfabrik in Süddeutschland für 30.000 Dollar, am Nollendorfplatz ein Mietshaus für 50.000 Goldmark und eine Villa im Westend."

„Carlos wäre sicher für die Schokoladenfabrik", meinte Wedigo. „Jedenfalls gibt es eine größere Auswahl."

Das Gespräch wandte sich anderen Themen zu. Die Damen wollten in der nächsten Woche unbedingt ins Theater. Am kommendem Dienstag sollte in der Komischen Oper ‚Die tanzende Prinzessin' uraufgeführt werden und Melissa hatte Karten besorgt.

„Mit Grete Freund", schwärmte Elisa. „Sie ist mit dem Schauspieler und Regisseur Felix Basch verheiratet und tritt meist am Theater am Nollendorfplatz auf. Ich habe sogar eine Grammophonplatte von ihr."

„Am Nollendorfplatz spielt aktuell Fritzi Massary", warf Melissa ein, „du erinnerst dich noch, Wedigo, vor dem Krieg im Metropol?"

Und ob er sich an die verrückte Zeit erinnerte, als sie sich im Jahre 13 erstmals begegnet waren. Und wie Melissa ihm damals den Kopf verdreht hatte …

„Ihr Partner ist Hans Albers, dieser Hamburger", sagte Elisa.

„Wollt ihr jetzt die ganze Berliner Klatschpresse durchhecheln?", fragte Schneidmann, der für diese Dinge wenig übrighatte. „Die aktuelle Tagespolitik interessiert mich mehr."

„Da geht es nur um den Dawes-Bericht und die Haltung Frankreichs zum Inhalt", informierte Melissa. „Ach ja, Hugo Stinnes ist vorgestern verstorben. Er wurde nur 54 Jahre alt."

„Gegen den Tod hilft auch das größte Vermögen nicht", schloss Schneidmann das Thema ab.

Am Sonntag fuhren die Damen im Frosch mit dem gesamten Gepäck zurück nach Berlin. Die Herren nahmen den Zug von Kolberg über Treptow an der Rega, Naugard und Gollnow in Richtung Stettin. In Treptow kam ein jüngerer Herr ins Abteil und grüßte freundlich. Man kam ins Gespräch. Der Herr war Ingenieur und Fachmann für landwirtschaftliche Großmaschinen. Als solcher hatte er ein Gut in Neuhof bei Treptow besucht. In der Gegend, erzählte er, hätten vor dem Krieg seine Großeltern selbst einen Bauernhof gehabt. Er habe in Neuhof einige Wartungsarbeiten erledigt sowie eine neue amerikanische Dreschmaschine in Auftrag genommen.

„Das dürfte einige Monate dauern, bis die Amerikaner liefern und die Kosten sind gewaltig. Die Provision ist entsprechend", freute sich der

Mann. „Das kommt mir als Familienvater mit zwei Söhnen ganz gelegen. Sie wollen nach Stettin?"

„Wir sind auf der Suche nach einem gewissen Otto Peltzer."

„Den Namen kenne ich, ein Mannschaftskollege im SC Preußen Stettin. Pommernmeister 1920."

„Waren Sie mit ihm befreundet?"

„Nein, ehrlich gesagt, ich mochte ihn nicht. Er hatte irgendwie etwas Klebriges an sich. Ich weiß nur, dass Otto in den Vulcan Werken arbeitete. Aber das war wohl nichts für ihn und er ging zum Studium nach Berlin."

„Er lebt nicht mehr in Stettin?"

„Nicht, dass ich wüsste. Zur Deutschen Meisterschaft wird er sicher kommen, um seine Titel im 800- und 1500-Meter-Lauf zu verteidigen."

„Dann wäre es vergeblich, ihn in Stettin zu suchen."

„Wenn es um den Krieg geht, ist Stettin möglicherweise doch richtig."

„Wie kommen Sie darauf, dass es uns um den Krieg gehen könnte?", fragte Wedigo überrascht.

„Nun, die Herren haben etwas ungemein Militärisches an sich. Ich habe dafür ein Gefühl, war selbst an der Balkanfront im Einsatz, bei Skopje."

„Und was haben Peltzer, Stettin und der Krieg gemeinsam?"

„Otto Peltzer ist zwei Jahre jünger als ich. Er hätte als Schüler seinen Einsatz vermeiden können, trat aber im Sommer 1918 in Stettin als Kriegsfreiwilliger und Fahnenjunker in das Pommersche Grenadier-Regiment ein. Das Abitur legte Otto dann an der Bismarck-Oberrealschule ab. Vielleicht erfahren Sie dort etwas über ihn, wonach Sie auch immer Ausschau halten."

Eben fuhr der Zug in Stettin ein. Am Bahnhof erwartete den Ingenieur eine hübsche junge Frau mit Kinderwagen und einem etwa zweijährigen Knaben an der Hand.

„Meine Martha mit Fritz und Hans holen mich ab", rief der Mann erfreut. „Auf Wiedersehen, meine Herren. Viel Erfolg bei Ihrer Suche!"

Zwei Stunden später saßen Wedigo und Schneidmann in der Nachmittagssonne auf einer der Bänke der Hakenterrasse und blickten auf die

ruhig fließende Oder hinab. Um sie herum wimmelte es von sonntägli-
chen Spaziergängern, hauptsächlich junge Familien mit Kindern. Kleine
Mädchen mit blonden Zöpfen vollführten waghalsige Rollschuhmanöver.
Einige ältere Herrschaften belächelten die wilde Jugend und die Welt im
Allgemeinen.

„Dass die Schule heute am Sonntag geschlossen ist, hätten wir bedenken sollen", sagte Schneidmann, „zumal aktuell Osterferien sind."

„Das Regiment wurde aufgelöst, wir werden wahrscheinlich in Berlin
mehr über seine militärischen Angehörigen im Jahre 18 erfahren als hier.
Eine schöne Stadt, wie wir gesehen haben, und es ist einiges los. Aber
länger hier zu bleiben führt uns nicht weiter. Fahren wir nach Berlin
zurück."

Die Männer liefen durch die Grabower Anlagen und die Birkenallee
zur Pölitzer Straße. Von dort brachte sie die Linie 3 zum Bahnhof. Eine
Stunde später fuhr ein Zug nach Berlin ab, wo sie kurz nach sechs anka-
men.

Am Montagmorgen rief Oberst Nicolai an und bat Wedigo, am Mittag
in sein neues Büro im Reichswehrgebäude zu kommen und zu berichten,
was es an Neuem gäbe. Wedigo gab eine ausführliche Darstellung der Ereignisse in Kolberg und Schneidemühl.

„Jetzt stecken wir wohl fest", endete er. „Alle Spuren, die bisher verfolgt
wurden, führten ins Nichts."

„Nicht ganz", widersprach Nicolai. „Sie konnten aufdecken, dass die
Franzosen sich in der Tat bemühen, Einfluss auf die geheimen Wehrver-
bände zu nehmen. Dies, indem sie Mittelsmänner bei der Reichswehr zu
gewinnen versuchen. Der Fall des ermordeten Unteroffiziers beweist es.
Ich habe übrigens heute früh in Schneidemühl angerufen. Es handelt sich
um ein Eifersuchtsdrama. Die ehemalige Verlobte hat den Mord inzwischen gestanden."

„Dann waren Elisa Schneidmanns Überlegungen absolut richtig."

„Stimmt, Sie hatten Ihre Damen mit im Einsatz."

Nicolai erlaubte sich ein Lächeln.

„Im Übrigen, dieser Otto Peltzer ist sicher eine Person, die wir genauer betrachten sollten. Leutnant Schneidmann hat mich schon telefonisch auf Ihre neue Spur hingewiesen. So konnte ich mir bereits die Akte kommen lassen. Otto Peltzer wurde am 8. März 1900 in Schleswig-Holsteinischen als Sohn des Gutsbesitzers Paul Peltzer geboren. Er hat einen Bruder und zwei Schwestern. In jungen Jahren erkrankte er an Kinderlähmung. Zeitweise benötigte Peltzer sogar einen Rollstuhl. Das ist erstaunlich, da er derzeit einer der weltbesten Mittelstreckenläufer ist. Dass er 1918 als Kriegsfreiwilliger und Fahnenjunker in das Grenadier-Regiment König Friedrich Wilhelm IV. eintrat, wissen Sie bereits, aber nicht, dass die Ausbildung auf der Fähnrichsschule in Berlin erfolgte. Seit dem Wintersemester 20 studierte er erst in Jena, anschließend in München und zuletzt hier in Berlin Rechts- und Staatswissenschaft. Aktuell arbeitet der Mann an einer Dissertation zur Rassenhygiene. Offenbar ist Peltzer für die Anwendung der Eugenik und rät zu Zwangsmaßnahmen gegenüber Verbrechern und Geisteskranken, die zwangssterilisiert werden sollen. Dergleichen plädiert er dafür, Asoziale und schwer entartete Personen von der Gesellschaft zu trennen und in Arbeitskolonien zu verbringen."

„Ein radikales Programm."

„Genau, und über dieses ist er offenbar mit äußerst konservativen Kreisen in Kontakt geraten, die wiederum sich den Hitlerleuten verbunden fühlen und Verbindungen zu Mitgliedern eines Nachfolgevereins der Organisation Consul haben sollen."

„Also wäre das unser Mann?"

„Bedingt, als Vermittler bestimmt, ansonsten weniger. Er soll übrigens homosexuell sein."

„Unangenehm, aber seine Sache."

„Wie auch immer, Ihr neuer Auftrag lautet: Finden Sie einen Zugang zur neuen Consulnachfolgeorganisation. Eine Möglichkeit für diesen Kontakt könnte Peltzer bieten."

„Ist bekannt, wie die neue Gruppierung heißt?"

„Angeblich Gruppe Odin."

„Die Odalrune, die wir auf den Fememordzetteln fanden, steht für Odin!"

Am nächsten Vormittag begab sich Wedigo in den Lesesaal der juristischen Abteilung der Humboldtuniversität, wo Peltzer seinen Arbeitsplatz haben sollte. Melissa begleitete ihn, denn sie wollte unbedingt wissen, wie ein schwuler Mann aussah, der öffentlich mit ausgesprochen rechten Ansichten in Erscheinung trat. Wedigos Einwände, sein Aussehen wie auch die angebliche Homosexualität wären für ihre Recherchen irrelevant, tat sie mit einem kurzen, ‚sie sei anderer Meinung‘, ab. Wenigstens konnte Wedigo sie überzeugen, getrennt den Saal aufzusuchen. Eine kluge Entscheidung, dachte er, denn Melissas Charleston-Kleiderstil wirkte in diesem eher studentisch-asketischen Ambiente sehr exaltiert und zog die bebrillten Blicke der juristischen Kommilitonen magisch an. Im Windschatten dieser modischen Verunsicherung konnte er sich jedoch in aller Ruhe umsehen, ohne dass er ungewünschte Aufmerksamkeit erregt hätte. Wie gesagt, diese galt ausschließlich Melissa, was seine Frau fast zu genießen schien. Er entdeckte Otto Peltzer rasch. Dieser saß vor einem größeren Bücherstapel und war überraschenderweise nicht allein. An seinem Tisch lehnte eine junge Frau. Sie war ein sportlicher Typ, trug Hosen und das dunkelblonde Haar zu einem Kranz geflochten. Die Gesichtszüge konnten weder hübsch oder gar schön genannt werden, hatten aber durch ihre Klarheit etwas durchaus Apartes und Anziehendes. Die beiden schienen miteinander zu streiten, ohne dass es laut oder für die übrigen Lesesaalbesucher störend gewesen wäre. Worum es ging, war nicht zu verstehen. Wedigo näherte sich dem Tisch und blieb vor einem Regal gut zwei Meter links von Peltzers Platz stehen. Er zog ein Buch hervor und blätterte wie suchend in diesem.

„Ich bin nicht mehr bereit, dich bei diesen Dingen weiter zu unterstützen", stieß eben die junge Frau etwas lauter hervor. „Schau selbst, wie du mit dem Ganzen fertig wirst."

Sie stieß sich vom Tisch ab und schritt zum Ausgang. Peltzer starrte ihr nach. Wedigo schob das Buch zurück und zog ein anderes hervor.

„Ich verstehe Gerda nicht, ich verstehe die Frauen nicht", sagte der Student halb zu sich, halb zu Wedigo.

„Frauen kann man nicht verstehen", erwiderte dieser.

Peltzer sah ihn unverwandt an, als nehme er eben erst dessen Gegenwart wahr. Dann erhob er sich plötzlich und eilte ebenfalls zum Ausgang.

Wedigo blickte sich um, niemand befand sich in der Nähe, er nutzte die Chance und trat schnell an Peltzers Arbeitsplatz. Rasch prüfte er die dort liegenden Papiere und Notizen. Zumeist waren es juristische Anmerkungen oder Verweise auf die Fachliteratur. Daneben lagen Werke wie ‚Die Tüchtigkeit unserer Rasse und der Schutz der Schwachen' von Alfred Ploetz, die ‚Politisch-Anthropologische Revue' von Ludwig Woltmann und einige Abhandlungen von Karl Binding und Alfred Grotjahn. Ein Zettel passte nicht in die Sammlung. Auf ihn hatte jemand *M 20 Uhr* notiert. Wedigo merkte sich die Angabe und trat vom Tisch zur Seite hin weg und in den nächsten Regalgang. Keine halbe Minute später kehrte Peltzer mit rotem Gesicht zurück und setzte sich wieder an seinen Arbeitsplatz. Mehr würde heute nicht zu erreichen sein. Wedigo beschloss zu gehen und wandte sich dem Ausgang zu. Er schaute sich um, von Melissa war nichts zu sehen, sie schien bereits aufgebrochen zu sein. Er verließ ebenfalls die Bibliothek. Auch draußen keine Spur von Melissa, die gute Gattin bevorzugte offenbar ihre eigenen Wege. Er machte sich auf den Heimweg, erst Richtung Brandenburger Tor, bog dann links in die Friedrichsstraße und erneut nach links zum Gendarmenmarkt. Auf dem Platz vor einem Café nahe der Jägerstraße sah er Melissa. Mit ihr am Tisch saß die junge Frau, deren Streit mit Peltzer er beobachtet hatte. Melissa gab ihm ein unauffälliges Signal, sie nicht weiter zu beachten und er schritt ohne ein Wort vorüber.

Zu Hause begrüßte ihn Carlos, aber nur kurz, denn die Tante hatte ihm ein neues Feuerwehrauto mit ausfahrbarer Leiter geschenkt. Mit einem lauten Tatütata sauste der Sohn durch die Wohnung. Die Attraktivität des Wagens schlug die des Vaters um Längen.

Melissa erschien eine halbe Stunde später. Sie schwieg sich zunächst über die Begegnung mit der jungen Frau aus.

„Essen wir erst zu Mittag; wenn Carlos sich ausruht, erfährst du alles", beschied sie ihm kurz. Sie setzten sich zu Tisch. Heute gab es ein alltägliches Gericht, Buletten mit Kartoffel- und Krautsalat und Pflaumenkompott als Nachtisch. Erst als der Kleine schlief, erzählte Melissa, was sie erlebt und erfahren hatte.

„Ich sah, wie Gerda den Saal verließ und folgte ihr."

„Du kennst ihren Namen?"

„Natürlich, Gerda May, aber unterbrich mich nicht, sondern hör einfach erst einmal zu! Draußen vor dem Gebäude setzte sie sich auf eine Treppenstufe und begann zu schluchzen. Ich trat zu ihr, bot ihr ein Taschentuch und tröstete so gut es ging. Kurz, wir kamen ins Gespräch, spazierten zusammen ein Stück in der Sonne und tranken schließlich einen Kaffee in dem Café, wo du uns gesehen hast. Gerda May ist die Verlobte Peltzers – soweit die angebliche Homosexualität. Die beiden streiten ständig über ihre Zukunft. Gerda studiert ebenfalls Jura und möchte Anwältin werden, was Otto Peltzer für unmöglich hält. Er will eine Familie haben mit Kindern und einer Frau, die ihn erwartet, wenn er von der Arbeit nach Hause kommt."

„Das Heimchen am Herd."

„Genau, aber der eigentliche Streitgrund ist, dass Gerda mit seinen Bekannten nicht einverstanden ist. Er verkehre in Kreisen, sagte sie, zu denen hauptsächlich Leute gehörten, deren Ansichten voller pauschaler Vorurteile und absonderlichen Vorstellungen seien. Zudem neigten sie zur nordischen Mystik, was Fräulein May als unzeitgemäß ablehnt."

„Hat sie gesagt, wo er diese Leute trifft?"

„In einer Kneipe namens Metzer Eck."

„Das könnte die Nachricht erklären: *M 20 Uhr.*"

„Du meinst, M steht für den Namen des Lokals? Warum nicht für morgen oder Montag beziehungsweise Mittwoch?"

„Das wäre auch denkbar. Am besten ich gehe morgen Abend dorthin."

„Ob das klug ist? Es könnte doch sein, dass du dort erkannt wirst."

„Das könnte sein, aber wie sonst erfahren wir, wer dort verkehrt?"

„Als Frau kann ich mich dort auch nicht sehen lassen. Was ist mit Schneidmann?"

„Ich weiß nicht, vielleicht gehen wir in passender Verkleidung zusammen dorthin."

„In Verkleidung, was soll das sein? Im Indianerkostüm?"

„Wenn du nicht spotten kannst. Mein Vorschlag: dunkle Haare, abgetragene Kleidung, ein paar angedeutete Falten, eine Schiebermütze, vielleicht noch eine dunkle Brille."

„Das könnte passen. Aber du nimmst Schneidmann mit. Ebenso abgetragen – und rasiere dich morgen früh nicht."

Wedigo starrte in den großen Schlafzimmerspiegel. Der Mensch, der ihm dort entgegenblickte schien ihm ein völlig Unbekannter zu sein. Ein unrasiertes Gesicht, Falten auf der Stirn unter dem dunklen, wirren Haar, auf der Nase eine abgrundtief hässliche Hornbrille. Dazu ein zwar sauberer, doch sehr schäbiger Anzug und braune, ausgetretene Schuhe. Melissas kosmetische Verwandlungskünste sowie der Erwerb von abgetragener Kleidung hatten wahre Wunder bewirkt. Mit diesem Spiegelbild verband ihn nichts, und unsympathisch war der Kerl ihm auch. Es klingelte, das musste Schneidmann sein. Wedigo begab sich in den Salon. Der Freund trat eben ins Zimmer, auch er verändert, sowohl in Kleidung als auch Haartracht, denn letztere war gänzlich ergraut. Die Männer musterten sich ausgiebig und lachten.

„Meine Güte, dir möchte ich nicht im Dunkeln begegnen. Du siehst aus wie Carl Großmann, nur mit mehr Haaren."

„Carl Großmann?"

„Richtig, ich vergaß, ihr beide ward längere Zeit im Argentinien. Großmann wurde 1921 bei einer Tötung auf frischer Tat ertappt und gestand später zwei weitere Morde. Wahrscheinlich war der Kerl ein echter Serienmörder. Die geschätzte Anzahl der von ihm begangenen Untaten liegt zwischen 23 weiteren ungeklärten Mordfällen beziehungsweise 100 verschwundenen Personen in Berlin, für deren Tod er höchstwahrscheinlich auch verantwortlich ist. Man nennt ihn auch ‚die Bestie vom Schlesischen Bahnhof'."

„Das nenne ich mal ein Kompliment. Ich bin mit der aktuellen Mordszene nicht vertraut und kann mich daher nicht revanchieren. Aber glaube mir, dein Aussehen ist ebenfalls grauenerregend."

„Wie wäre es, wenn sich die beiden Verbrechergestalten nun auf den Weg machten?", fragte Melissa. „Elisa und ich können euren Anblick nur schwer ertragen."

„Das merke ich mir, Weib!", rief Wedigo. „Komm, alter Freund, man schätzt uns hier nicht mehr, wir gehen!"

Die Tram brachte sie bis nahe der Metzer Straße, an deren Einmündung in die Prenzlauer Allee die Eckkneipe lag. Es hatte zu regnen begonnen. Ein sprühfeiner, kühler Regen nieselte herab. Auf der Entfernung zur Kneipe fühlten sie die Nässe durch die Kleidung hindurch. Wedigo öffnete rasch die Tür und die Wärme aus dem Lokal drang bis auf die Straße hinaus. Es roch nach Braten.

Die im Hochparterre gelegenen Räume wirkten eng und düster. Die Wirtschaft bestand aus einem größeren Gastzimmer, zu dem man über den Treppenaufgang von der Straße aus gelangte. Es schloss sich ein schmales Billardzimmer an. Vom ersten Raum zweigte ein kurzer Korridor ab, von dem man links in die Küche gelangte. Rechts des Ganges führte eine Tür zum Hof, wo zwei Toiletten lagen.

Am Ende des dunklen Korridors befand sich ein weiterer Raum, der erst später am Abend geöffnet wurde und der, wie der ältere Kellner raunte, Kartenspielern vorbehalten war.

Das Personal der Kneipe bestand aus diesem Kellner in einer ehemals weißen Jacke und einer blonden Frau, deren verlebtes Gesicht im Kontrast zu ihrer betont jugendlichen Aufmachung stand. Der Wirt selbst, ein breiter Mann mit schmaler Hakennase, hatte sich hinter den Schanktisch platziert und verließ seinen Posten nur, wenn er durch eine Öffnung aus der Küche Speisen erhielt, die er zur Abholung auf den Tresen stellte. Im Übrigen bestand seine Aufgabe darin, Bier zu zapfen und mit gewichtiger Miene alles und jeden im Raum im Auge zu behalten.

An den Tischen saß, von der Kleidung her, ein einfaches Publikum, natürlich nur Männer. Sie mochten der Kleinbürger- und Arbeiterschicht angehören. Wie Peltzer, der Jura studierte und an seiner Dissertation arbeitete, in dieses Milieu passte, schien Wedigo auf den ersten Blick hin nicht deutlich zu sein. Auch anderes überraschte. Denn es handelte sich bei dem Lokal um mehr als eine Kneipe, viele der Gäste waren beim Essen und weniger beim Trinken. Es wurde aber nicht wie in einem anderen Berliner Restaurant gespeist, da Tischtuch und Gedeck fehlten. Serviert wurden Buletten, Rinderbratscheiben, Brüh- und Bratwurst. Dazu gab es ein oder zwei Scheiben Brot und saure Gurken. Ferner stand ein großer Teller mit Schmalzbroten auf dem Schanktisch, von denen immer wieder genommen wurde. Nur wenige Gäste holten sich von der Theke Messer und Gabel. Die meisten verschlangen ihre Portion mit Hilfe der Hände. Dazu tranken die meisten Bier und Korn, es gab aber auch Gäste, die eine Art von Zitronenlimonade bevorzugten. Im Raum war es verhältnismäßig finster, der Wirt schien am Licht zu sparen. Vielleicht aber bevorzugten die Gäste eine mehr im Dunklen liegende Existenz. Was an Beleuchtung fehlte, wurde allerdings durch die Lautstärke wettgemacht. Zudem herrschte eine große Unruhe. Die Tische waren gut besetzt, dazu lief ein Teil der Besucher hin und her, den Hut natürlich auf dem Kopf, denn niemand fiel es ein, die Bedeckung abzunehmen. Alles sprach durcheinander, schrie und gestikulierte.

Wedigo und Schneidmann fanden einen Platz am Eckfenster. Sie bestellten zwei Bier und sahen sich unauffällig um. Wedigos Blick glitt musternd über die Gesichter im Schankraum und machte bei jedem Augenpaar, das ihm begegnete, kurz halt. Aber keiner wirkte irgendwie besonders oder gar verdächtig auf ihn. Es war wirklich die Frage, was Peltzer hier suchte.

Ein neuer Gast betrat das Lokal, zog alle Blicke auf sich – und plötzlich war es totenstill.

8. Kapitel

Dunkle Wege

Die übliche Bewährungsfrist für Putschisten

Wieder ein Münchner Urteil

Zwei Teilnehmer am Hitler-Putsch, Major Streck und Oberleutnant Knaudt, wurden vom Volksgericht wegen Beihilfe zum Hochverrat zu je einem Jahr drei Monate Festungshaft mit Bewährungsfrist bis 1. April 1928 verurteilt.
Der nationalsozialistische Agitator Hermann Esser, der seit dem Hitler-Putsch flüchtig war und dieser Tage in Landsberg bei einem Besuch bei Hitler verhaftet wurde, wurde nach eingehender Vernehmung wieder auf freien Fuß gesetzt.

Berliner Tageblatt, 16. April 1924

Der Fremde, der eben hereintrat, trug schwarze Knickerbocker nebst einem Jackett in gleicher Farbe, dazu dunkle Stiefel und ein ebenfalls schwarzes Hemd. Das Ganze wirkte wie eine Uniform und erinnerte an die Aufmachung der faschistischen Garden Mussolinis. Eine ebenfalls schwarze Klappe bedeckte das linke Auge. Wedigo stutzte. War das nicht Wilhelm Fleck, ihr Verbindungsmann und Informant aus Kolberg? Oder jemand, der ihm sehr ähnlich sah. Obwohl, die Augenklappe – vielleicht eine Tarnung? Waren sie in Kolberg getäuscht worden und einer Verschwörung aufgesessen? Wedigo schaute zu Schneidmann, der offenbar das Gleiche dachte. Der Freund nickte und senkte dann leicht den Kopf, als der Dunkle in ihre Richtung schaute. Sein Blick glitt weiter, ihre Verkleidung hielt zum Glück einer Überprüfung stand. Der Fremde durchquerte die Gaststube und begab sich in den hinteren Bereich. Offenbar fand im sogenannten Spielzimmer ein konspiratives Treffen oder eine Versammlung statt.

Die Gespräche im Gastraum setzten wieder in voller Lautstärke ein. Da öffnete sich erneut die Tür und Otto Peltzer kam ins Lokal. Er fand weiter keine Beachtung und schenkte auch seinerseits niemanden größere Aufmerksamkeit, sondern begab sich, ohne anzuhalten, ebenfalls nach hinten. Sie schienen tatsächlich auf der richtigen Spur zu sein.

„Und nun?", fragte Schneidmann. „Wie erfahren wir, was dahinten besprochen wird?"

„Wir sollten erst einmal warten, ob noch andere Personen hinzustoßen."

In den nächsten zehn Minuten betraten drei weitere Männer das Metzer Eck und suchten die rückwärtigen Räumlichkeiten auf. Sie warteten noch fünf Minuten, dann entschied Wedigo: „Ich werde nach hinten gehen und versuchen, ob ich irgendwie auskundschaften kann, was die Odinsbrüder besprechen. Du hältst mir den Rücken frei und warnst mich, falls jemand kommt."

Der Wirt war gerade durch Bestellungen abgelenkt und Wedigo gelangte unbemerkt in den hinteren Bereich des Lokals. Er ging den Flur entlang bis zur Tür, die zum Kartenzimmer führte und lauschte. Gedämpfte Stimmen waren zu vernehmen, dabei allerdings kaum zu verstehen, was sie sprachen. Vorsichtig legte er sein Ohr ans Holz.

„Ich glaube nicht, dass ich so etwas mitmache", hörte er Peltzer sagen. „Natürlich gilt mein Wort zu schweigen, aber das, nein, das geht nicht."

„Wenn Sie nicht Manns genug sind, zur Tat zu schreiten, sollten Sie besser gehen", erwiderte eine andere Stimme, die Wedigo nicht zuordnen konnte.

„Das werde ich", sagte Peltzer.

Ein Stuhl ruckte, Wedigo wich vom Zugang zurück und eilte hinaus zum Hof. Dort verharrte er im Hausschatten. Innen bewegte sich ein Schemen, wohl Peltzer. Schritte ertönten und laute Stimmen, als der Mann wieder in den Gastraum trat. Dann verstummten diese wieder. Wedigo wartet einige Sekunden. Alles blieb still, und er kehrte ins Haus zurück. Am besten, er begab sich zu Schneidmann, das direkte Lauschen war zu riskant und sonst würde er kaum noch etwas erfahren. Im Vorübergehen sah er, dass die Tür zum Kartenspielzimmer einen Spaltbreit offenstand. Er blieb stehen.

„Das Dynamit wird morgen angeliefert – einen Moment, die Tür ist nicht richtig zu. Baldur, schauen Sie nach, ob da jemand ist."

Wedigo schaffte es fast, in die Gaststube zu gelangen, bevor ‚Baldur‘ in den Flur kam. Auf dessen „He!", reagierte er nicht, sondern trat rasch hinein und schloss hinter sich die Tür. Gerade war eine Gruppe neuer Gäste eingetroffen, die sich am Schanktisch drängten, um zu bestellen, sodass er ungesehen zu Schneidmann gelangen konnte.

„Dieser Peltzer ist gerade gegangen."

„Los, wir folgen ihm. Der Mann verfügt über Informationen, die wir unbedingt erfahren müssen."

Sie warfen einige Münzen auf den Tisch, griffen die Hüte und verließen hastig das Metzer Eck.

Peltzer sahen sie auf der anderen Straßenseite der Prenzlauer Allee. Er stand an der Tramhaltestelle. Vom Alex näherte sich eine Bahn.

„Wir fahren mit, vielleicht ergibt sich eine günstige Gelegenheit, ihn anzusprechen."

Die Männer überquerten die Straße und bezogen ein Stück von dem anderen entfernt Stellung. Die Tram hielt und die Wartenden stiegen ein. Peltzer nahm in der Mitte Platz, Wedigo und Schneidmann setzten sich in dritte Reihe hinter ihn. Der Schaffner gab ein Klingelsignal und die Tram fuhr los. Im letzten Augenblick sprang ein weiterer Fahrgast auf. Sie erkannten einen der Männer, die zum Treffen hinzugekommen waren. Er suchte sich einen Platz auf der rechten Seite etwas hinter Peltzer. Offenbar wollte er ihn im Auge behalten. Der Schaffner kam und kassierte. Der von ihnen Verfolgte löste bis zur Carmen-Sylva-Straße, die somit auch ihr Ziel wurde. Nach zehn Minuten war die Haltestelle erreicht.

Hier wurde seit dem Jahrhundertbeginn gebaut, allerdings hatten der Krieg und die Inflation die Arbeiten unterbrochen und es gab noch viel Grün und Kleingärten vor allem in Richtung Weißensee. Peltzer stieg aus und überquerte die Straße. Der andere Mann ging ihm nach, sie folgten in vorsichtigem Abstand. Nun trat Peltzer in den Eingang eines Wohnhauses. Sein Verfolger lief ihm rasch hinterher und zog beim Laufen einen Schlagstock unter dem Mantel hervor. Er erreichte Peltzer, hob den Stock und schlug brutal zu. Der Hieb traf seitlich am Kopf und Peltzer stürzte mit einem Stöhnen zu Boden. Wedigo und Schneidmann eilten hinzu, um zu helfen. Wieder holte der Angreifer aus, da packte Wedigo seinen Arm und bog diesen hart nach hinten. Mit einem Wutschrei ließ der Kerl seine Waffe fallen, entwand sich jedoch dem Griff und schlug mit den Fäusten nach seinem Gegner. Wedigo wehrte den Angriff mit einer geschickten Drehung ab. Schneidmann versuchte nun, den Mann festzuhalten. Doch dieser stieß ihn hart zur Seite und rannte davon.

„Lassen wir ihn laufen und kümmern uns lieber um den Verletzten."

Peltzer stöhnte und versuchte, sich aufzurichten.

„Mein Kopf!", er sank zurück.

„Ganz ruhig, am besten, wir bringen Sie in Ihre Wohnung. Wo befindet die sich?"

„Hochparterre links, der Schlüssel ist", er stöhnte wieder, „ist rechts in der Tasche."

Gemeinsam hoben sie den Verletzten auf. Wedigo suchte den Schlüssel hervor. Er schloss auf und Peltzer wurde in seine Wohnung gebracht und auf ein Sofa gelegt.

„Was ist bloß passiert?"

„Sie wurden brutal überfallen, wir konnten zum Glück den Angreifer vertreiben."

Schneidmann suchte das Bad und kam von dort mit einem nassen Handtuch und einem feuchten Lappen zurück. Behutsam wischte er Peltzer das Blut ab und verband ihn mit dem Handtuch. Langsam ging es dem Überfallenen wieder besser. Er richtete sich halb auf. Wedigo holte ein Glas Wasser und reichte es ihm. Peltzer trank und setzte sich hin.

„Danke, dass Sie mir zu Hilfe kamen. Konnten Sie erkennen, wer mich angegriffen hat?"

„Einer Ihrer Bekannten aus dem Metzer Eck."

„Was? Unmöglich!"

„Doch, Herr Peltzer. Sie wissen etwas, von dem die Organisation Odin nicht will, dass es bekannt wird. Man wollte Sie ausschalten!"

„Wer sind Sie? Was wollen Sie von mir?"

„Von Wedel und mein Mitarbeiter Herr Schneidmann", stellte Wedigo sich knapp vor. „Wir untersuchen mehrere feige Anschläge und Mordtaten und vermuten, dass die Organisation Odin hinter diesen steckt. Was wissen Sie, Herr Peltzer?"

„Ich weiß nichts, und ich weiß nicht, wovon Sie sprechen."

„Was ist mit dem Dynamit geplant?"

Peltzer wurde noch blasser.

„Woher wissen Sie …?" Er brach ab und schüttelte den Kopf. „Wenn ich etwas verrate, bringen die mich um."

„Sie sollten bereits umgebracht werden, Herr Peltzer."

„Sie ahnen nicht, mit wem Sie es zu tun haben. Odin ist weitaus mächtiger als die Organisation Consul."

„Sagen Sie einfach, was von Ihnen verlangt wurde, was Sie zu tun ablehnten. Damit verraten Sie nichts über Odin selbst."

Peltzer rang sichtlich mit sich.

„Es geht weniger um mich als um Gerda. Gerda May, meine Verlobte. Wenn Odin ihr etwas antut!"

„Das wird nicht passieren. Wir kümmern uns um sie. Also, was plant Odin?"

Nach einigem Zögern gab sich Peltzer einen Ruck.

„Bei einem Vortrag über soziale Ethik sprach mich ein Herr an, der sich mit ‚Dr. Müller' vorstellte. Er fragte mich, ob ich Interesse hätte, auch vor einem privaten Zirkel vorzutragen. Er käme von Odin und könne sich vorstellen, dass meine Ausführungen bei ihrem Kreis auf große Resonanz stoßen würden. Ich sagte zu, informierte mich allerdings vorher, wer denn Odin eigentlich sei und wofür der Verein stünde. Ich stieß in dem Zusammenhang auf eine Loge, keine Freimaurer, aber auch eine Bruderschaft mit philosophischem Anspruch. Das erste Treffen fand in einem Haus in Charlottenburg statt. Ein imposantes Gebäude, passend zu einer Loge, dachte ich."

„In der Schillerstraße?"

„Richtig, in der Schillerstraße 10. Es zeigte sich aber schnell, dass Odin nichts mit einer Loge oder Ähnlichem zu tun hatte. Die Interessen waren und sind politisch ausgelegt. Unter anderem geht es darum, die Verteidigungsfähigkeit Deutschlands wiederherzustellen, das heißt, alle Maßnahmen und Gruppen zu unterstützen, die neben der Reichswehr eine zweite geheime Streitkraft aufbauen wollen."

„Die Schwarze Reichswehr."

„Das ist die offizielle Bezeichnung. Aber die Ambitionen Odins gehen weit über diesen Bereich hinaus und zielen auf die Politik, auf die Stärkung der nationalkonservativen Kräfte und Bekämpfung der roten Verräter."

„Das klingt nach einer Gruppierung wie die von Ludendorff und Hitler."

„Eher deutschnational, wobei gewisse Ideen der Völkischen mit eingeflossen sind. Odin propagiert zum Beispiel auch den Kampf gegen das jüdische Finanzkapital, das sich hier in Berlin breitgemacht hat."

„Hier in Berlin?"

„Sie kennen die Synagoge in der Oranienburger Straße. Ein Prachtbau und Symbol jüdischen Einflusses."

„Nun, es gibt auch große Kirchen. Der deutsche Dom zum Beispiel."

„Mir war das alles vorher nicht aufgefallen", sprach Peltzer weiter, ohne auf Wedigos Einwand einzugehen. „Religion war mir egal. Dann ereignete sich ein Anschlag auf das Odinhaus in Charlottenburg. Die Täter waren von den Franzosen bezahlte Juden …"

„Die Polizei sah das anders", schaltete sich Schneidmann ein, dem die Ausführungen des Mannes immer weniger behagten.

Peltzer lächelte fast mitleidig.

„Sie glauben der Polizei? In den oberen Etagen sitzen ausschließlich bezahlte Handlanger des Systems. Wie auch immer, neuer, vorübergehender Versammlungsort wurde die Metzer Kneipe. Dort berieten die Odinmitglieder, wie sie auf den Anschlag reagieren sollten. Heute kam der Vorschlag, zur Vergeltung auf eine Synagoge einen Sprengstoffanschlag auszuführen. Möglichst bei einer Gebetsversammlung, um eine große Opferzahl zu erreichen. Ich sollte das Dynamit in Empfang nehmen und weiterleiten, habe mich aber geweigert. Ich mag keine Juden und bekämpfe ihren Einfluss, aber bei einem solchen mörderischen Geschehen mache ich nicht mit. Deswegen bin ich gegangen."

„Ein Sprengstoffattentat, um Gotteswillen. Wissen Sie, auf welche Synagoge und wann der Anschlag stattfinden soll?"

„Nein, ich war bei der weiteren Planung nicht mehr dabei."

„Es ist Ihnen klar, dass Sie aufgrund Ihrer Kenntnisse für Odin ein gefährlicher Zeuge sind?"

Peltzer nickte langsam, allmählich schien er zu begreifen, in welch eine Sache er geraten war.

„Ich habe Ihnen gesagt, was ich weiß. Mehr kann ich nicht tun."

„Nun, Sie könnten die Männer beschreiben, die bei den verschiedenen Treffen anwesend waren. Vielleicht sind auch Namen genannt worden?"

„Die meisten trugen eine Maske, auch heute Abend. Und nutzten Namen aus der nordischen Mythologie. Odin, Loki, Thor, Baldur, Njörd usw."

Peltzer berührte seine Stirn und stöhnte.

„Meine Herren, ich habe starke Kopfschmerzen. Ich muss mich hinlegen. Morgen berichte ich gern weiter, wenn Sie erlauben."

Wedigo sah ein, dass es für den Augenblick genug war.

„Wir würden Sie morgen Vormittag um zehn abholen, damit wir Ihre Aussagen in Ruhe aufnehmen können?"

„Von wem? Von der Polizei?"

„Erst einmal im Rahmen der Reichswehr. Sie könnten den Status eines Kronzeugen bekommen."

„Gut, morgen Vormittag, aber erst um elf. Und jetzt, Sie entschuldigen." Er deutete nochmals auf seine Stirn.

Wedigo und Schneidmann verließen die Wohnung. Eine Kraftdroschke brachte sie ins heimische Viertel. Nachdem er den Freund abgesetzt hatte, kehrte Wedigo nach Hause zurück. Melissa empfing ihn.

„Wie ist es gelaufen? Wart ihr erfolgreich?"

„Wie man´s nimmt."

Wedigo berichtete.

„Ein Sprengstoffanschlag, das ist brisant. Ich habe auch etwas." Melissa legte ein Kuvert auf den Tisch.

„Das hat mir heute Gerda May gegeben. Sie saß im Café, in dem wir gestern waren und hoffte, dass ich vorbeikäme."

„Was ist in dem Umschlag?"

„Schau selbst."

Wedigo öffnete ihn und zog etliche Blätter hervor. Es handelte sich, soweit er es feststellen konnte, bei den Papieren um Namenslisten und Beschreibungen.

„Gerda fand dies unter ihrem Sofa. Peltzer muss den Umschlag dort verloren haben oder hat ihn abgelegt. Aber das ist egal, der Inhalt ist das Wichtige. Es sind alle Mitglieder von Odin aufgelistet. Die Tarnnamen und etliche Klarnamen, die Peltzer offenbar entschlüsselt hat. Zudem werden Vorhaben skizziert und Gegner angeführt."

„Woher hat Peltzer die Informationen? Ist etwas über einen Synagogenanschlag zu finden?"

„Nein, es heißt lediglich, zum Erreichen einer breiteren öffentlichen Aufmerksamkeit könnten Großveranstaltungen zum Ziel von ‚speziellen Aktivitäten' werden. Was genau gemeint ist und wie diese aussehen, wird – soviel ich weiß – nicht angeführt. Ich habe auch nur Weniges gelesen. Aber du und Nicolai, ihr seid namentlich genannt."

„Unglaublich, wenn wir erwähnt sind, müsste Peltzer oder ein anderer uns erkannt haben. Irgendwie habe ich ein mulmiges Gefühl. Der Mann hat nicht alles gesagt, was er weiß. Gut möglich, dass er versucht, sich abzusetzen. Ich rufe am besten im Polizeipräsidium am Alex an."

Zum Glück befand sich Wehner noch im Haus. Wedigo schilderte kurz die Lage. Der Kommissar schickte umgehend einen Einsatzwagen in die Carmen-Sylva-Straße, um Peltzer festzunehmen.

„Kommen Sie bitte gleich morgen früh mit der Liste in das Präsidium", bat er Wedigo. „Für heute ist es zu spät."

Stimmt, es war bereits viertel nach elf, mit der Liste würden sie sich morgen beschäftigen. Wedigo legte sie auf den Schreibtisch und beide gingen zu Bett.

Mitten in der Nacht fuhr er aus fernen Träumen auf. Irgendetwas hatte ihn geweckt, vielleicht ein Geräusch? Er lauschte. Alles war jetzt still. Konnte er Carlos gehört haben? Leise stand er auf und schlich ins Kinderzimmer, um nach dem Jungen zu schauen. Der Sohn schlief tief und fest. Erleichtert kehrte Wedigo ins Schlafzimmer und in das warme Bett zurück. Ein Blick auf die Uhr: halb zwei. Nicht die rechte Zeit, um wach zu sein. Er drehte sich um – und schon war er eingeschlafen.

Erst am Morgen erwachte er wieder. Der Wecker zeigte eine durchaus christliche Aufstehzeit. Beim Frühstück warf er einen Blick in die Zeitung.

Krasnaschtschokows Irrtum … Die schweizerisch-italienischen Zwischenfälle … Keine Verschiebung der Wahlen, es bleibt beim 4. Mai

Alles nichts Bewegendes. Wedigo nahm seine Tasse und schenkte sich Tee nach.

„Liebes, ich werde jetzt zu Wehner fahren. Wollen wir mal sehen, was Herr Peltzer zu allem zu sagen hat."

„Da bin ich auch gespannt."

Es klingelte, kurz darauf kam das Mädchen: „Herr von Wedel. Ein Kommissar Wehner möchte Sie sprechen."

„Führen Sie den Herrn in den Salon. Ich komme gleich."

Wedigo leerte die Tasse und erhob sich.

„Willst du mitkommen?"

„Nein, du erzählst mir nachher alles. Ich habe zu tun."

Wedigo öffnete die Tür zum Salon.

„Guten Morgen, Herr von Wedel."

„Guten Morgen, Herr Kommissar. Was führt Sie zu mir, wir sollten uns doch im Präsidium treffen?"

„Ich komme gleich zur Sache. Peltzer war nicht in seiner Wohnung, er ist geflüchtet."

„Unklug von dem Mann. Nur wenn er mit der Polizei kooperiert, hat er eine Chance, Odin zu entgehen."

„Wir werden ihn schon noch finden. Sie sagten gestern, Sie hätten eine Namensliste der Odinleute und andere Papiere. Das erscheint mir mindestens genauso wichtig wie Peltzer persönlich zu befragen."

„Sie haben wahrscheinlich recht. Augenblick, ich hole das Kuvert mit den Papieren."

Wedigo ging in sein Arbeitszimmer. Auf dem Schreibtisch lagen weiße Blätter, das Tintenfass und ein Füller, sonst nichts. Er hatte aber das Kuvert gestern hier abgelegt, oder? Er eilte in das Esszimmer, wo Melissa noch Kaffee trank und in der Zeitung blätterte.

„Hast du das Kuvert gesehen? Ich dachte, ich hätte es gestern Abend auf den Schreibtisch abgelegt, aber dort ist es nicht."

„Nein, doch warte, ich helfe dir mit der Suche. Vier Augen sehen mehr."

Beide überprüften erneut das Arbeitszimmer und dann das Esszimmer sowie – mit Hilfe Wehners – den Salon. Vergeblich, das Kuvert war nicht zu finden und blieb verschwunden. Wedigo erinnerte sich jetzt des nächtlichen Geräusches und berichtete Wehner davon. Der Kommissar untersuchte darauf die Etagentür.

„Das Schloss ist unversehrt, aber sehen Sie dort die beiden Kratzer. Jemand hat die Tür mit einem Dietrich geöffnet und diese Spuren hinterlassen."

„Das Schloss ist nicht besonders kompliziert", bestätigte Wedigo. „Und das Arbeitszimmer liegt gleich rechts des Eingangs. Das Kuvert befand sich offen auf dem Schreibtisch. Für den Dieb war das Ganze ein Kinderspiel."

„Ich frage mich, woher er von den Papieren wusste?", sagte Melissa „ich kann mir nicht vorstellen, dass Fräulein May zu jemanden darüber gesprochen hat. Jedenfalls nicht freiwillig."

„Fräulein May ist die Verlobte Otto Peltzers. Sie gab meiner Frau das Kuvert mit der Liste und anderen Papieren."

„Wir sollten sofort zu ihr fahren, kennen Sie die Adresse?"

„Sie wohnt in Friedrichshain in der Simon-Dach-Straße."

„Gut, mein Wagen steht unten, kommen Sie, Herr von Wedel."

„Ich komme mit", sagte Melissa. „Vielleicht braucht Gerda May weibliche Hilfe."

Sie überließen Carlos der Obhut des Kindermädchens und brachen umgehend auf.

„Die Gruppe scheint äußerst gefährlich", meinte Wehner, während er den Horch durch den Berliner Verkehr steuerte, „ich werde Gennat vorschlagen, eine Sonderkommission Odin zu bilden. Und wir werden die Synagogen unter Schutz stellen. Das Schloss sollten Sie übrigens umgehend austauschen, eventuell auch weitere Schutzelemente einbauen."

„Sicher ein guter Hinweis, wobei mir nicht deutlich ist, woher der Dieb wusste, wo er zu suchen hatte."

„Das wird sich klären."

„Jedenfalls ärgere ich mich, dass wir die Papiere nicht schon gestern Abend genauer gelesen haben. Aber Melissa, du hast Einblick genommen. Kannst du dich an Details erinnern?"

„Ich habe nur einzelne Seiten überflogen."

Melissa berichtete Wehner, was ihr vom, Inhalt im Gedächtnis geblieben war. Viel war das leider nicht. Trotzdem bedankte er sich bei ihr.

Es fing an zu regnen und dünne Schlieren bedeckten die Scheibe. Wehner hielt trotzdem das Tempo. Nach weiteren zehn Minuten erreichten sie die Simon-Dach-Straße Nr. 14. Aufgrund des stärker fallenden Regens parkte Wehner möglichst nahe am Haus. Alle drei stiegen aus und eilten zum Eingang. ‚May/Heller' lasen sie auf einem Namensschild zum dritten Stock im Vorderhaus.

„Gerda wohnt mit einer Kommilitonin zusammen", erklärte Melissa. Die Haustür stand offen und sie traten in den Flur. Dieser war kalt und muffig, das sich anschließende Treppenhaus roch nach Bohnerwachs. Sie stiegen hoch in die dritte Etage. Hier wohnten drei Parteien, Trenker, Kanther und eben Gerda May zusammen mit Emilie Heller.

Wehner klingelte, wartete einen Augenblick und klingelte erneut. Nichts geschah. „Fräulein May, sind Sie da?", rief er und klopfte an die Tür. Diese öffnete sich unter dem Pochen und der Berührung nach innen.

„Unverschlossen", meinte Wedigo, „da stimmt etwas nicht."

„Ich gehe vor", sagte Wehner und zog seine Waffe. Die Männer traten zuerst in die Wohnung, Melissa bildete den Abschluss und schloss hinter sich die Tür. In der Diele war es kühl, an der Garderobe hingen ein Damenmantel sowie ein Glockenhut. In einem Ständer befand sich ein roter Schirm. Am Boden daneben standen mehrere Schuhpaare. Vom Flur führten drei Türen ab, links in die Küche, rechts in ein Zimmer und geradeaus in das zweite, neben dem das Bad lag. Gerda May und ihre Mitbewohnerin schienen abwesend, in keinem der mit einem Bett, Tisch, Schrank und je zwei Stühlen einfach eingerichteten Zimmer fand sich eine Spur von ihnen.

„Könnte Fräulein May unterwegs sein?"

„Das halte ich für unwahrscheinlich", sagte Melissa. „Ohne Schirm, ohne Mantel, ohne Schuhe."

„Sie könnte einen zweiten Mantel haben", überlegte Wehner. „Damen besitzen zudem mehrere Schuhe."

„Auch mehrere Schirme?"

„Sie könnte vor dem Regen aufgebrochen sein. Das zweite Fräulein ist ebenfalls nicht da."

„Jedenfalls war die Tür nicht verschlossen."

„Schauen Sie", Melissa zeigte auf einen schmalen Teppich, der im ersten Zimmer vor dem Bett lag. Das rot-blaue Muster ließ einige dunkle Flecken erkennen. „Ist das Blut?"

Wehner bückte sich und musterte die Stelle genauer. Dann griff er in die Tasche, zog ein helles Tuch hervor und betupfte vorsichtig den Bereich. Auf dem Stoff zeigte sich ein braunes Muster.

„Das ist Blut", stellte Wehner fest. „Etwas ist passiert."

„Hoffentlich nichts Schreckliches. Ich mache mir Sorgen um Gerda."

„Vielleicht sollten wir uns umsehen?", schlug Wedigo vor. „Eventuell finden wir Hinweise darauf, was sich ereignet hat."

„Wir können doch nicht einfach hier herumschnüffeln."

„Wir können nicht nur, wir müssen", erwiderte der Kommissar.

Von der Eingangstür kamen Geräusche. Sie wurde aufgeschlossen und eine junge Frau mittlerer Größe trat ein. Ihre Haare waren von einem sehr hellen Blond, der Teint ausgesprochen blass, die Kleidung schien zweckmäßig und wenig an der Mode orientiert. Das Schuhwerk wirkte plump. Sie blieb mehr überrascht als erschrocken stehen, als sie die drei ‚Besucher‘ erblickte.

„Wer sind Sie und was machen Sie in unserer Wohnung?", fragte sie in energischem Ton.

„Polizei", erklärte Wehner und zog seinen Ausweis. „Wir wollten zu Gerda May und die Tür war offen. Wissen Sie, wo sich Fräulein May aufhält? In der Wohnung ist sie nicht."

„Sie müsste in der Uni sein. Die Tür stand offen, sagten Sie?"

„Richtig, wo waren Sie heute früh?"

„Ich bin gestern zu meiner Tante nach Potsdam gefahren, wo ich über Nacht geblieben bin. Was ist denn los? Ist etwas mit Gerda?"

„Wir fürchten, dass sie sich in Gefahr befindet beziehungsweise, dass ihr etwas zugestoßen ist. Das vordere Zimmer bewohnt Fräulein May?"

Die junge Frau nickte.

„Dort gibt es Blutspuren."

„Blutspuren?" Fräulein Heller blickte Wehner entsetzt an. „Aber wer könnte Gerda etwas antun?"

„Hat außer Ihnen noch jemand einen Schlüssel?"

„Nein."

„Auch nicht Otto Peltzer?"

„Ich wollte nicht, dass Otto einen Schlüssel bekommt. Wenn ich mir vorstelle, ich wäre im Bad … nein, auch Otto nicht."

„Sie erlauben, dass wir uns in Fräulein Mays Zimmer umsehen. Vielleicht findet sich ein Hinweis."

„Selbstverständlich. Kann ich in der Wohnung bleiben?"

„Wir gehen in die Küche, machen uns ein Kaffee und unterhalten uns ein wenig", schlug Melissa vor. Das Fräulein war einverstanden, und beide Frauen zogen sich in die Küche zurück. Wehner und Wedigo durchsuchten Gerda Mays Zimmer. Sie gewannen rasch den Eindruck, dass dies bereits mit großer Gründlichkeit erfolgt war. Ob der Unbekannte Erfolg mit der Suche gehabt hatte, wurde nicht ersichtlich. Nach einer halben Stunde beendeten sie ihr fruchtloses Tun. Sie verabschiedeten sich von der sichtlich betroffenen Mitbewohnerin der Vermissten und verließen das Haus. Wehner brachte sie mit dem Wagen zurück in die Jägerstraße. Unterwegs berichtete Melissa, was sie im Gespräch mit Fräulein Heller erfahren hatte. Um die Beziehung Gerda Mays und Otto Peltzers stehe es aktuell nicht besonders gut. Neben der Frage der beruflichen Zukunft, die sich Fräulein May, wie von ihr bereits erzählt, gänzlich anders als ihr Verlobter vorstelle, stünden sich die unterschiedlichen Freundeskreise und Interessen der beiden mehr und mehr im Wege.

„Sie stehen kurz vor der Auflösung der Verlobung", sagte Melissa. „Fräulein Heller begrüßt die Entwicklung, sie hat für Otto Peltzer nicht viel übrig. Er hätte nur das Laufen und Politik im Kopf, sagt sie. Von Kultur und Bildung keine Spur. Emilie Heller wirkte sehr klar und überraschend ruhig. Der Sprache nach stammt sie übrigens nicht aus Berlin, ich denke, aus Hamburg oder Bremen."

In der Jägerstraße wartete bereits ein Gast auf sie. Im Salon saß Oberst Nicolai und blätterte in der Tageszeitung. Er erhob sich, als Melissa und Wedigo eintraten.

„Gnädige Frau Gräfin, Herr Major!"

„Herr Oberst, was führt Sie zu uns?"

„Zum einen der Fall Gerda May, aber noch mehr ein Anruf Oberst Gudowius'."

„Gudowius? Der Festungskommandant von Küstrin?"

„Exakt. Er meldetet, dass eine Organisation namens Thor ihn und seinen Freund Lindemann am Freitag den 25. und Sonnabend, den 26. April nach Potsdam-Babelsberg zu einem Militärkongress einlädt."

„Fritz Lindemann? Derselbe Lindemann, der im 4. Garde-Feldartillerie-Regiment in Potsdam stationiert war?"

„Auch dies ist korrekt. Ein guter Mann. Während der Revolution nahm er in einem Freikorps aktiv an der Zerschlagung der roten Räteherrschaft in Düsseldorf teil. Im Frühjahr 1919 war er mit fünf weiteren Offizieren als Schutz der deutschen Delegation auf der Pariser Friedenskonferenz, danach übernahm ihn die Reichswehr. Zu Zeit befindet sich Lindemann in der Generalstabsausbildung."

„Beachtlich. Wissen Sie, worum es in der Tagung geht und wer sich hinter Thor versteckt? Die Odingruppe?"

„Meinen Informationen nach bemüht sich ein gewisser Richard Kunze mit Hilfe eines banalen Germanenkults, für die bevorstehende Reichstagswahl Wahlstimmen im Wahlkreis Potsdam II zu gewinnen. Aber ob ein Zusammenhang besteht, kann ich nicht sagen. Gudowius meint jedenfalls, er glaube, dass radikale Kräfte der Schwarzen Reichswehr den Kongress zu instrumentalisieren suchen."

„Fährt er hin?"

„Nur, wenn außer Lindemann noch jemand von unser Seite mitkommt. Ich habe Ihren Namen genannt."

„Zwei Tage Potsdam, warum nicht?"

Wedigo blickte zu Melissa, die zustimmend nickte.

Es klopfte an der Tür. Es war das Mädchen, das einen Anruf für den gnädigen Herrn meldete.

Am Apparat war Kommissar Wehner.

„Herr von Wedel, Fräulein Mays Leiche wurde im Grunwald gefunden."

„Das arme Mädchen. Gibt es Besonderheiten?"

„Es ist wieder ein Plakat am Fundort. Ich fahre gleich hin. Soll ich Sie abholen?"

„Ich erwarte Sie. Oberst Nicolai befindet sich gerade hier. Ich gehe davon aus, dass er mitfahren wird."

„Gut, ich bin mit dem Wagen in zehn Minuten da."

Wedigo kehrte in den Salon zurück.

„Das war Wehner. Gerda May wurde gefunden. Sie ist tot."

„Wie entsetzlich!", rief Melissa. „Weiß man Näheres?"

„Offenbar fand die Polizei erneut ein Plakat bei der Toten. Wehner kommt in zehn Minuten vorbei und nimmt Sie, Herr Oberst, und mich mit zum Fundort im Grunewald. Du wirst sicher nicht mitwollen?"

„Ganz gewiss nicht. Erst gestern habe ich mit Gerda gesprochen, frisch und lebendig. Ich möchte mich nicht an sie als Tote erinnern."

Die Ermordete war in einem Busch im Uferstreifen nahe dem Jagdschloss am südlichen Grunewaldsee abgelegt worden. Der Hund eines Försters hatte den Leichnam entdeckt und Laut gegeben. Wie bei der am Wasserbecken an der Kleinen Kaskade am Lietzensee aufgebahrten Veronika hatte der Täter ein Pappschild hinterlassen. Auf diesem stand in blutroter Farbe in ungelenker Schrift: *den Verrat*, wieder ergänzt durch eine Odalrune.

Wehner zog eine über dem Leichnam ausgebreitete Decke beiseite. Die Tote war nackt. Am Körper ließen sich überall Schnittwunden und Brandmale erkennen. Um den Hals verlief ein Strangulationsmal. Die Mörder hatten Gerda May gefoltert und dann erdrosselt. Die getötete Veronika hingegen hatte ein Überdosis Heroin gespritzt bekommen.

„Sie wollten wissen, wo die Liste abgeblieben war. Dazu waren ihnen alle Mittel recht", sagte Nicolai. „Das arme Mädchen."

Der Kommissar bedeckte das Opfer wieder.

„Wir haben es offenbar mit einer üblen kriminellen Vereinigung zu tun, die über große Mittel verfügt und der zahlreiche Personen angehören", stellte er fest.

„Das ist klar, nur, wie können wir die Bande fassen, bevor noch weitere Menschen getötet werden?"

Wedigo wandte sich an Nicolai. „Was wissen wir über Odin? Mehr als den Namen?"

„Zum Beispiel dank Ihres Einsatzes den Treffpunkt, dort sollten wir zuschlagen."

„Wenn Odin sich weiterhin im Metzer Eck trifft und in der nächsten Zeit ein Treffen stattfindet", äußerte sich der Kommissar skeptisch.

„Es sind einfach zu viele und sich widersprechende Spuren", seufzte Wedigo. „Denken Sie an das brennende Haus, an die verschiedenen Angriffe und an die Ereignisse in Küstrin, Kolberg und Schneidemühl. Irgendwie passt das alles nicht zusammen. Obwohl", er überlegte kurz, „immerhin hat Peltzer bestätigt, dass das Haus in der Schlossstraße ein Treffpunkt für Odin und das Metzer Eck nur die Ersatzlösung war."

„Wenn das stimmt, gibt es eine zweite Gruppe, denn die Odinmitglieder haben sicher nicht ihr eigenes Haus angezündet", gab Wehner zu bedenken.

„Es seien die Juden gewesen, hat Peltzer behauptet", sagte Wedigo.

Nicolai schüttelte den Kopf.

„Das ist antisemitischer Unsinn", erklärte er, „auch um den geplanten Anschlag auf eine Synagoge zu rechtfertigen. Ich glaube eher, dass bei diesem Geschehen die Franzosen ihre Hände im Spiel hatten. Damit hätten Sie Ihre zweite Gruppe, Herr Kommissar."

„Alles schön und gut, nur wie kommen wir an beide ran?"

„Ich könnte mir vorstellen, dass die Lösung in Potsdam liegt."

Nicolai berichtete von der Einladung Oberst Gudowius' zum militärischen Kongress und seine Vermutung, radikale Gruppierungen der Schwarzen Reichswehr, unter Umständen eben Odin, steckten dahinter.

„Wenn die Franzosen davon Wind bekommen, werden sie versuchen, gegen die Veranstaltung vorzugehen. Wir sind vor Ort, verhindern das eine und nutzen das Ganze, um Odin auffliegen zu lassen."

„So plausibel der Plan klingt, ich weiß nicht, wie er ablaufen soll. Und wenn ich Sie richtig verstanden habe, lädt eine Gruppe namens Thor zu der Tagung ein. Thor, nicht Odin!"

„Es dürfte sich um zwei Seiten einer Medaille handeln."

„Alles nur Mutmaßungen. Aber da wir nichts anderes haben, schlage ich vor, ich hole erst einmal Erkundigungen über den Kongress ein. Sie sagten, er tage am 25. und 26., wo genau?"

„In Babelsberg beim Schlösschen."

„Dann setzen wir dort an."

„Und der Anschlag auf eine Synagoge?"

„Wir stellen die Berliner Synagogen unter Schutz. Ansonsten hoffe ich, beim Kongress einige Odinleute zu fassen und die zu befragen."

Der nächste Tag war Karfreitag. Sie saßen gegen neun Uhr beim Frühstück, als sich Nicolai telefonisch meldete.

„Ich muss über die Ostertage nach Köln, der Zug fährt in einer halben Stunde. Ich wollte Sie nur kurz über das Ergebnis meiner Recherchen informieren. Die Tagung findet in der Tat statt und es sind einige honorige Redner anvisiert: Der Präsident des Reichsarchivs Ritter Mertz von Quirnheim, Professor Hermann Oncken mit seinem Schüler Gerhard Ritter sowie der Direktor der Kriegsgeschichtlichen Abteilung des Generalstabs Hans von Haeften und weitere militärische Koryphäen. Wahrscheinlich wird der Chef der Heeresleitung der Reichswehr von Seeckt die Begrüßungsrede halten. Alles konservative Denker, deren Tun und deren Einstellungen deutlich von den Positionen der radikalen Rechten abgegrenzt sind. Ein Thor oder auch Odin ist weder in den Einladungs- und noch in den Veranstalterlisten aufgeführt. Soweit, ich muss los. Bin am Dienstag wieder da. Um zehn im neuen Büro."

Ohne auf eine Erwiderung zu warten, beendete der Oberst das Gespräch. Wedigo kehrte an den Frühstückstisch zurück und erzählte Melissa, was Nicolai herausgefunden hatte.

„Das klingt, als ob die Einladung ein Bluff wäre. Oder stimmt der Ort nicht? Vielleicht ist wirklich ein Anschlag geplant, wie Peltzer sagte? Nur nicht auf eine Synagoge, sondern auf die Tagung."

Melissa wandte sich Carlos zu, der mit seinen Haferflocken gefährlich hantierte. In letztem Augenblick bewahrte sie sein Milchglas vor dem Umkippen. Carlos fand sein Tun lustig. Wedigo betrachtete in aller Ruhe das Schauspiel und hob lediglich, als der Sohn ihm aus den Augenwinkeln einen Blick zuwarf, tadelnd die linke Augenbraue.

„Ein Anschlag kurz vor der Reichstagswahl, das hätte, richtig inszeniert, eine verheerende Wirkung."

„Was ist ein Anschlag? Wird da jemand verhauen?"

„Das könnte man so sagen, Carlos. Bist du fertig? Dann darfst du spielen gehen."

Das Kind stand auf und lief in sein Zimmer.

„Er versteht mehr als wir glauben, wir sollten in Carlos Gegenwart diese Themen meiden. Wenn wir von einem geplanten Anschlag auf die Tagung ausgehen", nahm Melissa den Faden wieder auf, „was wäre zu tun?"

„Zunächst müssen wir uns mehr Informationen über die Abläufe der Tagung besorgen, Raum- und Zeitpläne, Teilnehmerverzeichnisse usw. Dann schlüpfen wir in die Rolle der anderen Seite und nehmen eine konkrete Planung des Anschlags vor: Welche Ressourcen sind vonnöten, welche Transportwege, wieviel Personal, welche Fluchtwege etc.?"

„Sollten wir das nicht Nicolai überlassen? Das alles zu klären übersteigt unsere Kapazitäten, vielleicht auch die Kompetenzen?"

„Ich denke, wir sollten uns auf jeden Fall vor Ort einen Eindruck verschaffen, dann sehen wir weiter."

„Dann lass uns heute nach Babelsberg fahren, eine Woche ist schnell vorüber."

„Am Karfreitag?"

„Da dürften wir ungestört sein."

„Möglicherweise hast du recht. Eventuell kann ich trotz des Feiertags Wehner gewinnen, uns zu begleiten. Mit ihm als offiziellen Repräsentanten des Staates kommen wir leichter an Informationen. Ich habe seine Privatnummer."

Wehner zeigte sich über das denkbare sozusagen zweite Anschlagszenario äußerst besorgt und war auch am heutigen Karfreitag bereit, mit ihnen nach Babelsberg zu fahren.

Am Nachmittag gegen zwei erreichten sie den Schlosspark Babelsberg. Das ab 1834 erbaute Schloss war der ehemalige Sommersitz Kaisers Wilhelm I. gewesen. Der Kaiser verbrachte hier stets den August und reiste im Anschluss im September zu den Kaisermanövern. Seinen Aufenthalt in Babelsberg nutzte Wilhelm für Spaziergänge im Park oder zu Ausfahrten mit der Kutsche oder einem Schiff. Im Sommer 1858 besuchte sogar die britische Königin Victoria ihre mit dem preußischen Kronprinzen verheiratete Tochter in Babelsberg. Als Wilhelm 1861 König wurde, behielt er Schloss Babelsberg als Hauptwohnsitz bei. Hier feierten im Juni 1880 der spätere Kaiser Wilhelm II. und Auguste Viktoria ihre Verlobung. Nach dem Tod Wilhelms I. 1888 wurde Babelsberg nicht mehr genutzt. Schloss und Park standen für Besucher offen. Im Schloss konnten für 25 Pfennig die Räume des verstorbenen Herrschers besichtigt werden.

In der Nähe lagen die Filmstudios der Ufa. Zurzeit drehte man dort an den ‚Nibelungen‘ und mit Emil Jannings in der Hauptrolle den Film ‚Der letzte Mann‘. Als die Gruppe eintraf, war gerade aufgrund einer Sondergenehmigung ein Kamerateam dabei, einige Außenszenen am Dampfmaschinenhaus abzudrehen.

Vor dem Schloss stand eine Besuchergruppe, der ein Führer die Geschichte des Anwesens erläuterte: *„Der Architekt Karl Friedrich Schinkel schuf von 1833 bis 1835 den ersten Schlossbau, der lediglich die Größe eines kleinen Cottage hatte. Mit der Ernennung des Prinzen Wilhelm zum preußischen Thronfolger im Jahr 1840 stiegen auch seine Repräsentationspflichten. Als Folge dieser Rangerhöhung ist das Schloss in den Jahren 1844-1849 auf Wunsch des Bauherrn durch die Architekten Ludwig Persius und Johann Heinrich Strack erweitert worden …“*

„Für nahezu jeden eine gute Gelegenheit, das Innere des Schlosses und die Tagungsräume auszuspähen", meinte Wehner. „Welche Zimmer sollen genau genutzt werden?"

„Das können wir gerade erfahren", sagte Melissa und wies auf den Touristenführer.

„Heute werden einzelne Bereiche des Schlosses für Tagungszwecke genutzt. So der frühere Tanzsaal und angrenzende Räume …"

„Schauen wir uns den Saal genauer an."

Der große, achteckige Tanzsaal war über zwei Etagen errichtet worden und wirkte aufgrund der seitlichen Säulen wie das Teil einer Kirche. Durch die großen Fenster war der Park mit dem Städtebrunnen zu sehen. In einem der angrenzenden Zimmer trafen sie einen älteren Mann an, der mit einem Zollstock verschiedene Messungen vornahm, die Ergebnisse sorgfältig in ein Büchlein eintrug und auf dem Boden Markierungen anbrachte. Wehner wies sich aus und fragte den Mann, ob seine Tätigkeit mit dem Kongress am nächsten Wochenende in Verbindung stünde.

„Zander mein Name, ik bin der Hausmeister und eijentlich Mädchen für alles. Ik muss ein jutes Dutzend Tische und hundertfuffzich Stühle unterbringen. Unvorstellbar! Is jedenfalls nicht ohne und muss jenau jeplant sein. Da wir am Dienstag bis Mittwoch im Schloss einen Film-Dreh haben, kann ik mit meinen Helfern erst am Donnerstag anfangen. Deswegen muss ik heute schauen, wie es so jeht, obwohl ik eijentlich freihabe."

„Hundertfünfzig Stühle, die Veranstalter rechnen aber mit vielen Teilnehmern", meinte Melissa überrascht.

„Jenauso is es, jnädige Frau, hundertfuffzich wurde mir gesagt. Im vorderen Teil wird ein Buffett aufjebaut, wird alles am Sonnabend jeliefert. Eine Mordsarbeit, sach ik Ihnen, kommt man so richtig ins Schwitzen bei. Ik werde janz durstig, wenn ik nur dran denke."

„Na, dann trinken Sie mal ne Molle aufs gute Gelingen", sagte Wedigo und drückte dem Mann eine Münze in die Hand.

„Det tu ik, jnädiger Herr", sagte Zander, „danke och, dann will ik mal wieder."

Er fuhr mit dem Messen fort.

„Wir sollten klären, wer im Gelände filmt", schlug Wedigo vor. „Auf diese Weise könnte eine Vielzahl von Personen im Schloss agieren, ideal für Odin, in der Menge unterzutauchen."

„Fahren wir zum Filmstudio."

Im UFA-Studio herrschte für den Betrachter ein großes Durcheinander. In einem Raum wurde gezimmert, im anderen tapeziert, gemalt und Böden verlegt. Im nächsten wurden die Kostüme geschneidert, im vierten fanden die Anproben statt, im sich anschließenden Raum waren verschiedene Fräulein am Schminken. Der Feiertag spielte offenbar keine Rolle. Schließlich traten sie in einen weiten Saal, dessen Decke gänzlich aus Glas bestand. Hier liefen die Dreharbeiten, die Aufnahmen hatten gerade begonnen. Vorsichtig hielten sich die drei Besucher im Hintergrund und beobachteten von da aufmerksam das Geschehen. Grünlich schimmerten die Gesichter in dem scharfen Licht der langen Quecksilberröhren. Die großen Lampenständer verteilten Licht und Schatten für den eben gebrauchten Atelierwinkel. Der Regisseur gab ein Zeichen und das Spiel begann. Alles Geplauder, das noch vor kurzem den riesigen Raum erfüllt hatte, verstummte. Einzig der Mann im weißen Kittel stand jetzt im Zentrum der allgemeinen Aufmerksamkeit. Kaugummi kauend betrachtete er mit scharfen Augen das Geschehen. Neben ihm befand sich der leitende Kameramann, eine Pfeife im Mund. Zwei Gestalten traten ins Licht, bewegten sich langsam von rechts nach links, blieben stehen. Plötzlich hob der Regisseur den Kopf, winkte dem Mann mit der Pfeife – die Pfeife schrillte. Im selben Augenblick stand alles still, kein Finger rührte sich mehr, die Kamera stoppte.

Abrupt drehte sich der Mann im weißen Kittel um.

„Was machen Sie hier?", fragte er schroff. „Wir sind mitten in der Aufnahme …"

Er verstummte, als er die Gräfin sah, deren Gesicht und Gestalt ein Scheinwerfer in goldgelbes Licht tauchte.

„Bleiben Sie so stehen, gut. Den Arm etwas höher, gut so. Und jetzt gehen Sie auf mich zu. Wunderbar. Ihre Züge, dieser spezielle Ausdruck und die beiden Farben, Blond und das Blau des Kleides. Ein blauer Engel …"

Er seufzte und wandte sich an Wedigo.

„Fritz Murnau, Sie sind der Agent der Dame?"

„Nein, mein Herr. Von Wedel, die Dame, Gräfin Walewska, ist meine Frau und wir sind nicht zum Vorspielen gekommen."

Wehner trat vor, zückte seinen Ausweis und bat Murnau darum, ihn kurz sprechen zu dürfen. Dieser zuckte mit den Achseln.

„Sie haben uns ohnehin unterbrochen, andererseits …"

Er warf Melissa erneut einen Blick zu, wandte sich dann aber an den Kommissar.

„Womit kann ich Ihnen helfen?"

Wehner schilderte kurz, was sie ins Studio geführt hatte.

„Sie fürchten, eine radikale Gruppe würde eine Veranstaltung, die am nächsten Wochenende geplant ist, empfindlich zu stören versuchen und unsere Dreharbeiten im Schloss nutzen, um Entsprechendes vorzubereiten?"

„Exakt."

„Natürlich unterstütze ich Sie. Für die Abläufe drüben im Schloss darf ich Sie an Max Hiller verweisen. Er hat im ‚letzten Mann' eine tragende Rolle und kennt sich in den Szenen, die wir nächste Woche dort drehen wollen, entsprechend gut aus. Er wird Ihnen alles erläutern."

Murnau rief laut: „Max!"

Hiller war ein groß gewachsener, schlanker Mann von Mitte dreißig, dem die Berliner Herkunft deutlich anzuhören war. Er begleitete sie zum Schloss. Hilfsbereit erklärte er geduldig, welche Szenen mit welcher Besetzung Murnau nächste Woche im Schloss drehen wollte.

„Herr Jannings spielt einen alten Portier des Hotels Atlantic, der eines Tages zum Toilettenmann degradiert wird. Als seine Tochter heiratet, stiehlt er eine Uniform, um bei der Trauung den Schein zu wahren. Diese Kirchenszene und die anschließende Feier drehen wir drüben im Tanzsaal. Somit sind jede Menge Menschen, neben der Braut Maly Delschaft und mir und der direkten filmischen Verwandtschaft eine Vielzahl von Komparsen, mit vor Ort. Natürlich auch die Kameraleute, die Schminke und und. Gut hundert Personen."

„Schwierig, die alle im Blick zu behalten", meinte Wehner. „Wir müssen uns noch andere Vorgehensweisen überlegen."

Nach kurzem Nachdenken kam Hiller eine Idee: „Sie könnten", sagte er, „wenn Sie wollen, als Komparsen am Dreh teilnehmen."

„Eine hervorragende Idee", lobte Wedigo, „so hätten wir die Möglichkeit, alles genau zu beobachten. Was meinst du, Melissa?"

„Dein Hang für das Filmvolk ist mir bekannt. Wer spielt die weibliche Hauptrolle?", wandte sie sich an Hiller.

„Maly Delschaft ist die Braut", antwortete dieser verblüfft. „Natürlich nur im Film."

„Haben Sie ein Foto Ihres Fräulein Braut?"

„Rein zufällig ja. Das muss ich nämlich in einer Szene meiner ‚Tante' Emilie Kurz zeigen."

Er griff in sein Jackett und zog ein etwas zerknittertes Foto hervor, das er Melissa reichte. Sie studierte es eingehend und gab es dann zurück.

„Ich denke, von der Dame droht keine Gefahr, es sei denn, du hättest einen Hang zum Ländlichen, was mir neu wäre."

„Ich habe überhaupt keinen Hang, meine Liebe", erwiderte Wedigo lachend. „Wir sind als Komparsen dabei, Sie auch, Kommissar Wehner?"

„Ich bleibe lieber im Hintergrund. In der offenen Szene bekomme ich Lampenfieber."

„Schön", sagte Hiller, „ich plane Sie beide am Dienstag und Mittwoch ein. Bitte seien Sie pünktlich um acht Uhr am Drehort. Wenn es geht in feierlicher Kleidung. Im Anzug und im festlichen Kostüm, es geht um eine Hochzeit. Die Tagesgage beträgt …", er brach ab. „Ich habe ganz vergessen, es geht Ihnen um etwas anderes als darum, Geld zu verdienen."

„Sie meinen, Ruhm und Ehre genügten? Nein, mein Lieber, wenn ich schon im Film bin, dann mit Gage", erklärte Melissa. „Also, wieviel?"

„Zehn Mark pro Kopf und Tag. Verpflegung kommt dazu."

„Sie verwöhnen die Leute", spottete die Gräfin. „Bis Dienstag."

Auf dem Rückweg erörterten sie das Gesehene. Wehner sagte zu, mit zwei weiteren Polizeibeamten das Umfeld im Blick zu behalten.

„Gemeinsam werden wir den Kerlen bestimmt auf die Spur kommen und, wie ich hoffe, den oder die Mörder endlich stellen."

„Dass die Filmleute heute drehen durften", wunderte sich Melissa beim Abendessen. „Früher wäre das am Karfreitag nicht denkbar gewesen."

„Wir sind im roten Berlin und im liberalen Potsdam, hier ist manches möglich, das im katholischen Rheinland oder gar in Bayern streng verboten wäre. Erinnere mich daran, Nicolai eine Nachricht zu schicken. Am Dienstag sind wir beim Film, parallel sein neues Büro aufzusuchen dürfte schwierig werden."

Den Sonnabend verbrachten sie mit Ostereinkäufen und einer Schiffstour auf der Havel. Carlos durfte ganz kurz an das Ruder der ‚Havelkönigin' und bekam dazu vom Steuermann die Mütze aufgesetzt. Der Junge war begeistert und überzeugt, später, wenn er groß wäre, werde er auch ein ‚Kapitäner' werden.

Am Abend besuchten Herr und Frau von Wedel eine Vorstellung im Admiralspalast, die Revue ‚Drunter und Drüber'. Das frühere Admirals-Gartenbad war 1910 zum Berliner Eispalast, mit Eis- und Kegelbahnen, einem Kino und natürlich weiteren Baderäumen geworden. Der imposante Baukomplex wurde bald nur noch als Admiralspalast bezeichnet. 1923 war es Schluss mit der Baderei. Ein gewisser Hermann Haller eröffnete ein Revue-Theater, dessen erstes Stück vom September letzten Jahres im aktuellen Osterprogramm wiederaufgenommen worden war. Heute sahen sie eine bunte Szenenfolge, etwa Molly Wessely als Frau des Tutanchamun oder Uschi Elliot inmitten schlanker ‚Fußballgirls' und andere Gefälligkeiten mehr. Am Ende tönte das bekannte Walter Kollo Lied ‚*Solang noch Untern Linden die alten Bäume blühn, kann nichts uns überwinden, Berlin bleibt doch Berlin*'. Das Publikum sang fröhlich mit.

In der Pause trafen sie zur ihrer Überraschung Oberst Gudowius und seine Gemahlin Agnes, eine Geborene von Spalling, Tochter des Kommandanten des Truppenübungsplatzes Döberitz, Generalmajor Artur von Spalling. Gudowius trug Uniform mit dem Pour le mérite sowie mit dem Königlich Preußischen Hausorden von Hohenzollern mit Schwertern. Eine imposante Erscheinung. Während sich die Damen über das Stück unterhielten und über die bevorstehende Verlobung der Tochter Lieselotte, rauchten die Herren abseits eine Zigarre. Dabei kam der Oberst noch einmal auf die Einladung zur Tagung am nächsten Wochenende zu sprechen.

„Irgendetwas gefällt mir an der Sache nicht", sagte Gudowius „Deswegen habe ich mich auch mit Nicolai in Verbindung gesetzt."

„Das hat uns sehr geholfen. Ich werde übrigens ebenfalls vor Ort sein."

„Freut mich zu hören, Sie sind immer noch der Schwarzen Reichswehr auf der Spur?"

„Ihren radikalen Zweigen."

„Verstehe. Sie wissen, ich habe als Festungskommandant im Herbst letzten Jahres diesen Major Buchrucker direkt bekämpft, bin aber der Meinung, dass der Mann nur ein kleines Licht war und ist. Hinter ihm und den ganzen Wehrverbänden stecken völlig andere Kreise. Habe mir meine Gedanken gemacht und bin überzeugt, er und seine Mitstreiter wurden finanziell von Leuten unterstützt, die offiziell gänzlich andere Ziele und Vorstellungen haben. Banken, gewisse Frankfurter Finanziers oder gar das Ausland."

„Wie kommen Sie darauf, Herr Oberst?"

„In den sogenannten höheren Kreisen der Stadt kursierten einige Gerüchte, die in diese Richtung verwiesen. Überall Buchruckers, Sie verstehen. Wollte Ihnen das schon damals sagen, unser Treffen fand jedoch nicht statt."

„Das bedaure ich und entschuldige mich nochmals."

„Macht nichts, konnten nichts dafür. Schwamm drüber, jetzt sprechen wir ja."

„Haben Sie ein bestimmtes Land als Finanzgeber in Verdacht?"

„Die Sowjets oder die Franzosen, vielleicht auch Italien."

Die Damen traten wieder zu ihnen und das Gespräch wandte sich anderen Themen zu. Auf dem Heimweg tauschten Melissa und Wedigo ihre Eindrücke aus.

214

„Frau Gudowius ist eine reizende Dame, aber alles dreht sich bei ihr um die geplante Verlobung ihrer Agnes mit einem Walter Reichelt. Das war sicher nicht euer Gesprächsinhalt?"

„Der Oberst kam nochmals auf Buchrucker zu sprechen. Er vermutet ausländische Geldgeber hinter dem Geschehen. Jedenfalls wird das in Küstriner Gesellschaftskreisen so kolportiert."

„Und welche Länder hält er für die Geldgeber?"

„Er nannte die Sowjets, die Franzosen und Italien. Und er sprach ganz allgemein von gewissen Finanziers."

„Und was meinst du?"

„Russland ist nicht an einer Destabilisierung Deutschlands interessiert. Im Gegenteil, in Rapallo haben sich die beiden großen Verlierer des Krieges geeinigt. Wenn ich Nicolai richtig verstanden habe, gibt es neben engeren Handelsbeziehungen sogar einen Austausch zwischen Reichswehr und Roter Armee, natürlich nicht offiziell."

„Frankreich würde sich gewiss eher engagieren. Paris nutzt alles, um Berlin zu schaden", überlegte Melissa. „Allerdings könnte ich mir durchaus vorstellen, dass auch Mussolinis Faschisten ihren deutschen Gesinnungsgenossen ideologisch und materiell gern unter die Arme greifen."

„Das ist alles denkbar. Doch Hinweise auf bestimmte Frankfurter Finanzkreise sind blödsinnig und klingen mir sehr nach antijüdischer Schablone."

Sie kamen zu Hause an. Für die Feiertage war noch das ein oder andere vorzubereiten, wobei für das leibliche Wohl bereits gesorgt war. Denn die Hasen- und Eiersuche sollte aufgrund des fehlenden Gartens bei der Tante im Grunewald stattfinden. So verbrachten sie das Osterfest in der Fontanestraße.

Am Dienstagmorgen Punkt acht fanden sich Wedigo und Melissa am Schloss Babelsberg ein. Es herrschte bereits ein buntes Treiben. Kameraleute, Schauspieler, Komparsen und andere Hilfskräfte liefen durcheinander und schwatzten und lärmten ohrenbetäubend. Melissa trug heute ein schwarzes, samtenes Spitzenkleid, dazu einen kecken schmalen Hut mit hüllendem Schleier, der ein unauffälliges Beobachten ermöglichte. Wedigo hatte sich für einen grauen Frack mit passendem Zylinder entschieden. Murnau begrüßte beide persönlich.

„Gnädige Frau, ganz hinreißend, wie Sie aussehen, wie die Melanie in meinem Film ‚Phantom‘. Nur viel geheimnisvoller als Aud Egede-Nissen. Und Ihr Gemahl verkörpert weltmännische Gediegenheit. Großartig. Emil, komm, ich darf dir unsere beiden besonderen Komparsen vorstellen. Der blaue Engel, von dem ich dir und Carl Zuckmayer erzählte. Sehr schön. Sie sitzen beide möglichst weit vorn, ein Augenschmaus für die Kamera."

Murnau schritt bereits weiter. Jannings verbeugte sich vor Melissa und eilte ihm nach.

„Du machst wirklich Furore beim Filmvolk", neckte Wedigo Melissa. „Aber ich darf sehen, wo ich bleibe. Keine Lyda Salmonova."

„Und das ist sehr gut so", gab seine Frau zurück und ihr entschlossener Gesichtsausdruck machte deutlich, dass sie in diesen Dingen keinen Spaß kannte.

Der Dreh begann.

9. Kapitel

Der letzte Mann

Kommunistischer Überfall auf Pfadfinder

Ein Toter, mehrere Verletzte

Am Ostersonntag hat sich bei Buckow in der Märkischen Schweiz ein blutiger Zusammenstoß zwischen kommunistischen und rechtsgerichteten Pfadfindern ereignet, in dessen Verlauf die Kommunisten einen Pfadfinder durch Messerstiche tödlich verletzten, einen weiteren verwundeten.

Berliner Tageblatt, 22. April 1924

Überall im Raum hatte man passende Holzbänke aufgestellt und an der Kopfseite eine Art Altar aufgebaut. Der Tanzsaal war zu einer respektablen Kirche geworden, in der jetzt die Hochzeit zelebriert werden sollte. Nur, die Umsetzung der Drehbuchvorlage dauerte. Wedigo hatte nicht geglaubt, dass es so schwierig sein könnte, eine einfache Trauung abzudrehen.

217

Mal war die Ausleuchtung zu grell, mal zu matt. Jemand stand am falschen Platz oder eine Person bückte sich. Dann wieder war der Blick des Paares Murnau nicht liebevoll genug und endlich, als alles zu stimmen schien, stolperte der Bräutigam über den Saum des Brautkleides ... So verging der Vormittag, und um zwölf war ‚Der letzte Mann‘ so gut wie nicht weitergekommen. Ein doppelter Pfiff, gefolgt von einem Gong, rief zur Mittagspause. Melissa kam an ihm vorbei und zwinkerte ihm leicht zu. Sie hatten ausgemacht, getrennt zu agieren, um so vielleicht mehr in Erfahrung bringen zu können. Wedigo übergab Frack und Zylinder einer Requisitendame zu treuen Händen, wobei er ausdrücklich darauf hinwies, dass beides sein Eigentum sei und niemand anderem zur Verfügung stehe. Dann machte er sich auf den Weg zum provisorischen Mittagstisch. Auf dem Weg dorthin begegnete er dem Hausmeister Herrn Zander, der ihn allerdings nicht erkannte. Der Mann wirkte ziemlich griesgrämig und brummelte vor sich hin. Plötzlich bückte er sich und hob einen Kittel hoch, den jemand achtlos in eine Ecke geworfen hatte. „Auch nicht“, stieß er zornig hervor. „Einfach fort.“ Er wandte den Kopf Wedigo zu, als er dessen Blick bemerkte: „Sie haben nicht zufällig meinen Schreibblock gesehen, Herr? Stehen alle meine Zahlen drin und jetzt is er weg.“

„Bedauere, Herr Zander, leider nicht.“

„Sie kennen mich, warten Sie, ik kenn Sie och. Sie sind doch der Herr, der mit der schönen Dame am Karfreitag hier war?“

„Stimmt genau, Herr Zander. Seit wann vermissen Sie Ihren Block?“

„Dass er weg ist, hab ik erst heute früh jemerkt.“

„Wirklich unschön, vielleicht nehmen Sie einen Schluck, um den Ärger herunterzuspülen.“

Wedigo drückte ihm eine Münze in die Hand.

„Dankeschön, jnädiger Herr, wenn ich mal was für Sie tun kann ...“

„Halten Sie die Augen auf und die Ohren offen. Wenn wieder etwas verschwindet oder Ihnen etwas Ungewöhnliches auffällt, sagen Sie mir Bescheid.“

„Mach ich, jnädiger Herr, mach ich.“

218

„Und kein Wort zu irgendjemanden."

„Verstehe, keene Sorje, Kurti Zander kann schweigen wie ein Grab. Wo finde ich den jnädigen Herrn?"

„Am Dreh."

„Am Dreh", wiederholte der Hausmeister und Wedigo ging weiter. Vor dem Schloss war auf der Terrasse eine Suppenküche aufgebaut worden. Ringsherum standen Bierbänke und -tische. Überall wurde gespeist, geredet und gelacht. Die Kost war einfach: Erbsensuppe mit Hartwurst, dazu ein oder zwei Scheiben Brot. Melissa saß mit Murnau und einem dunkelhaarigen Herrn um die dreißig am Tisch. Beide Männer redeten auf sie ein und wollten sie offenbar von irgendetwas überzeugen. Melissa nickte immer wieder ernsthaft, dann lachte sie laut. Weiter hinten, etwas abseits der Filmgruppe, entdeckte Wedigo Wehner mit zwei seiner Beamten, die ebenfalls Mittag machten. Der Kommissar gab ihm ein Zeichen und deutete auf einen Kastanienbaum, der im hinteren Teil des Schlossgartens stand. Wedigo nickte und schlenderte dorthin. Er stellte sich in den Schatten des Stammes, der ihn vor neugierigen Blicken gut schützte. Dann zündete er sich eine Zigarette an und wartete auf Wehner. Dieser erschien wenige Minuten später.

„Herr von Wedel, gibt es bei Ihnen Neues?"

„Außer dass Murnau offenbar meine Frau zum Film bringen will, nein. Und bei Ihnen?"

„Vor der Synagoge in der Oranienburger Straße wurde ein verdächtiger Wagen aufgebracht. Er wurde zur Seite gezogen und wird gerade von Spezialisten untersucht."

„Und hier?"

„Wir haben die meisten der Komparsen bei ihrem Eintreffen kontrolliert. Alles harmlose Leute."

„Finde ich Sie endlich, meine Herren, es wurde auch Zeit", ertönte die Stimme Nicolais, der gleichsam aus dem Nichts zu ihnen trat. „Ich darf Sie bitten, mit mir ein Stück zu gehen. Es gibt wichtige Neuigkeiten zu besprechen."

Wo kam der Oberst so plötzlich her? Wieder eines seiner kleinen Spiele; Wedigo schüttelte innerlich den Kopf und folgte ihm mit Wehner zum Ufer. Ohne große Vorrede kam Nicolai gleich zur Sache: „Mir ist es gelungen, Otto Peltzer aufzuspüren."

„Wie das?", fragte Kommissar Wehner ungläubig. „Die Polizei hat den Mann nicht finden können …"

„Meine Methoden sind wohl effektvoller", erwiderte Nicolai lächelnd. „Jedenfalls befindet sich der Mann an einem sicheren Ort. Er war auch bereit auszusagen, wohlgemerkt, wirklich auszusagen. Ich habe ihm vom Tod Gerda Mays berichtet und wie sie ermordet wurde. Da brach es geradezu aus ihm heraus."

Nicolai machte eine Pause, zog sein Zigarettenetui hervor. Er entnahm diesem eine Ägyptische und zündete sie in aller Ruhe an.

„Peltzer nannte drei Namen und zwei Anschlagsziele. Zudem machte er Angaben über eine konspirative Wohnung und ein weiteres Lokal, das als Treffpunkt dient. Mehr wusste er nicht zu sagen, und da Odin auf einem Zellensystem aufbaut, dürfte dies stimmen."

„Was ist mit den Papieren, die uns kurzfristig vorlagen?"

„Die will Peltzer nur zur Aufbewahrung bekommen haben, der Inhalt sei ihm nicht bekannt gewesen."

„Sagt er."

„Ich denke, es ist die Wahrheit. Der Kerl hat entsetzliche Angst vor Odin, dem einäugigen Vorsitzenden der Organisation. Besonders als er erfuhr, was mit seiner Verlobten geschehen ist."

„Welches sind nun die Ziele?", drängte Wehner

„Es sieht so aus, als ob wir mit Babelsberg richtig lägen. Dazu die Synagoge in der Rykestraße. Keine Sorge, ich habe Hauptkommissar Gennat bereits informiert."

„Und wann sollen die Anschläge stattfinden?"

„Die zeitlichen Angaben, die Peltzer machen konnte, erscheinen mir etwas vage. Beide Objekte stehen im Zusammenhang mit den Reichstagswahlen im Fokus der Gruppe. Das heißt, von heute ab bis zum vierten Mai. Wie kamen Sie eigentlich darauf, sich auf Babelsberg zu konzentrieren?"

Wedigo erklärte ihre Überlegungen. Es gongte.

„Alles Übrige kann Kommissar Wehner erklären. Ich müsste zurück zum Dreh."

„Gehen Sie nur, Herr von Wedel. Ihre Vorort-Aufklärung wird benötigt. Denn wie das Ganze vonstattengehen soll, das konnte uns Otto Peltzer nicht verraten. Herr Kommissar, Sie sind bitte heute Abend um acht zur Besprechung im Präsidium. Gennat und ich, versteht sich, sind ebenfalls vor Ort. Sie, Herr Major stoßen direkt nach Drehende hinzu. Auch Leutnant Schneidmann wird dabei sein. Meine Herren, bis heute Abend."

Wedigo holte sich Frack und Zylinder und kehrte in den Tanzsaal zurück, wo er wieder seinen Platz neben Melissa einnahm.

„Und was wollte Murnau von dir?", fragte er seine Frau im Flüsterton.

„Er und der andere Herr, ein gewisser Zuckmayer, haben die Idee, einen Roman zu verfilmen. Eventuell auch ein anderer Regisseur. Jedenfalls boten sie mir eine wichtige Rolle darin an."

„Was für eine Rolle?"

„So viel ich verstanden habe, soll ich eine verruchte Nachtclubsängerin spielen."

„Du hast natürlich abgesagt?"

„Wer weiß? Aber das Ganze ist bisher ohnehin nur eine Idee. Ich habe Nicolai gesehen", wechselte Melissa das Thema. „Was wollte er?"

„Er hat Otto Peltzer aufgespürt. Der hat ihm Namen genannt und ziemlich genau verraten, was Odin vorhat."

„Typisch Nicolai, er liebt es, als Deus ex machina aufzutreten und völlig überraschendes Wissen zu präsentieren, von dem keiner weiß, wie er zu diesem gekommen ist."

„Bitte Ruhe, Hochzeitszene, die 10.", kam vom Hilfsregisseur die Anweisung. Der Dreh ging weiter.

Sei es, dass das gesättigte Publikum mit größerer Ruhe bei der Sache war oder die morgendlichen Erfahrungen zum Tragen kamen, die Szene war beim zweiten Versuch im Kasten und alles wechselte in den Oberstock zum ‚Hochzeitsmahl'. Auch der Rest des Nachmittags verlief zur Zufriedenheit Murnaus, und diese und eine weitere Szene konnten bis achtzehn Uhr abgedreht werden. Wedigo wurde beim Festmahl die Aufgabe zuteil, ein Sektglas zum Wohle des Brautpaars zu heben und zu leeren. Es handelte sich bei dem ‚Sekt' allerdings nur um mit Holundersaft leicht eingefärbtes Mineralwasser. Er beobachtete das Geschehen sowie das Treiben der anderen Komparsen weiterhin aufmerksam, konnte jedoch kein auffälliges Verhalten oder andere Besonderheiten erkennen.

Die ‚Konferenz' im Polizeipräsidium begann pünktlich um acht. Gennat hatte von Trudi das sogenannte Besucherzimmer herrichten und belegte Brötchen zubereiten lassen. Trotz der abendlichen Stunde wurde zusätzlich Pflaumen- und Streuselkuchen serviert, mit dem Hauptkommissar als primärem Verkoster. Oberst Nicolai skizzierte den aktuellen Wissensstand: „Nach Aussagen Otto Peltzers und eigenen Erkenntnissen dürfte die Militärhistorikertagung vom kommenden Wochenende im Zentrum der Aktivitäten von Odin stehen. Die denkbaren Sicherheitsmaßnahmen sind ungleich schwieriger einzurichten als im Fall der Synagoge in der Rykestraße. Aber dazu später. Wir kennen jetzt auch den alternativen Treffpunkt. Die Gaststätte Klöckner, das sogenannte Schultheisseck in der Danziger Straße."

„Wird bereits beobachtet", kommentierte Gennat.

„Jetzt komme ich zu dem Punkt, auf den wir alle schon lange gewartet haben. Herr Peltzer konnte uns drei Klarnamen nennen. Und zwar für Odin, Loki und Baldur. Zu Thor hat er zudem eine bemerkenswerte Vermutung geäußert."

Nicolai machte eine Pause und griff zu einem belegten Brötchen. Zu Wedigos Überraschung nahm Gennat das Wort.

„Der Mensch, der sich durch Odin verkörpern lässt, ist der Kriminalpolizei bekannt. Es handelt sich um den 49 Jahre alten Adam Alfred Rudolf Glauer, der sich auch gerne Rudolf von Sebottendorf nennt, mitunter auch ganz schlicht Erwin Torre. Der Mann gibt vor, sich intensiv mit dem

Sufismus, der Theosophie sowie Theozoologie des Lanz' von Liebenfels beschäftigt und vor dem Krieg eine mystische Loge in Istanbul ins Leben gerufen zu haben. Etwa 1917 trat Glauer dem völkischen Germanenorden bei und gründete ein Jahr später in München die Thule-Gesellschaft. Im Zentrum dieses Geheimbundes steht eine bösartige antisemitische Verschwörungstheorie, die die These eines ‚jüdischen Weltkomplotts' propagiert. Ihre Ziele sind die ‚Brechung der Zinsknechtschaft' und die Vertreibung der Juden aus dem germanischen Kulturkreis Deutschland. Das Zentralorgan der Thule-Gesellschaft ist der sogenannte Völkische Beobachter. Aus dem Kreis der Mitglieder ging das Freikorps Oberland hervor. Anton Graf von Arco auf Valley, der den bayerischen Ministerpräsidenten Kurt Eisner ermordete, war Mitglied der Gesellschaft, wurde aber unmittelbar vor der Tat als Halbjude aus der Gesellschaft ausgeschlossen. Glauer hat zudem bereits 1919 zur Urzelle der NSDAP, dem Freien Arbeiterausschuss, einen engen Kontakt aufgebaut."

„Angeblich soll der Mann jetzt in Mexiko leben", übernahm wieder Nicolai. „Es ist aber als sicher anzusehen, dass Glauer die Gründung der Organisation Odin initiiert und deren Vorsitz übernommen hat."

„Das klingt gewaltig nach einer ultrarechten Bewegung", sagte Wedigo, „wobei Peltzer behauptete, Odin habe mit völkischen Ideenwerk nichts zu tun."

„Eine Schutzbehauptung", meinte Schneidmann, „der Kerl steckt wahrscheinlich bis zum Hals mit in der braunen Scheiße."

„Womit wir zu Loki kommen", fuhr der Oberst fort. „Nach Peltzers Aussage verbirgt sich hinter dem Listenreichen Manfred von Killinger. Bitte, Herr Hauptkommissar."

Gennat nahm eine Akte hervor und begann Passagen aus ihr zu zitieren: „Besagter Manfred Freiherr von Killinger wurde am 4. Juli 1886 auf Gut Lindigt bei Nossen geboren. Er besuchte die Fürstenschule St. Afra, das Kadettenkorps Dresden und das Gymnasium Freiberg. 1904 trat er als Seekadett der Marine bei. Im Weltkrieg nahm er 1916 als Torpedobootkommandant an der Skagerrakschlacht teil. 1918 schloss er sich der

Brigade Ehrhardt an, mit der er sich 1920 am Kapp-Putsch beteiligte. Anfang 1921 trat Killinger in die Zentrale der Organisation Consul ein und übernahm die Führung der militärischen Abteilung. Ende Juli/Anfang August erteilte er wohl den Mitgliedern Tillessen und Schulz den Befehl des Germanenordens, Matthias Erzberger zu ermorden. Nach dem Mord verhalf Killinger beiden zur Flucht. Im September 1921 wurde der Mann wegen Beteiligung an dem Mordkomplott verhaftet und im Juni 1922 wegen Beihilfe zum Mord angeklagt. Ein Jahr später hat man ihn, trotz belastender Beweismittel, freigesprochen. Auch das Reichsgericht hielt das Urteil im Februar 1923 aufrecht. Er zog nach Dresden, wo er die Führung des sächsischen Bundes Wiking übernahm. Zusätzlich wurde er der Führer des Gaues Ostsachsen des Wehrwolfs. Im Rahmen der Ermittlungen nach der Ermordung Walther Rathenaus wurde Killinger vor kurzem wieder verhaftet und zu acht Monaten Gefängnis verurteilt, aber ohne Strafvollstreckung auf freien Fuß gesetzt. Bei Odin gilt er als Stellvertreter Glauers."

„Die Justiz ist auf dem rechten Auge völlig erblindet", empörte sich Wehner.

„Der dritte im Bunde, Baldur", sprach wieder Nicolai, „ist ein gewisser Joseph Fleck, ein entfernter Cousin Wilhelm und Wolfgang Flecks, der Wilhelm sehr ähnelt und das zu nutzen sucht."

„Und die Augenklappe?", fragte Wedigo.

„Ebenfalls ein Täuschungsmanöver. Er ist zehn Jahre jünger als Wolfgang Fleck, war im Krieg Oberleutnant und kämpfte später im Baltikum. Joseph Fleck ist offenbar Gründungsmitglied von Odin und Organisator diverser Aktionen und wahrscheinlich auch etlicher Anschläge. Zudem soll er Verbindungen zu verschiedenen Heimwehren in Pommern und Oberschlesien haben."

„Klingt alles sehr vage."

„Absolut korrekt, viel mehr ist über den Mann nicht bekannt. Wahrscheinlich ist er eine Art vom Exekutivorgan."

„Was ist mit Thor?", fragte Wehner.

Nicolai nickte Schneidmann zu. Schneidmann, der sich bisher im Hintergrund gehalten hatte, straffte die Gestalt.

„Peltzer", berichtete er, „erzählte beim Verhör von einem Treffen, bei dem ausländische Gäste anwesend waren. Einer von ihnen referierte über die Französische Revolution und bezeichnete das Geschehen als das bösartige Teufelswerk von Juden, Freimaurern und Amerikanern. Die jüdische Weltverschwörung gehe weiter, behauptete der Redner und verwies auf die Protokolle der Weisen von Zion."

„Eine antisemitische Hetzschrift", entfuhr es Wehner.

„Korrekt, aber es ging um etwas anderes", sagte Nicolai, „Leutnant Schneidmann, bitte weiter!"

„Der Vortragende soll einen starken französischen Akzent gehabt haben. Er wurde auch von einem anderen Gast auf Französisch angesprochen. Dabei soll der Name Maurras gefallen sein."

„Hat der nicht vor dem Krieg Camelots du roi gegründet?", fragte Wedigo.

„Im Jahre 1908", bestätigte Nicolai. „Jetzt ist er der Vorsitzende der Action française. Diese ist, inspiriert von den Verschwörungstheorien Édouard Drumonts, eine radikale antijüdische Vereinigung."

„Eine antisemitische Kooperation zwischen Deutschen und Franzosen", rief Wedigo, „unglaublich."

„Und mit französischen Geldern finanziert", ergänzte Gennat. „Der Verbindungsmann ist ein französischer Offizier der Commission militaire interalliée, ganz offensichtlich Colonel Jacques Bariéty, der bei Odin als Teutates, das ist der gallisch-keltische Thor, bekannt ist."

„Geld aus Frankreich. Wie kam es dann zum Mord an de Moirot?", überlegte Wedigo laut.

„Möglicherweise interne Konkurrenz oder persönliche Querelen; wir werden das sicher noch klären", sagte Gennat „Jetzt ist wichtig, dass wir jede Form einer Gewalttat ausschließen. Nicht auszudenken, was das für Auswirkungen hätte, wenn auf das Schloss Babelsberg ein Anschlag verübt würde."

„Oder auf eine Synagoge", ergänzte Nicolai.

„Konkret heißt das, wir werden die Sicherung der Synagogen und von Schloss Babelsberg ab morgen zusätzlich verstärken. Die entsprechenden Posten stehen im Funkkontakt, um schneller handeln zu können."

Gennat und der Oberst beendeten das Treffen.

Am nächsten Tag waren Wedigo und Melissa wieder Punkt acht am Drehort. Schneidmann und Elisa hatten sich ihnen zugesellt und wurden von Max Hiller problemlos in die Komparserie aufgenommen. Der Dreh im Schloss war am Vormittag beendet und das Heer der Schau- und Mitspieler, der Kameraleute und Assistenten, kurz, der ganze Tross kehrte in die UFA-Studios zurück. In der Mittagspause gesellte sich ein weiterer Herr an Melissas Tisch, ein Herr von Sternberg, der offenbar ebenfalls filmische Ambitionen mit ihr verfolgte. Wedigo hielt von dem Ganzen wenig, wollte ihr aber nicht den Spaß verderben und zog sich mit Schneidmann ans Havelufer zurück. Elisa dagegen wich, vor Aufregung, es mit den Großen der Filmbranche zu tun zu haben, der Freundin keine Sekunde von der Seite.

Nahe dem Ufer vor dem Schloss lag ein größeres Segelboot vor Anker. Träge dümpelte es im Wasser vor sich hin, vom Kapitän und einer Mannschaft war nichts zu sehen. Schneidmann erzählte, wie Nicolai ihn am Freitag quasi aus dem Bett geholt und mit auf seine Reise genommen habe. Kurz nach Leipzig sei ihnen in einem Abteil ein Mann aufgefallen, der sich bei ihrem Erscheinen hastig abwandte. Nicolai hatte einfach die Tür geöffnet und die Identität des geheimnisvollen Reisenden aufgedeckt: Vor ihnen saß Otto Peltzer!

Soweit war der Freund gekommen, da erschienen Melissa und Elisa. Beide waren aufgeregt wie die Backfische und atemlos vom schnellen Laufen.

„Stellt euch vor, wir bekommen beide wirklich eine Rolle in Herrn von Sternbergs geplantem Film!"

„Was für ein Film?"

„Der blaue Engel'. Von dem rede ich die ganze Zeit. Ich soll die Lola spielen und Elisa eine Kollegin von mir."

„Geht es in dem Film freizügig zu?", forschte Schneidmann, der in diesen Dingen höchst moralisch war.

„Kaum oder nur sehr wenig", behauptete Melissa kühn. „Das Drehbuch wird erst noch geschrieben. Kommt jetzt, es geht am Dreh gleich weiter."

Am frühen Abend waren die für den Tag angesetzten Szenen im Kasten und die Komparsen erhielten ihre Löhne. Die Herrn Zuckmayer und von Sternberg wollten Melissa und Elisa noch zum Essen ins Adlon einladen, um das am Mittag Besprochene detailliert zu vertiefen. Auf Intervention der beiden Ehemänner wurde das Arbeitsessen auf den Sonntag verschoben. Beide signalisierten zudem, dass ihre Teilnahme am ‚Geschäftsessen' eine Conditio sine qua non sei.

Die Damen revanchierten sich, indem sie die gleiche Bedingung für die nächsten Tage einforderten.

„Ich bin beim Kongress dabei, damit das klar ist", stellte Melissa unmissverständlich fest.

Elisa äußerte sich bei Schneidmann entsprechend. Dieser sollte die Sicherungsmaßnahmen im Hinblick auf die Synagogen kontrollieren und ihm war anzusehen, dass ihm Elisas Engagement wenig behagte.

„Ich sehe zwar keinen Zusammenhang zwischen Odin und Blauem Engel", meinte Wedigo. „Aber wenn du das siehst …"

„Ich sehe es!", erwiderte Melissa. Die Damen blieben hart und so stimmten die Ehemänner notgedrungen zu.

Am Freitagmorgen lag über dem ganzen Land warmer Sonnenschein. Der Frühling schien den Winter endgültig besiegt und die Herrschaft über das Jahr eingenommen zu haben. Nachdem sie Carlos zu Nadja gebracht hatten, fuhren Wedigo und Melissa in ihrem grünen Frosch über die Landstraße nach Potsdam-Babelsberg. Dort herrschte bereits aufgeregtes Treiben, denn der Kongress sollte um elf beginnen und das eine oder andere schien noch nicht fertig vorbereitet zu sein. Leute eilten geschäftig mit Papieren hin und her, andere trugen Tische und Stühle. Der für die Organisation zuständige Leiter, ein Herr von Haeften, war entsetzt, dass vor allem im Tagungssaal, in dem Wedigo unschwer die frühere ‚Kirche', vulgo den ‚Tanzsaal' erkannte, die Bestuhlung noch mangelhaft war.

„Herr Zander hat mir zugesichert, heute früh sei alles bereit und jetzt ..." Er wies auf das ersichtliche Chaos. „Und keiner weiß, wo der Mann ist."

Wedigo versprach, nach dem Hausmeister zu schauen. Dabei konnte er gleich die Räume inspizieren und prüfen, ob irgendetwas auffällig sei. In den oberen Etagen war von der Aufregung des Parterres nichts zu spüren. Offenbar wurden die meisten Räume nicht gebraucht. Auch Zander war nicht zu sehen. Wedigo wollte schon umkehren, da entdeckte in einem der hinteren Zimmer im Schatten einen walzenförmigen, in grobes Tuch gehüllten Gegenstand. Vorsichtig beugte er sich zum Fund und zog langsam den Stoff zur Seite. Es war Zander, er hatte den Hausmeister gefunden. Sein Gesicht war blau angeschwollen, um den Hals war ein Seil fest zugezogen. Jemand hatte den Mann ermordet! Sofort fiel Wedigo der verschwundene Notizblock ein. Zander musste etwas Wichtiges entdeckt haben und war dafür umgehend entsorgt worden. Eindeutig, Odin hatte zugeschlagen und wahrscheinlich irgendwo im Schloss eine Sprengladung versteckt. Wedigo rannte nach unten.

„Alles raus!", rief er. „Im Schloss befindet sich eine Bombe!"

Zum Glück waren die Kongressteilnehmer noch nicht eingetroffen, sodass die Evakuierung, trotz einer gewissen Panik, nahezu reibungslos verlief.

Die Menschen sammelten sich nahe dem Ufer. Wedigo informierte Gennat per Funk über seine Entdeckung, dann schaute er sich suchend um. Wo war Melissa? Im Gebäude befand sich niemand mehr, davon hatte er sich trotz der Gefahr selbst überzeugt. Sein Blick fiel aufs Wasser. Der Segler von gestern steuerte gerade auf die offene Wasserfläche hinaus. Täuschte er sich oder sah er dort an der Reling eine Frau stehen? Sie winkte verzweifelt und wurde unmittelbar danach von einem Mann ins Bootsinnere gezerrt. Das war Melissa, Odin hatte sie entführt! Wedigo rannte zur ambulanten Funkstation und ließ sich erneut mit der Einsatzzentrale verbinden.

„Hier Gennat."

„Hier von Wedel, Babelsberg. Haben wir ein Polizeiboot in der Nähe?"

„Auf der Höhe des Dampfmaschinenhauses."

„Bitte das Boot sofort hierher schicken. Odin hat Melissa mit einem Segler entführt. Kurs des Entführers Richtung Kaiser-Wilhelm-Brücke."

Wenige Minuten später tauchte das Polizeimotorboot auf und Wedigo ging an Bord.

Johannes Schneidmann und Elisa befanden sich auf dem Wörtherplatz, wo heute Markttag war. Ein Polizeiwagen parkte an der Seite, um notfalls die Posten an der Synagoge in der Rykestraße unterstützen zu können. Schneidmann hatte sich in seiner Funktion als Sonderermittler Meldung erstatten lassen: „Keine Besonderheiten." Beide liefen weiter durch die Stände. Hier gab es Brot, dort Kräuter, daneben Würste und Schinken, links davon Kräuterschnaps, rechts Geschirr, vor allem Teller und Tassen. Elisa blieb kurz am Butter-Eier-Käse-Stand stehen, um ein Stück Ziegenkäse zu erwerben. Der Kauf kam in den Korb und das Paar schlenderte weiter. Schneidmann trug das bereits mit Gemüse angefüllte Behältnis, was ihm als eine gute Tarnung erschien. Dennoch war es ihm nicht ganz wohl bei dem Gedanken, in dieser Aufmachung die Posten in der Rykestraße zu kontrollieren. Elisa, der er seine Befürchtungen vortrug, lachte.

„Wie wäre es, wenn du den Korb vor deiner Posteninspektion einfach an mich weiterreichst? Du kannst dich im Anschluss wieder deinen Kavalierspflichten widmen."

Sie passierten den Wasserturm und wandten sich links in Richtung Synagoge. Ein Laster kam von der unteren Tresckowstraße herangerast und bog derart knapp vor ihnen in die Rykestaße, dass Schneidmann seine Frau gerade noch zurückreißen konnte. Der Wagen stoppte direkt vor der Synagoge und ein Trupp Männer mit Masken sprang heraus. Sie eröffneten sofort das Feuer auf die überraschten Polizisten, die im Kugelhagel zu Boden gingen.

„Lauf, Elisa, zum Wörtherplatz und gib Alarm!"

Er selbst ließ den Korb fallen, zog eine Waffe hervor und rannte, die Deckung eines Baumes nutzend, auf die Angreifer zu. Schneidmann schoss dreimal, zwei der Angreifer gingen zu Boden, ein Projektil traf als Querschläger die Plane des Lasters. Überrascht von der Attacke aus unerwarteter Richtung wandten sich die anderen Schneidmann zu. Einer von ihnen richtete eine Thompson-Maschinenpistole auf ihn aus und gab mehrere Feuerstöße ab. Dem Beschossenen kamen seine Kriegserfahrungen zugute, denn er hatte – gleichsam automatisch – die Position gewechselt und der Geschosshagel ging ins Leere. Schneidmanns Kugel fand dagegen ihr Ziel und der dritte Maskierte brach in die Knie. Die übrigen fünf Männer agierten jetzt mit größerer Vorsicht und Umsicht. Zwei suchten hinterm Laster Deckung und überschütteten Schneidmann, der sich hinter einen Baum niedergeworfen hatte, mit einem wahren Feuersturm. Die drei anderen Kerle versuchten, sich auf der Gegenseite an ihn heranzupirschen. Schneidmann wusste, dass er auf Dauer einem konzentrierten Ansturm nicht standhalten konnte. Ein Rückzug schien ebenfalls unmöglich. Das dürfte es gewesen sein, dachte er. Nein, das durfte nicht das Ende sein. Er merkte, dass er einfach nicht sterben wollte. Schon gar nicht jetzt und hier und durch die Hände dieser verdammten Verbrecher. Eine Idee, noch unscheinbar und unscharf, nahm in ihm Konturen an.

Schneidmann robbte zurück. Jetzt lag der Korb knapp neben ihm, nicht ohne Grund. Denn ergänzend zu Elisas Gemüse, Brot und Käse hatte er an einem Stand einen Bauernschnaps verkostet und ein Fläschchen Hochprozentiges erworben. Er zog das Behältnis mit dem Fuß zu sich heran. Gleichzeitig jagte er mehrere Schüsse in Richtung der Angreifer auf der rechten Straßenseite raus. Jetzt hatte er den Korb, kramte in dem Durcheinander blind wühlend die schmale Flasche hervor. Er öffnete sie und stopfte einen Papierstreifen, der sich zum Glück im Ganzen fand, in den Hals. Ein scharfer Schmerz durchzuckte ihn, er war fast ohne Deckung; eine Kugel hatte ihr Ziel gefunden und seine Schulter getroffen. Er merkte, wie ihn ein Schwindel packte. Keine Zeit für Schwindel, jetzt zählte jede

Sekunde, er musste einfach durchhalten. Mit der freien Hand suchte er in der Innentasche seiner Jacke, das Feuerzeug, da war es. Er holte es hervor, wieder durchbohrte Schmerz sein Denken und kurz verschwamm alles vor seinen Augen. Noch einmal riss sich Johannes Schneidmann zusammen. Irgendwie gelang es ihm, den Papierstreifen zu entzünden. Dann erhob er sich halb und warf mit letzter Kraft die Flasche in Richtung der drei rechtsseitigen Angreifer. Mitten zwischen ihnen zerbrach sie, und eine Explosion fegte die Männer feurig zur Seite. Schneidmann bekam von dem Geschehen nichts mehr mit. Auch nicht, dass im gleichen Augenblick ein Polizeiwagen um die Ecke raste, die Beamten heraussprangen und die letzten der maskierten Verbrecher überwältigten.

Der Segler klappte den Mast und passierte die fünf Meter dreißig hohe Durchfahrt der Kaiser-Wilhelm-Brücke zwischen Potsdam und Glienicke. Das Polizeimotorboot nahm Fahrt auf und folgte dem entschwindenden Schiff. Als es ebenfalls die Brücke passiert hatte, war der Segler nicht mehr zu sehen.

„Meldung von der Funkstation Teufelsbrücke, Herr Major. Der Segler befindet sich querab Steuerbord mit Kurs auf Scarow. Keine Ahnung, was die Burschen beabsichtigen."

„Wir folgen", befahl Wedigo grimmig. „Bis wir die Kerle haben!"

Die Pfaueninsel kam in Sicht. Das Polizeiboot verkürzte den Abstand zu den Verfolgten zusehends. Jetzt erschien auf dem Deck eine dunkel gekleidete Gestalt, rannte zu einem Kasten und öffnete diesen. Ein steiles Art Rohr wurde sichtbar und in ihre Richtung bewegt. Dann knallte es und ein schwarzes Etwas sauste über ihre Köpfe hinweg und klatschte knapp neben der Backbordseite ins Wasser.

„Ein Minenwerfer", rief der Bootskommandant. „Gegenfeuer frei!"

Und ehe Wedigo eingreifen konnte, betätigte einer der Polizisten das vorne am Bug befestigte Maschinengewehr. Die Salve schlug direkt in den Schiffskörper ein.

„Stopp!", rief Wedigo. „Eine Geisel ist an Bord."

Doch schon erreichte der zweite Geschosshagel den Segler.

Dann schoss eine Stichflamme in die Höhe, ein gewaltiges Donnern erfolgte und der Segler brach in einer Flammenhölle in der Mitte auseinander.

„Melissa", Wedigo schrie verzweifelt ihren Namen: „Melissa!" Vor ihm versank sein Leben in der graublauen Flut der Havel.

Der Sonntag verging wie im Nebel. Wedigo holte Carlos morgens aus dem Grunewald ab. Das Kind fragte nach der Mama und wo sie sei. Sie komme bald, antwortete er, bald, bald. Der Sohn sah ihn verwundert an, dann spielten sie mit seinen Husaren. Nach dem Mittagessen spazierten beide durch den Tiergarten und fütterten Enten am Neuen See. Abends las er ihm ein Märchen vor, die Prinzessin auf dem Baum.

„Das war schön", sagte Carlos. „Morgen soll mir wieder die Mama vorlesen."

Der Junge schloss die Augen und schlief ein. Wedigo blieb einige Zeit an seinem Bett, dann ging er ins Arbeitszimmer. Dort saß er lange am Fenster und schaute in die dunkle, finstere Nacht. Bilder stiegen in ihm hoch. Als er Melissa das erste Mal getroffen hatte: Sie war gerade mit einem Hündchen an der Leine aus dem Damensalon des Adlons gekommen. Ein Jahr später das zweite Treffen, wieder mit einem Hund. Seltsam, an das Tier hatte er nie gedacht. Was wohl aus ihm geworden war? Melissa in Paris, in London, in Wien, in Sankt Petersburg, die Jahre in Argentinien. Vorbei, alles auf ewig und immer vorbei. Seine Augen wurden feucht und eine Träne rann die Wange hinab.

Am Montag überließ er nach dem Frühstück den Jungen der Obhut der Haushälterin und fuhr ins Krankenhaus, um nach Johannes Schneidmann zu schauen. Elisa saß am Bett. Sie erhob sich und umarmte ihn schweigend. Schneidmann war noch nicht ansprechbar, aber die Ärzte hätten ihr versichert, die Verwundungen an der Schulter und im Brustbereich seien zum Glück nicht lebensbedrohlich. Der Patient sei aber sicher noch zwei Wochen, mindestens jedoch zehn Tage zu versorgen. Einige Zeit wachten sie gemeinsam über seinen unruhigen Schlaf, dann erhob sich Wedigo; sie umarmten sich noch einmal und er verließ den Kranken.

Zu Hause öffnete ihm Carlos die Tür.

„Vater! Da ist ein ganz dicker Mann im Salon und wartet auf dich."

„Ein dicker Herr?"

„Ein riesig Dicker!"

Neugierig betrat Wedigo das Zimmer und sah Kommissar Gennat, der breit und lächelnd auf dem Sofa saß.

„Herr von Wedel, es gibt gute Neuigkeiten, ich würde so sagen, hervorragende Neuigkeiten."

„Was meinen Sie damit, Kommissar? An gute Nachrichten kann ich aktuell nicht glauben."

„Zeugen haben gesehen, dass Ihre Frau vor dem UFA-Studio in einen Wagen gezerrt und entführt worden ist."

„Aber ich habe Melissa doch selbst …"

„Eine Täuschung, mein Lieber, ein Irrtum. Es gibt einen Beweis dafür, hier!"

Gennat zog einen Umschlag hervor und hielt ihn Wedigo hin. Wie betäubt griff er zu. Er öffnete das Kuvert und holte ein Papier hervor.

100.000 Dollar, wenn Sie Ihre Frau wiedersehen wollen. Ein blaues Tuch am Fenster und Sie erhalten weitere Informationen. Odin

„Melissa lebt, sie lebt!"

„Eine gute Nachricht, sagte ich ja. Jetzt müssen wir nur klären, wie wir Ihre Gattin freibekommen. Zunächst hängen wir ein blaues Tuch ans Fenster, dann sehen wir weiter."

Wedigos Gedanken überschlugen sich. Melissa war nicht im Feuer gestorben, doch sie befand sich in den Händen einer zu allem entschlossenen politischen Verbrechergruppe. Aber sie war nicht tot, sie lebte. Er stand auf.

„Ein blaues Tuch? Erna, rasch ein blaues Tuch!"

Das Tuch wurde gebracht und ans Fenster gehängt. Wedigo setzte sich wieder.

„Und jetzt?"

„Vielleicht einen Kaffee?"

„Entschuldigen Sie, Herr Kommissar, ich bin unhöflich. Kaffee, selbstverständlich. Auch ein Stück Kuchen?"

Gennat war bald versorgt und, nach dem Genuss einiger Stücke Sahnetorte, gesättigt. Nun entwickelte er einen Plan, wie sie bei einer eventuellen Lösegeldübergabe vorgehen und sicherstellen könnten, dass Melissa wirklich wieder freigelassen würde. Wedigo hörte zu, merkte aber nach einer Weile, dass er sich auf Gennat kaum konzentrieren konnte. Immer wieder ging ihm die erlebte Feuerszene durch den Kopf und das Bild der ermordeten Gerda May. Melissa lebte, doch was mochten die Verbrecher ihr antun? Der Kommissar bemerkte seine Abwesenheit und brach ab.

„Wir werden die Angelegenheit zu einem guten Ende führen, keine Sorge, Herr von Wedel. Könnten Sie denn 100.000 Dollar in kurzer Zeit flüssigmachen?"

Himmel, das Geld. Daran hatte er gar nicht gedacht. Sicher, sie hatten Vermögen, vor allem in Aktien, US-Staatsanleihen und Gold. Dies flüssig zu machen, dazu dürfte einige Zeit nötig sein. Vielleicht konnte Tante Nadja helfen. Er würde sie fragen.

„Sind Sie bereits über die Vorgänge in Babelsberg informiert?", unterbrach ihn Gennat. „Ich gehe davon, dass dies nicht der Fall ist. Also, kurz nachdem Sie den Bombenalarm ausgelöst und die Verfolgung des Seglers aufgenommen haben, wurde das Schloss durchsucht. Wir haben tatsächlich einen Sprengsatz gefunden, allerdings in einer Größenordnung, die höchstens für ein bisschen Spektakel gut gewesen wäre, sonst aber keinen breiteren Schaden hätte anrichten können."

„Eine Ablenkung?"

„So sieht es aus."

„Und dafür musste der Hausmeister sterben."

„Und um die größere Ablenkung zu verschleiern. Ich halte auch die Explosion des Seglers für eine Aktion, die unsere Aufmerksamkeit vom eigentlichen Ziel der Synagoge in der Rykestraße abziehen sollte. Wenn Ihr Mitstreiter Schneidmann nicht so umsichtig gehandelt hätte, wäre womöglich der ganze Straßenzug in Schutt und Asche gelegt worden."

Gennat gab einen Abriss der Schneidmannschen Heldentat.

„Wenn er die Brandflasche auf die falsche Gruppe geworfen hätte, nicht auszudenken."

„Sie glauben wirklich, das Schiff sei absichtlich in die Luft gejagt worden? Ein Selbstmordkommando?"

„Es gibt Anzeichen dafür, dass zumindest ein Teil der Besatzung das Boot vor der Explosion verlassen hat. Wahrscheinlich in Taucheranzügen. Dafür spricht, dass wir einen Toten in Taucherausrüstung gefunden haben, der den Ausstieg nicht mehr rechtzeitig schaffte."

Es klopfte und das Mädchen trat ein. „Gnädiger Herr, ein Anruf."

Wedigo erhob sich und ging zum Telefon. Eine kratzige Stimme meldete sich. „Hören Sie gut zu, ich wiederhole mich nicht. 100.000 Dollar, am Mittwochabend 20 Uhr Viktoriapark, Wasserfall." Die Stimme verstummte, offenbar wurde der Hörer in den Raum gehalten: „Wedigo!", Melissas ferne Stimme. Ehe er etwas sagen konnte, wurde der Anruf beendet.

Jetzt hatte er den letzten Beweis, dass sie lebte. Nur die Umstände, ihre Gefangenschaft – alles, wirklich alles würde er dafür tun, damit Melissa aus der Situation so schnell wie möglich freikommen würde. Wedigo kehrte in den Salon zurück. Er berichtete Gennat von dem Gespräch.

„Odin kennt Ihre Adresse und Ihre Telefonverbindung", überlegte der Kommissar. „Das ist bedenklich. Sie sollten erwägen, zusammen mit Ihrem Sohn ein anderes Quartier zu nehmen. Zumindest in der nächsten Zeit, solange die Hydra nicht zerschlagen ist."

Wedigo stimmte zu, die Fontanestraße dürfte sicherer sein. Jetzt galt es zunächst, den Ablauf der Übergabe am Mittwoch zu besprechen.

„Ort und Zeit und natürlich die Höhe des geforderten Lösegelds wurden genannt, alle sonstigen Angaben fehlen oder sind vage", kam Gennat auf den Inhalt des Telefonats zurück.

„Kein Hinweis, wie Melissa freikommen soll", sagte Wedigo mit einer gewissen Bitternis in der Stimme. „Ich weiß auch nicht, was eigentlich mit der Entführung bezweckt wird."

„Um Geld geht es nicht. Odin will seine Macht beweisen, das typische

Verhalten von Psychopathen", erklärte Gennat. „Das macht solche Typen brandgefährlich."

Es klingelte und wenig später wurde Oberst Nicolai in den Salon geführt. Er eilte auf Wedigo zu: „Herr von Wedel, ich bin sehr erleichtert, dass eine solche Wendung eingetreten ist."

Die Männer wechselten einen festen Händedruck. Nicolai setzte sich und wurde auf den aktuellen Stand gebracht. Er empfahl ebenfalls einen Wohnungswechsel und wandte sich dann dem Übergabetermin zu.

„Offen gesprochen, Herr Major, ich gehe davon aus, dass die Übergabe scheitern wird. Meines Erachtens handelt es sich um einen Test, um festzustellen, wie wir vorgehen werden."

„Sie meinen, um etwaige Schwächen und Stärken zu erkennen, um uns künftig besser bekämpfen zu können?", fragte Wedigo.

„So ist es."

„Wenn wir davon ausgehen, dass diese Überlegungen zutreffen, wie sollen wir vorgehen?", hakte Wedigo nach.

„Es gibt für solche Situationen bereits konzipierte Polizeitaktiken", erklärte Gennat, „die könnten zur Anwendung gelangen – oder auch nicht", fügte er nach kurzem Nachdenken hinzu.

„Mein Vorschlag ist, eine großräumige Überwachung des Areals Viktoriapark zu initiieren", sagte Nicolai. „Die Übergabe der 100.000 Dollar sollte allerdings nur durch Sie erfolgen. Hätten Sie überhaupt das Geld?"

„Ich hoffe, ich werde mich bemühen."

„Machen Sie sich keine Gedanken. Die Summe wird aus einem Sonderfonds des Reichswehrministeriums vorgestreckt werden. Ansonsten sollten wir weiter Odin auf den Fersen bleiben und, soweit möglich, den Druck auf die Organisation erhöhen."

Gennat erhob sich.

„Meine Herren, ich habe noch einiges anderes zu tun und lasse Sie jetzt allein Pläne schmieden."

Wedigo brachte den Kommissar zur Tür und bedankte sich nochmals für die erlösende Nachricht des Morgens.

„Sie haben mir das Licht zurückgebracht, das werde ich Ihnen nie vergessen."

„Nun, nun", sagte Gennat verlegen. „Jetzt kümmern wir uns erst einmal darum, dass Ihre Frau Gemahlin heil zurückkommt. Aber keine Sorge, Herr von Wedel, ich bin sicher, dass wir Erfolg haben werden."

Am Nachmittag leitete Wedigo, nach Absprache mit Tante Nadja, den kleinen Umzug in die Fontanestraße in die Wege.

Am Dienstagvormittag besuchte Wedigo erneut Johannes Schneidmann. Elisa saß wieder an seinem Bett und wirkte weniger sorgenvoll als gestern. Denn dem Freund ging es deutlich besser als am Vortag. Er war wach und verkündete sofort, dass sich sein Krankenhausaufenthalt auf voraussichtlich eine Woche verkürzt habe. Wedigo berichtete seinerseits von der frohen Botschaft, dass Melissa am Leben sei, wenn auch in den Fängen der Organisation Odin. Elisa sprang auf und umarmte ihn voller Freude. Nun erzählte er von dem Anruf, der Lösegeldforderung und der Meinung Nicolais, dass der erste Übergabeversuch scheitern werde.

„Ich glaube, der Oberst hat recht. Aber du wirst schon einen Weg finden, Melissa zu befreien. Zu ärgerlich, dass ich hier herumliege und dir nicht helfen kann."

„Du hast fürs Erste genug getan, jetzt werde gesund; und wenn du aus dem Krankenhaus kommst, ist Melissa sicher wieder zu Hause."

Elisa sah ihn skeptisch an. Sie teilte seine Zuversicht nicht, da sie nicht sah, worauf sich diese gründete. Wedigo musste ihr innerlich zustimmen. Er hatte in der Tat keine Ahnung, wie er aktiv Melissa helfen könne, und die Ohnmacht, die er gegenüber Odin fühlte, erfüllte ihn mit Wut und Zorn.

Die Stunden des Mittwochs vergingen zäh und schienen nicht enden zu wollen. Er hatte mehrere Gespräche mit Nadja, die ihn dringend aufforderte, das ganze ‚Geheimgetue', wie sie die Arbeit für Nicolai nannte, aufzugeben und sich ausschließlich um seine Familie zu kümmern.

„Du siehst, in welche Situationen du Melissa gebracht hast. Das ist unverantwortlich, genauso wie die ganze Soldatenspielerei. So etwas fördert nur Schlechtes zutage."

Alles wahrscheinlich richtig, nur waren im Augenblick Vorwürfe wenig hilfreich.

Um 19 Uhr holte er im Präsidium am Alex das dort von Nicolai deponierte Geld ab. Die 1000 Hundertdollarnoten wogen ein Kilo und hatten bequem in einer größeren Aktentasche Platz. Wehner brachte ihn mit dem Wagen nach Kreuzberg zum Viktoriapark. Diesen erreichte Wedigo kurz nach halb acht. Er stieg aus und lief vor bis zum Wasserfall. Dort setzte er sich auf eine Bank, lauschte dem Rauschen des Wassers und wartete. Zähflüssig verging die Zeit. Ein Auto fuhr durch die Nacht, von irgendwoher klang Musik. Nichts geschah. Leichter Regen setzte ein, Wedigo wartete weiter. Einmal kurz meinte er im Buschwerk eine Bewegung zu sehen, wohl ein Tier, eine Katze. Endlich zog er seine Taschenuhr und ein Feuerzeug hervor, um im Licht des Feuers die Uhrzeit erkennen zu können. Halb neun, niemand würde mehr kommen. Nicolai hatte mit seiner Vermutung leider richtiggelegen. Er stand auf, nahm die Tasche und kehrte zum Ausgang des Parks gegenüber der Großbeerenstraße zurück. Als er auf den Gehweg trat, löste sich aus dem Schatten eines Hauseingangs ein sehr junges Fräulein und kam auf ihn zu.

„Herr von Wedel?"

„Richtig, Sie wünschen?"

„Ich soll Ihnen das hier übergeben."

Sie streckte ihm einen größeren Umschlag entgegen. Außen war die Odalrune zu erkennen. Wedigo nahm ihn und im gleichen Augenblick fuhr ein Automobil heran, stoppte und Wehner mit einem Polizeibeamten in Uniform sprang heraus und auf das Fräulein zu. Erschrocken schrie es auf.

„Sie sind verhaftet!", erklärte er. „Festnehmen, Wachtmeister."

Der Polizist ergriff das junge Mädchen am Arm, legte der vor Schreck völlig Erstarrten Handschellen an und schob sie in den Wagen.

„Wir fahren ins Präsidium. Kommen Sie mit, Herr von Wedel?"

„Natürlich, ich will wissen, was das Ganze bedeutet."

Mit der Tasche und dem noch ungeöffneten Kuvert stieg er mit ins Automobil. Dass das Fräulein mit Odin zu tun haben sollte, konnte er eigentlich nicht glauben. Nun, eine Vernehmung der Briefbotin würde sicher zur Klärung beitragen. Sie erreichten rasch den Alex. Im Präsidium wurde das schluchzende junge Fräulein in ein Verhörzimmer gebracht. Wehner bat Wedigo in sein Büro.

„Wir sollten uns vorher anschauen, was im Kuvert ist", schlug er vor.

„Selbstverständlich, ich bin ehrlich etwas besorgt, was es enthalten könnte."

Er öffnete den Umschlag und holte eine blonde Locke sowie ein beschriebenes Blatt hervor:

Die Polizei bleibt aus dem Spiel. Wir können auch anderes abschneiden. Weitere Instruktion demnächst. ⚡

Wedigo merkte, wie Angst in ihm aufstieg.

„Eine plumpe Drohung", versuchte Wehner ihn zu beruhigen. „Irgendwie müssen die Kerle unsere Männer entdeckt haben."

„Oder sie wollen mich mürbe machen."

„Hören wir, was dieses Fräulein zu sagen hat. Könnte sein, dass ihre Beauftragung sich als ein grober Fehler der Organisation erweisen wird."

Unter Tränen, Jammern und heftigem Schluchzen gab die Festgenommene zu Protokoll, sie heiße Julia Strattmann, sei siebzehn Jahre alt. Sie arbeite in einem Stoffladen als Gehilfin und wisse überhaupt nicht, was sie denn Falsches getan habe. Sie habe lediglich ein Kuvert übergeben wollen.

„Von wem hattest du den Umschlag?", unterbrach Wehner sie scharf.

„Ich kannte die Frau nicht. Sie sagte, sie sei die große Schwester einer Freundin von mir."

„Wie heißt die Freundin und wo wohnt sie?"

„Lilly Braun und sie wohnt mit ihrer Mutter im gleichen Haus wie meine Eltern in der Bergmannstraße im dritten Hinterhof. Die Frau gab mir zwei Mark. Aber ich glaube, wenn ich es richtig überlege, sie hat gelogen. Lilly hat keine Schwester."

„Das hättest du dir früher überlegen sollen. Beschreibe die Frau!"

„Ich glaube, sie war eher ein Fräulein. Sie stand kurz im Schein einer Laterne, so konnte ich sie für einen Augenblick sehen. Die Haare waren blond, ein sehr helles Blond. Die Haut wirkte blass. Sie trug festes Schuhwerk und einen Lodenmantel."

„War sie groß, war sie klein?"

„Weder noch, so mittel. Ach, sie sprach anders, also schon Deutsch, aber es klang anders als hier."

Wedigo, der schweigend zugehört hatte, runzelte die Stirn. Die Beschreibung erinnerte ihn an jemanden. An wen nur, er musste sich konzentrieren, nachdenken. Los, forderte er sich innerlich auf, wer ist es, es geht um Melissa. Bilder, ein Bild. Melissa im Gespräch mit einer jungen Frau, auf die die Beschreibung passen konnte. Sie hatte sich mit Gerda May unterhalten. Aber Fräulein May war ermordet worden. Beide hatten sie die Wohnung besucht, die sich die Tote mit einer Kommilitonin teilte. Sie war es, die Mitbewohnerin entsprach vom Typus her der Beschreibung Julia Strattmanns. Und die Sprache, Melissa hatte gemeint, das Fräulein sei aus Bremen oder Hamburg. Wie hatte sie geheißen?

„Herr Kommissar, ich glaube, ich weiß, wenn Julia gesehen hat. Gehen wir nach draußen."

Die Männer verließen das Verhörzimmer.

„Die Beschreibung passt auf die Mitbewohnerin Gerda Mays."

„Fräulein Heller?"

„Exakt: Emilie Heller. Wir sollten sofort in die Simon-Dach-Straße fahren und Fräulein Heller befragen."

„Verstanden, die Kleine ist wohl harmlos und kann in einer Stunde gehen. Nicht, dass sie absichtlich oder unabsichtlich die Heller warnt."

Wehner gab entsprechende Anweisungen, dann rasten sie mit Blaulicht und zwei weiteren Beamten los. Sie erreichten die Straße in einer knappen Viertelstunde und hielten mit quietschenden Reifen vor der Nummer 14. Die Männer sprangen aus den Wagen und rannten zur Haustür. Gerade wurde diese geöffnet und eine schmale Gestalt kam ihnen schwankend entgegen. Sie sah Wedigo und taumelte ihm in die Arme. Melissa war Odin entkommen.

Wehner forderte einen zweiten Wagen an und ließ Wedigo und seine Frau umgehend in den Grunewald bringen, ärztliche Betreuung lehnte Melissa vehement ab. Er selbst machte sich mit zwei Beamten an die Durchsuchung der Wohnung Emilie Hellers. Überglücklich fuhr Wedigo mit seiner Frau im Arm in die Fontanestraße.

Am nächsten Morgen, es war der erste Mai und in den Bäumen sangen die Vögel, erwachte Melissa gegen zehn. Nach einem Bad und ausgiebigem Frühstück mit Carlos, der seiner Mutter seine Erlebnisse der letzten fünf Tage erzählte und sich gar nicht mehr von ihr trennen wollte – erst der Besuch seines Freundes Fritz lockte ihn fort – war sie soweit hergestellt, dass sie über ihre Erlebnisse berichten konnte. Wedigo stellte ihr fürsorglich eine Flasche Mineralwasser hin und schenkte ein Glas ein.

„Ich kam gerade aus dem UFA-Studio, wo mich von Sternberg erneut bedrängte, die Rolle als ‚blauer Engel‘ anzunehmen", begann sie, „da entdeckte ich Emilie Heller, die mir winkte. Ich war natürlich verwundert, sie zu sehen und ging zu ihr. Im gleichen Augenblick packten mich zwei Männer und zerrten mich in einen Wagen."

„Gerda Mays Mitbewohnerin war also von Anfang an mit von der Partie."

„Zunächst als Lockvogel. Im Auto presste mir jemand ein mit Chloroform getränktes Tuch auf Nase und Mund. Vorher hörte ich noch, wie jemand etwas auf Französisch sagte. Dann verlor ich das Bewusstsein und erwachte erst wieder in einer fremden Wohnung. Ich lag auf einem Bett, an Händen und Füßen gefesselt und war bis zum Kinn mit einem Tuch bedeckt. So blieb die Lage die nächsten Tage. Ich bekam Wasser zu trinken, trockenes Brot und gekochte Kartoffeln und eine maskierte Frau führte mich auf mein Rufen mit verbundenen Augen zur Toilette. Sonst passierte nichts und die Zeit verging quälend langsam."

Melissa trank einen Schluck Wasser

„Gestern oder vorgestern, ich weiß es nicht so genau, die Tage verschwammen mehr und mehr, kamen zwei Maskierte ins Zimmer. Ich lag wieder gefesselt unter der Decke. Der eine Kerl zog die Decke fort und starrte mich gierig an. ‚Ein schönes Weib‘ sagte er auf Französisch, ‚viel zu schade für den Boche‘ und packte meine Schulter. ‚Warte, mon ami‘, hielt der andere ihn zurück, ‚chaque chose en son temps‘. Er zog ein schmales Messer hervor und näherte sich mit diesem meinem Gesicht."

Melissa verstummte, die Erinnerung an das Erlebte trat ihr wieder ins Bewusstsein und sie zitterte. In Wedigos Adern kochten aufgrund des Gehörten Hass und wilder Zorn. Mühsam überwand er die Gefühle, jetzt ging es nicht um ihn, sondern um Melissa. Er nahm seine Frau in den Arm und hielt sie tröstend fest, während er über ihr Haar strich.

„Ganz ruhig. Es ist vorbei, du bist hier und in Sicherheit."

Lautlos flossen ihre Tränen, dann entzog sie sich sanft seiner Umarmung und setzte sich auf.

„Ich fürchtete schon das Schlimmste, der Maskierte aber lachte ‚Heute kostet es dich nur eine Locke, beim nächsten Mal sicher mehr‘ und damit schnitt er mir grob eine Strähne ab. Dann verließen mich die Männer wieder. Ich hörte noch, wie sie draußen der Frau einige scharfe Anweisungen gaben. Sie antwortete und ich stellte mit Erstaunen fest, dass ich die Stimme kannte. Es war die der Mitbewohnerin von Gerda May. Jetzt erst begriff ich, was ich die ganze Zeit über gespürt hatte. Ich kannte den Raum, es war Gerdas Zimmer gewesen und im Teppich entdeckte ich zur Bestätigung den eingetrockneten Blutfleck. Ein Tag verging. Gestern wohl gegen Abend kam Emilie Heller, ich war inzwischen auf den Namen gekommen, ins Zimmer. Sie trug ihre Maske, aber die plumpen Schuhe bestätigten mir ihre wahre Identität. Sie führte mich auf die Toilette, gab mir zu essen und zu trinken und verließ endlich das Zimmer. Die Etagentür klappte und wurde verschlossen, sie musste fortgegangen sein. Etwas war heute anders, stellte ich fest. Meine Hände ließen sich bewegen, ich konnte mein Glück nicht fassen. Im Nu war ich aus den Fesseln geschlüpft und löste mit einiger Mühe auch die Verschnürung an den Füßen. Ich weiß nicht, ob meine Wärterin es besonders eilig hatte und deswegen die Hände nur leicht fesselte oder dies aus Absicht tat. Jedenfalls war ich frei und heulte vor Glück. So schnell wie möglich wollte ich fort. Die Wohnungstür war jedoch verschlossen, mit Hilfe eines Küchenmessers brach ich sie aber auf und eilte die Treppe hinab. Beinah wäre ich aus Schwäche gestürzt, doch ich kam heil unten an, lief auf die Straße – und da warst du!"

Melissa umarmte und küsste ihn voller Leidenschaft, die er mit ganzem Herzen erwiderte. Dann hielten sie sich beide lange fest. Ein Klopfen riss sie schließlich aus ihrer Idylle. Es war Nadja, die als Botin fungierte: „Unten ist ein Kommissar Wehner und will euch sprechen."

„Wir kommen gleich."

Ein letzter Kuss, dann erhoben sie sich. Melissa blickte kurz in den Spiegel, fuhr sich mit der Bürste zwei-, dreimal durchs Haar, fertig. Nun gingen beide hinunter in den Salon, wo Wehner sie erwartete.

Als er sie sah, sprang er auf und ergriff ihre Hand.

„Ich bin froh, Sie wiederzusehen, gnädige Frau. Wie geht es Ihnen, konnten Sie sich bereits etwas erholen?"

Melissa dankte ihm und bat Wehner, gleich zum Thema zu kommen. Sie wisse nicht, wie lange sie sich konzentrieren könne.

„Das verstehe ich, gnädige Frau und ich werde Sie auch nicht lange bemühen. Ich wollte Sie und Ihren Herrn Gemahl nur kurz über den Sachstand informieren."

Wehner berichtete, dass sie die Wohnung in der Simon-Dach-Straße durchsucht hätten, es seien aber keine Unterlagen oder belastende Papiere gefunden worden. Auch Emilie Heller sei nicht zurückgekehrt. Das einzig Positive wäre, dass die gnädige Frau der Organisation Odin entkommen sei, ansonsten stünden sie mit leeren Händen da.

Nun gab Wedigo einen Abriss dessen, was Melissa erzählt hatte, er wollte ihr einen erneuten Bericht ersparen.

„Also zwei Männer, die miteinander französisch sprachen, das könnte hilfreich sein, gnädige Frau."

„Der eine roch nach einem ganz billigen Rasierwasser", fügte Melissa hinzu. „Aber ich fürchte, diese Tatsache dürfte Ihnen nicht viel helfen."

„Schwerlich", bestätigte Wehner, „aber man weiß nie."

Er verabschiedete sich und wurde von Wedigo zur Tür begleitet.

„Ich wollte meine Frau nicht beunruhigen, aber wenn ich Sie richtig verstehe, könnte die Organisation Odin mit ihren Aktivitäten jederzeit fortfahren?"

„Ich fürchte, das ist so. Sie sollten mit Nicolai reden, vielleicht dass er mehr weiß."

Sie aßen zu Mittag, anschließend legte sich Melissa hin, sie fühlte sich noch immer sehr erschöpft und brauchte Ruhe. Wedigo spielte mit Carlos im Garten. Sie bauten kleine Boote aus Borke und ließen die Schiffe auf dem Hausteich schwimmen. Als Besatzung dienten Tannenzapfen, die Wedigo kurzerhand zu Matrosen ernannt hatte. In diese Idylle hinein kam Nicolai. Aufmerksam hörte er Carlos' Marinebericht an, der seine Flotte gerade in den Skagerrak dampfen ließ. Dann bat er ihn förmlich, seinen Vater und ihn für ein Feldherrengespräch zu beurlauben, was Konteradmiral Carlos großzügig bewilligte.

Wedigo informierte ihn ebenfalls über Melissas Geiselerlebnisse.

„Ich kann Ihnen nicht sagen, Herr von Wedel", beteuerte Nicolai, als Wedigo endete, „wie erleichtert ich bin, dass Ihre Frau Gemahlin entkommen konnte. Offenbar hat Fräulein Heller Gewissensbisse verspürt und ihr indirekt geholfen. Ob ihr diese Regung bekommen wird, muss leider bezweifelt werden. Die Hinweise Ihrer Gattin auf französische Beteiligung sind jedenfalls Belege für die Richtigkeit der von Otto Peltzer genannten Namen."

„Hilft uns das aktuell weiter?"

„Unter Umständen. Ich plane ein Treffen mit Colonel Bariéty, um ihn mit den Namen, die wir von Peltzer erhalten haben, zu konfrontieren. Auf die Reaktion bin ich gespannt, sie könnte uns wichtige Hinweise liefern."

„Mein Vorschlag ist, ich übernehme die Begegnung mit Bariéty und wenn er sich verhält, wie ich erwarte, werde ich den Mann fordern."

„Mit welchem Ziel?"

„Gehört er zur Organisation Odin oder steht mit dieser in Verbindung, ist davon auszugehen, dass diese den Ausgang des Duells zu beeinflussen versucht. Bariéty ist zu wichtig für Odin, als dass man ihn den Zufälligkeiten eines Zweikampfes aussetzen wollte. Wenn sich Odinleute, wie ich annehme, in der Nähe des Geschehens aufhalten, um notfalls eingreifen zu können, könnten wir die Situation nutzen und unserseits zuschlagen."

„Eine Kugel ist schnell abgefeuert", sagte Nicolai skeptisch, „ohne großen zeitlichen Aufwand."

„Deswegen werde ich zum Degen oder Säbel greifen."

„Wie wollen Sie Bariéty dazu bringen, dass er in Ihr Spiel einwilligt?"

„Lassen Sie mich nur machen, ich habe bereits die eine oder andere Idee."

„Und Ihr eigentlicher Beweggrund?", hakte Nicolai nach.

„Wenn Bariéty wirklich Odin unterstützt, wusste er von der Entführung meiner Frau …"

„Sie denken an eine Revanche?"

„An Vergeltung", antwortete Wedigo unverblümt. „Genauer, an blutige Rache."

10. Kapitel

Auf Leben und Tod

Wählt überall die Demokratische Liste
Frankreichs Hoffnung – ein Sieg der Rechten
Das wahre Gesicht der Deutschnationalen

Die große Entscheidung steht bevor. Morgen ist der Tag der Reichstagswahlen. Die Weimarer Verfassung gibt jedem Deutschen, der am 4. Mai 20 Jahre alt ist, das Recht, durch Abgabe seiner Stimme an der Gestaltung der Zukunft des Reiches mitzuwirken. Das Recht zur Wahl ist diesmal höchste Pflicht zur Wahl. Wähler! Wählerinnen! Seid ihr euch klar, um was es geht?

Berliner Tageblatt, 3. Mai 1924

Am 2. Mai entdeckte ein Angler im Landwehrkanal die Leiche einer jungen Frau. Wie die Polizei bald herausfand, handelte sich bei der Toten um Emilie Heller. Nicolai hatte richtig vermutet, die Hilfe für Frau von Wedel war der Studentin schlecht bekommen. Von dem Täter gab es erwartungsgemäß keine Spur. Wehner und seinen Assistenten blieben nur die beiden in der Rykestraße festgenommenen Attentäter. Doch die Männer schwiegen eisern, kein einziges Wort war aus ihnen herauszubekommen, ganz gleich zu welcher Tages- und Nachtzeit sie befragt wurden. Noch nicht einmal die Namen der Festgesetzten konnten geklärt werden. Aber in dem Lastwagen, der bis oben hin mit Dynamit gefüllt und von ihnen und ihren Genossen vor der Synagoge in die Luft hätte gejagt werden sollen, gelang es Gennats Untersuchungsteam, zwei wichtige Hinweise zu entdecken. Zum einen konnte die Herkunft des Sprengstoffes ermittelt werden. Er stammte aus der Rheinisch-Westfälischen Sprengstoff AG mit Sitz in Troisdorf. Brisant war, dass die Troisdorfer Pulverfabrik nach Inkrafttreten des Versailler Vertrags im Januar 1919 vollständig abgerissen worden war. Sämtliche Restbestände an Dynamit und Nitroglyzerin waren in der kanadischen Besatzungszeit und aufgrund der Rhein-Ruhr-Besetzung den Alliierten, vor allem den Franzosen übergeben worden. Das in der Rykestraße für den Einsatz vorgesehenem Sprengmaterial konnte somit nur mit Wissen des französischen Militärs bereitgestellt worden sein. Und das, obwohl Generals Degoutte vor zwei Monaten offiziell den Kampf gegen die sogenannten deutschen Geheimorganisationen proklamiert hatte. Im Reichswehrministerium war man unschlüssig, wie mit den Fakten umzugehen wäre, ohne die ohnehin sehr angeschlagenen deutsch-französische Beziehungen weiter zu verschärfen. Reichswehrminister Geßler, der auf höchster Ebene konsultiert wurde, kam auf die ihn entlastende Idee, Oberst Nicolai mit der Erarbeitung einer politisch möglichst wenig Staub aufwirbelnden Lösung zu beauftragen. Das Problem der französischen Unterstützung extremer Kräfte, auf das Nicolai schon früher verwiesen hatte, kehrte nun zu ihm zurück.

Der zweite Hinweis war banaler, führte aber zu effektiveren Ergebnissen. Auf einer im Fahrerhaus gefundenen zerknüllten Zigarettenschachtel waren mehrere Fingerabdrücke entdeckt worden, die einem wegen eines Anschlagversuchs auf einen Abgeordneten der SPD angeklagten und aus dem Gericht entflohenen ehemaligen Seekadetten zugeordnet werden

248

konnten. Der Mann, der im Rotlichtmilieu untergetaucht war, konnte aufgrund einer Denunziation festgenommenen werden. Für den Zeitpunkt des Anschlags besaß Heiner Voss ein Alibi. Aber ihm konnte nachgewiesen werden, dass er den Laster vermittelt hatte und ihm mindestens zwei Leute aus dem Attentäterkreis bekannt sein mussten. Der Mann, mittlerweile rauschgiftsüchtig, packte nach 24 Stunden Entzug aus. Soweit waren die Dinge gediehen, als der Wahlsonntag kam.

Wedigo und Melissa betrachteten das Spektakel vom Rande des Spielfelds. Sie waren zu kurz in Deutschland, um mitwählen zu dürfen. Zudem hatte die Bürokratie es nie geschafft, die wahre Staatsbürgerschaft der Gräfin Walewska zu definieren. Sie machten am Wahltag mit Nadja und Carlos einen Ausflug zum Müggelsee und dinierten abends im Schloss Köpenick.

Am Montag lagen die vorläufigen Ergebnisse der Reichstagswahl vor. Die Resultate waren für die Regierungsparteien eine Katastrophe.

Die bisherige Regierungsbasis ist äußerst schmal und dürftig geworden, die regierungsfähige Mitte geschwächt. Sie ist vor allem geschwächt durch erhebliche Verluste der Deutschen Volkspartei und durch die noch umfangreicheren der Sozialdemokratie, las Wedigo im Berliner Tageblatt.

Die Reichstagswahl endete insgesamt mit einem erheblichen Stimmengewinn der DNVP, die ihre Stimmenzahl im Vergleich zur Reichstagswahl von 1920 um 1,4 Millionen erhöhen konnte. Damit stieg die Partei zur stärksten Kraft unter den bürgerlichen Parteien auf und war nach der SPD die zweitstärkste insgesamt. Die Gewinne der Rechten waren mit erheblichen Verlusten der gemäßigten bürgerlichen Parteien verbunden. Die Deutsche Volkspartei büßte 4,7 % ein und die Deutsche Demokratische Partei sank um 2,8 %. Bürgerliche Interessens- und Splitterparteien kamen hingegen auf knapp 2 Millionen Wähler. Die rechtsextreme Listenvereinigung der DVFP mit den Nationalsozialisten erreichte aus dem Stand über 6 %. Das Land war deutlich nach rechts abgedriftet.

Am Dienstag kehrten sie in ihre Wohnung in der Jägerstraße zurück. Tante Nadja war sehr gastfreundlich gewesen, aber Melissa war froh, wieder in den eigenen vier Wänden zu sein. Zu Hause fanden sie einen Brief des Notars vor, der den Gutskauf hatte beurkunden sollen. Die Erbengemeinschaft war sich endlich einig geworden und machte nun ein Angebot, das nur noch 50.000 Mark über dem ursprünglichen Preis lag. Alles hing jetzt an ihrer Zusage. Melissa rief in der Kanzlei an, dankte für das neue Angebot und erbat Bedenkzeit bis zum Freitag. Notar Dr. Kollmer akzeptierte.

Die Woche zeigte, dass Gennats Ansatz der akribischen, auf konsequenten Recherchen beruhende Polizeiarbeit langfristig Erfolge zeitigte. Kommissar Wehner hatte sich gründlich im studentischen Umfeld Emilie Fellners umgesehen und war auf einige Kommilitonen gestoßen, die die gleichen Vorlesungen und Seminare wie die Ermordete besucht hatten. Zwei von ihnen waren in ihrer Freizeit begeisterte Fußballspieler beim FC Oympia Oberschöneweide. Der gleiche Verein, in dem einige der von Heiner Voss genannten Odinanhänger aktiv waren. Wehner und seine Leute hakten nach, führten immer neue Befragungen durch, nahmen im Schultheisseck Verdächtige fest und erhöhten zunehmend den Druck in den Verhören.

Am Donnerstag, den 8. Mai schließlich luden Gennat und Nicolai Wedigo sowie Kommissar Wehner und den einigermaßen wiederhergestellten Schneidmann zu einer Besprechung ein. Das Treffen fand im neuen Büro Nicolais im Reichswehrministerium statt. Dieses befand sich im Tiergartenviertel im ehemaligen Reichsmarineamt. Das Hauptgebäude lag am Landwehrkanal in der Königin-Augusta-Straße, der Ostflügel in der Bendlerstraße. Das Arbeitszimmer des Oberst befand sich auf der gleichen Etage wie die Räumlichkeiten des Chefs der Heeresleitung Generaloberst von Seeckt. Nicolai eröffnete die Konferenz

„Ich begrüße Sie, meine Herrn und komme gleich zur Sache. Dank der hervorragenden Arbeit Hauptkommissar Gennats und seiner Leute ist es gelungen, einen Großteil des Fußvolks der Organisation Odin auszuspüren und festzunehmen. Die Basis dürfte damit zerschlagen sein beziehungsweise in den nächsten Tagen ausgeschaltet werden. Klar ist auch, wer für die Ermordung Fräulein von Reichenbachs und des Journalisten Cohn verantwortlich ist: Henri de Moirot."

„Das hatten wir vermutet", sagte Wedigo. „Und wer hat Moirot getötet?"

„Das wissen wir noch nicht. Die Morde an Gerda May und Emilie Heller sind ebenfalls ungeklärt, die Spuren verweisen jedenfalls in den Führungsbereich der Organisation Odin. Womit wir beim Hauptproblem wären. Denn was uns wirklich Sorgen macht, ist der Kopf der Hydra. Bitte, Kommissar Gennat, wenn Sie uns über Ihren aktuellen Wissenstand informierten."

Gennat berichtete ausführlich über verschiedene Vernehmungen sowie Festnahmen und die dadurch gewonnenen Erkenntnisse.

„Es zeichnet sich deutlich ab, dass die leitende Persönlichkeit auf deutscher Seite Joseph Fleck, Deckname Baldur, ist. Nicht Odin, sprich Alfred Rudolf Glauer oder Loki, also Freiherr von Killinger. Leider scheint es allen drei Herren gelungen zu sein, sich rechtzeitig ins Ausland abzusetzen. Flecks eigentlichen Stellvertreter, einen gewissen Hauptmann Badinski, konnten wir jedoch festsetzen."

„Hauptmann Badinski, der zurzeit in Kolberg Dienst tut?", fragte Wedigo überrascht.

„Nun, dorthin war Badinski nur abkommandiert. Eigentlich gehört er dem 6. Infanterie-Regiment in Ratzeburg an. Es ist aber fraglich, ob die Identität korrekt ist. Auf der französischen Seite verdichtet sich alles zur Annahme, dass tatsächlich ein Mitglied der Commission militaire interalliée de contrôle der Verbindungsmann ist."

„Das Mitglied kennen wir bereits, es ist Colonel Bariéty", stellte Schneidmann fest.

„Nein", widersprach Gennat. „Das ist überraschenderweise nicht der Fall. Es muss aber jemand aus seiner unmittelbaren Nähe sein."

„Ich halte fest", sagte Wedigo. „Die Basis der Organisation Odin ist zerschlagen beziehungsweise steht kurz vor der Vernichtung. Der Führer Joseph Fleck, die Herren Glauer und von Killinger haben sich abgesetzt.

Dafür wurde ein Hauptmann Badinski festgenommen, von dem aber nicht klar ist, ob es sich wirklich um Badinski handelt. Zudem suchen wir noch nach dem französischen Verbindungsmann. Was ist mit diesem Charles Maurras?"

„Der ist in Paris und nicht belangbar", sagte Wehner.

„Was machen wir jetzt?", fragte Wedigo. „Die Kleinen haben wir und die Großen sind entkommen. Eine ziemlich unbefriedigende Situation."

„Langsam, Herr von Wedel", intervenierte Nicolai. „Ich habe eine Idee. Am Sonnabend ist ein Empfang bei Pierre de Margerie, dem französischen Botschafter in Berlin. Colonel Bariéty und seine Entourage sind neben vielen anderen ebenfalls geladen. Wir sind auch vor Ort, Herr Major."

„Wir?"

„Selbstverständlich. Es ist ein Ball, es wird getanzt, man plaudert und amüsiert sich. Lassen Sie sich also von Ihrer Gattin begleiten. Ihre verehrte Frau Gemahlin wird sich nach den Aufregungen der letzten Woche gewiss über ein wenig Abwechslung freuen."

„Gern, ich will nur hoffen, dass keine anderen Absichten dahinterstecken."

„Wir sollten lediglich versuchen, Colonel Bariéty ein wenig auf den Zahn zu fühlen. Sie müssen ihn nicht gleich fordern, das schickt sich nicht bei einem Empfang des Botschafters."

„Letzte Woche regten Sie noch an, ein Rencontre zu provozieren."

„Da war davon auszugehen, dass Bariéty ein führender Kopf in der Organisation Odin wäre. Aktuell glauben wir, dass jemand aus seinem näheren Umfeld besagter Tête ist. Wenn Sie aber unbedingt jemanden fordern wollen, dann bitte im Park am Wröhmännerplatz in Spandau – Sie verstehen?"

„Eigentlich nicht."

„Das müssen Sie auch nicht. Nur, wenn Sie sich duellieren, gesetzt den Fall, dass es dazu käme, dann in besagtem Park. Auf jeden Fall nutzen wir den Empfang, um zu prüfen, ob Colonel Bariéty über die Aktionen informiert gewesen ist und bis zu welchem Grad er eine Mitverantwortung für die Verbrechen trägt."

„Wie wollen Sie das alles klären?"

„Wie gesagt, ich konfrontiere ihn mit den uns vorliegenden Fakten und werte die Reaktionen von ihm und seinem Umfeld aus. Sie, Herr Major, und Leutnant Schneidmann werden mich dabei unterstützen."

Am Abend saßen Melissa und Wedigo im Salon. Beide wollten sich in Ruhe über den eventuellen Gutskauf klarwerden.

„Mir ist nicht deutlich, was dieses preisliche Hin und Her soll", begann Wedigo. „Es gab ein Angebot, alle waren sich einig und dann sattelten die Verkäufer plötzlich 50 Prozent drauf. Das ist kein korrektes Geschäftsgebaren. Übrigens auch nicht die reduzierte Erhöhung um 50.000 Mark."

„Mir gefällt das Gut in jeder Hinsicht. Es ist gut in Schuss und wie für unsere Pläne geschaffen. Nicht zu groß, nicht zu klein, mit Ausbaumöglichkeiten."

Melissa zählte alle positiven Aspekte auf, die sie zusammen mit den Schneidmanns bereits vor Wochen aufgelistet hatten.

„Also, ich könnte dich gut dort als künftigen Gutsherrn sehen."

„Und siehst du dich als Gutsherrin?"

„Als Gutsfrau, ja, ganz sicher."

„Was ist mit deinen anderen Plänen? Die Investition in die Hufeisensiedlung? Oder dein Interesse an der angebotenen Villa im Grunewald? Und deine Filmambitionen?"

„Ich hab in letzter Zeit ziemlich viel Filmreifes erlebt. Ich stelle sozusagen mein Debut vorerst zurück. Du fragtest nach der Villa. Wenn wir richtig planen, könnte das Geld für die Villa reichen. Als Berliner Standbein."

„Aber nur ohne eine Preiserhöhung von 50.000."

„Dann ist der alte Preis unsere Bedingung für eine Zusage. Rufst du morgen an und teilst das Notar Kollmer mit?"

Wedigo nickte.

„Da ist noch etwas, das ich mit dir besprechen möchte, Liebling."

„Wenn es mit Nicolai zu tun hat und ich auf irgendeine Weise einbezogen sein soll, lautet meine Antwort: nein!"

„Das ist ganz anders als du denkst ..."

„Nein! Nein! Nein!"

„Wir sind auf einem Ballempfang eingeladen."

„Auf einem Ball oder auf einem Empfang?"

„Wie ich sagte, eine Kombination von beiden. Beim französischen Botschafter."

„Von Franzosen habe ich aktuell absolut genug."

„Im Mittelpunkt steht aber der Ball. Nicolai meinte, es sei nach den Anstrengungen der letzten Zeit eine erfreuliche Abwechslung."

„Warum habe ich das Gefühl, dass nichts bei Nicolai aus reiner Selbstlosigkeit geschieht?"

„Du bist immer so misstrauisch."

„Aus gutem Grund. Immerhin bin ich erst vor kurzem betäubt, entführt und mit dem Tode bedroht worden. Wenn mir Emilie Heller nicht aus Versehen oder bewusst zur Freiheit verholfen hätte, dürfte ich wie sie und die anderen Frauen auf dem Tisch der Pathologie gelandet sein."

„Kommst du nun mit oder nicht?"

„Gut, aber nur wenn du dafür sorgst, dass mich diesmal keine wildgewordene germanische Götterclique bedroht oder sonst wie belästigt."

„Keine Götter, verstanden, höchstens Franzosen."

„Das ist schlimm genug."

Am Freitag telefonierte Wedigo mit Notar Kollmer und informierte ihn über ihre Kondition einer Zusage. Erstaunlich schnell akzeptierte dieser ihr Kaufpreisangebot. Der Beurkundungstermin sollte der nächste Mittwoch, der 14. Mai sein. Melissa hatte sich inzwischen für den morgigen Empfang neu eingekleidet, machte aber aus ihrer Gewandung ein großes Geheimnis, mit dem sie ihn am Abend des Balles überraschen wollte.

Entgegen seinen Gewohnheiten ließ Nicolai nichts von sich hören, sodass sie bis zum späten Samstagnachmittag über den Ort und den genauen Zeitrahmen im Unklaren blieben. Wedigo wurde ungeduldig, Melissa hingegen bereitete sich mit der Hilfe von Erna in aller Ruhe für den Empfang vor. Endlich, gegen neun, fuhr auf der Straße ein großer Daimler vor. Es klingelte und ein livrierter Chauffeur meldete, er habe den Auftrag, Herrn und Frau von Wedel zum Empfang des französischen Botschafters abzuholen. Melissa erschien, allerdings bereits im Nerzmantel, sodass ihr Kleid weiterhin eine Überraschung blieb.

Die französische Botschaft befand sich seit 1860 am Pariser Platz Nr. 5, das Gebäude war unter Napoleon III. erworben worden. Zwei Leutnante der französischen Ehrengarde salutierten am Eingang des Gebäudes, innen begrüßte Botschafter Pierre de Margerie zusammen mit seinem Sekretär François-Poncet die Gäste. De Margerie war für einen Franzosen von ungewöhnlich großer Statur. Er war Anfang 60, eine stattliche Erscheinung und galt als guter Kenner der deutschen Kultur und der aktuellen Berliner Kunstszene. Gewöhnlich gut unterrichtete Kreise munkelten von einer Liaison mit einer hiesigen Fotografin. Jedenfalls war der Botschafter mit dem Maler Liebermann gut befreundet. Er begrüßte die ‚Gräfin Walewska' mit einem formvollendeten Handkuss und wünschte ihr und dem werten Gatten einen vergnüglichen Abend.

Nun überließ Melissa ihren Mantel einem Lakaien. Wedigo hielt unwillkürlich den Atem an, als er das raffinierte, dunkelrote Nichts wahrnahm, das seine Frau als Garderobe gewählt hatte. Das weite Dekolleté, der tiefe Rückenausschnitt und die vielfach gebrochenen Spitzen zeigten verwirrend viel Haut und verbargen diese gleichzeitig. Um den Effekt zu steigern, hatte Melissa einen leichten Seidenschal umgelegt, der ebenfalls wie zufällig verhüllte und wiederum offenbarte. Melissas Debüt war glänzend. Ihr Gesicht strahlte, Frisur und Kleidung waren gleichsam vollkommen. Die anwesenden Persönlichkeiten aus Politik, Kunst und Wirtschaft und die auf sie gerichteten Blicke schien sie lächelnd zu genießen und war bald von etlichen Gesprächspartnern umringt. Eine leichte Bewegung ihres Kopfes signalisierte Wedigo, er solle sie nur machen lassen. Am Rande des Geschehens entdeckte Wedigo Nicolai, der von dem Auftritt der Gräfin sehr zufrieden zu sein schien. Was ging hier eigentlich vor?

Die Begrüßungsrede des Botschafters unterbrach seine Gedanken. De Margerie betonte, wie wichtig es gerade nach dem schrecklichen Weltkrieg für Nationen wie Frankreich und Deutschland sei, im Austausch zu sein und miteinander zu sprechen. Nur so ließen sich künftige Konflikte vermeiden … Er wünsche in diesem Sinne allen Gästen einen geselligen Abend sowie viel Ballvergnügen und eröffnete mit einer Handbewegung das Buffet. Dieses war an zwei Wänden des Saales aufgebaut und bot auf kleinen Tellern und Schüsseln französische Spezialitäten wie Confit de Canard, Steak tartare, Bœuf bourguignon, Coq au vin sowie die obligaten Schnecken, die Escargots de Bourgogne und natürlich auch Soupe à l'oignon. Dazu Süßspeisen aller Arten wie Paris-Brest, gefüllt mit Haselnusskrokant-Buttercreme, Crème Brûlée, Crêpes und Macarons, kleine Mandel-Meringue in jeder erdenklichen Geschmacksrichtung, die am Gaumen zerschmolzen. Rotweine aus Bordeaux, Weißwein aus Languedoc-Roussillon und Champagner vervollständigten das Angebot. Während sich etliche Gäste zum Buffet begaben, begann das an der dritten Saalseite postierte kleine Orchester einen Foxtrott zu spielen, der offenbar der Auftakt für das angekündigte Ballvergnügen sein sollte. Inzwischen hatte sich allerdings der Raum mit so vielen Menschen gefüllt, dass an einen Tanz nicht zu denken war. Herren im dunklen Frack oder in Uniformen mit Ordensbändern, Kleider in allen Farben und Formen. Damen in tief dekolletierten Ballkleidern oder in kurzen Seidenkostümen. Das Weiß herrlicher Schultern und die schlanken Hälse voller glitzerndem Schmuck. Überall Perlen und Orden und diamantene Colliers, die im Licht der Kerzen strahlten und deren Glanz in den Spiegeln des Saals hundertfach wiedergegeben wurde. Der Geruch der Speisen, der Duft erlesener Parfums und des dunklen Leders. Einige Zeit verging. Wedigo wechselte da und dort ein paar Worte, hielt zwischendurch immer wieder nach seiner Frau und Oberst Nicolai Ausschau, ohne jedoch einen von beiden zu entdecken. Während seines Umhergehens fiel ihm in der Gruppe einiger französischer Offiziere ein großer Herr von kräftiger Gestalt auf, der einen weißen Vollbart trug und offenbar das Wort führte. „Graf Vandeuvres", flüsterte ihm Melissa zu, die plötzlich an seiner Seite erschien.

„Wo warst du und woher kennst du diesen Herren?"

„Oh, ich war überall und habe vieles erfahren. Die Herren umschwirrten mich wie besagte Motten das Licht. Und um sich gefällig zu machen, überbot man sich in Geschichten und Anekdoten und Informationen. Schau, da ist Nicolai im Gespräch mit einem Colonel. Vielleicht braucht er dich? Ach ja, wenn das Tanzen möglich ist, solltest du schnellstens zurückkehren. Meine Tanzkarte ist, wenn ich eine hätte, übervoll."

Melissa lachte.

„Nun geh schon, du wolltest unbedingt, dass ich dich begleite …"

Etwas verstimmt verließ er seine Gräfin. Dass Melissa immer so übertreiben musste. Wedigo wandte sich Nicolai zu, der, wie geplant, das Gespräch mit Colonel Bariéty gesucht hatte. Beide Männer trugen Uniform.

„Mir ist selbstverständlich bekannt, Colonel, dass Sie in der Commission militaire interalliée de contrôle tätig sind, aber das heißt nicht, dass Sie das, was Ihre Kommission kontrolliert, selbst inszenieren."

„Was soll das heißen, Oberst?", erwiderte Bariéty scharf. „Was wollen Sie mir unterstellen?"

„Nun, das ist ganz einfach. Aber erlauben Sie, dass ich Ihnen meinen Mitstreiter Major von Wedel vorstelle."

„Sie hier?", stieß der Franzose überrascht hervor.

„Gewiss, Monsieur Colonel", antwortete Wedigo ruhig. „Und meine Frau besucht gleichfalls den Empfang, trotz der Entführung durch die Organisation Odin."

Während der Worte Wedigos beobachtete Nicolai aufmerksam das Gesicht Bariétys. Es zeigte einen Ausdruck völligen Unverständnisses.

„Ich verstehe nicht, was meinen Sie mit Odin?", wandte er sich an Wedigo. „Und was hat Ihre Gemahlin damit zu tun?"

„Ich werde versuchen, es Ihnen zu erläutern", schaltete sich Nicolai ein. „Danke, Herr Major, das wäre es fürs Erste."

Wedigo verbeugte sich knapp und wandte sich wieder in Richtung Melissas. Ein weiterer Raum war gerade geöffnet worden, um Platz für Tanzpaare zu schaffen. Sie blickte in seine Richtung und winkte ihm, sich zu beeilen. Verschiedene andere Herren strebten ebenfalls auf sie zu, aber ihm gelang es, seine Frau als erster zu erreichen.

„Nachher, meine Herren", gab die Gräfin gnädig bekannt, „die nächsten drei Tänze sind bereits Herrn von Wedel versprochen."

Sie reichte ihm den Arm und Wedigo führte seine Eroberung in den kleinen Ballsaal, wohin inzwischen auch das Orchester umgezogen war. Gerade intonierte es einen Tango, gefolgt von einem Walzer und – zur allgemeinen Überraschung – einem Black Bottom.

„Was soll das Ganze, Melissa?", fragte Wedigo während des Walzers. „Hat Nicolai irgendetwas mit dir arrangiert?"

„Gewiss, mein Lieber. Ich agiere als Honigfalle."

Sie lachte, als sie sein Gesicht sah.

„Du glaubst auch alles. Im Eigentlichen geht es darum, so viele Franzosen wie möglich ins Gespräch zu ziehen, um anhand des Sprachtons herauszufinden, ob der Betreffende bei der Entführung dabeigewesen ist."

„Das kann gefährlich werden."

„Du bist da, was soll mir passieren?"

Als der Black Bottom endete, wurde Wedigo gnadenlos von einem jungen Beau aus der italienischen Botschaft abgelöst, dem der Sekretär des Botschafters François-Poncet, Graf Vandeuvres und einige der anwesenden Offiziere als Tänzer folgten. Melissa hatte in der Tat Furore gemacht. Beim letzten ihrer Partner, in dem Wedigo zu seinem Ärger den Commandant erkannte, mit dem er in Kolberg zusammengestoßen war, zuckte Melissa unmerklich zusammen. Sie gab ihm mit den Augen einen Wink und er eilte zu dem Tanzpaar, das sich gerade am Rande des Saales befand.

Seine Frau hielt mitten in der Bewegung inne.

„Monsieur, wiederholen Sie in Gegenwart meines Gatten, was Sie soeben sich erdreisteten zu bemerken."

Der Commandant errötete und stotterte, er habe es nicht so gemeint.

„Was haben Sie nicht so gemeint, Monsieur?", fragte Wedigo mit harter Stimme. Der Franzose runzelte die Stirn und erkannte ihn offenbar.

„Ah, Sie sind der verdammte Deutsche aus Kolberg", wandte er sich an ihn. „Wenn Ihre ‚Gattin' in diesem Aufzug mit jedem tanzt und sich dazu wie eine Roulure aufführt, braucht sie sich über eindeutige Angebote nicht zu …"

Ein Schlag von Melissa traf ihn mitten ins Gesicht und ließ ihn abrupt innehalten. Der Commandant zuckte zusammen und hob dann voller Wut die rechte Hand. Wedigo packte seinen Arm und bog ihn auf den Rücken des Mannes.

„Hören Sie, Sie Schuft. Wenn Sie noch einen Funken Ehre im Leib haben, sehen wir uns morgen früh um sechs Uhr im Park beim Wröhmännerplatz Spandau. Ich bevorzuge den Säbel. Und nun glaube ich, Ihr Oberst will ein paar Worte mit Ihnen wechseln."

Er ließ den Kerl los und stieß ihn in die Richtung seines Vorgesetzten. Völlig benommen setzte sich der Mann in Bewegung und begab sich zu Colonel Bariéty. Dieser wechselte mit ihm halblaut einige Sätze, worauf der Commandant regelrecht zusammensackte, kurz ein paar Worte hervorstieß und schließlich in Begleitung zweier anderer Offiziere aus dem Raum geführt wurde. Auf Wedigo wirkte der Abgang des Mannes, als sei er festgenommen worden. Der Colonel schüttelte den Kopf, straffte seine Gestalt und kam zu ihnen.

„Herr von Wedel, Sie haben es gesehen, ich habe aufgrund der von mir überprüfbaren Angaben von Oberst Nicolai Commandant de Denvignes unter Arrest gestellt. Dieser hat mich gebeten, ihm zu erlauben, morgen früh einen Ehrenhandel auszutragen. Sie sind der Kontrahent?"

„Korrekt, Monsieur le Colonel."

„Darf ich fragen, was die Ursache ist, Herr von Wedel?"

„Commandant de Denvignes meinte, meine Frau, die Gräfin Walewska, beleidigen zu dürfen."

„Mehr noch", schaltete sich Melissa ein. „Dieser Mann gehört zu den Verbrechern, die mich kürzlich entführt haben. Ich habe ihn an der Stimme wiedererkannt."

„Verstehe, Madame la Comtesse, verstehe."

Der Colonel wirkte erschüttert. Er schwieg einen Augenblick, dann holte er tief Luft: „Madame la Comtesse, ich entschuldige mich für das

Verhalten meines Untergebenen und stehe Ihnen, Herr von Wedel, sollten Sie es wünschen, selbstverständlich zur Verfügung."

„Das ehrt Sie, Monsieur le Colonel, doch ich denke, Commandant de Denvignes hat allein für sein Verhalten einzustehen."

„Und ich nehme Ihre ritterliche Entschuldigung an, Monsieur Bariéty", fügte Melissa hinzu und bot ihm die Hand.

Der Colonel berührte diese leicht mit den Lippen, verbeugte sich vor beiden und marschierte etwas steif davon.

Johannes Schneidmann, der gerade zu ihnen trat, blickte dem Franzosen verwundert nach.

„Was habt ihr mit dem Colonel gemacht? Der Mann ist kaum wiederzuerkennen."

„Er hat erkannt, dass sein Stellvertreter Commandant de Denvignes ein Verbrecher ist und sich für dessen Verhalten bei Melissa entschuldigt."

„Nobel, das hätte ich einem Franzosen nicht zugetraut."

„Der Colonel mag uns Deutsche hassen, er ist aber in erster Linie Offizier und verhält sich als solcher."

„Was Commandant de Denvignes nicht getan hat."

„Deswegen habe ich de Denvignes auch gefordert."

„Auf Pistole oder Säbel?"

„Auf Säbel."

„Gut, ich stehe dir natürlich als Sekundant zur Verfügung und kümmere mich um einen Arzt und die Waffen. Wo soll das Treffen stattfinden?"

„Morgen früh um sechs Uhr im Park beim Wröhmännerplatz Spandau. Nicolai hat mir den Ort vorab genannt. Er wird wissen warum."

„Dann werde ich ihm berichten. Ich hole dich um fünf Uhr ab. Bis dann." Schneidmann ging.

„Ich bin froh, dass du diesen Kerl gefordert hast", sagte Melissa, die noch immer sehr aufgewühlt war. „Ein übler Schuft, dieser Commandant. Ich habe auch das widerliche Parfum wiedererkannt und seine ganze schlüpfrige Art. Weißt du, was der Mann während des Tanzes zu mir sagte und es offenbar für ein Kompliment hielt?"

„Nein, sage es mir."

„Er meinte, er könne sich gut vorstellen, dass ich wie Jane Avril Cancan tanzen könnte."

Wedigo lachte laut.

„Ein Schurke, aber der Mann hat wirklich Fantasie. Komm, mit oder ohne Cancan, lass uns tanzen – und bitte ohne weitere Rücksicht auf deine imaginäre Tanzkarte."

Nach einigen Foxtrotts und zwei Walzern drängte Melissa zum Aufbruch.

„Vergiss nicht, du hast morgen in aller Früh ein Rencontre und solltest dich etwas ausruhen."

„Keine Sorge. Ich muss nur ein wenig fechten und im entscheidenden Augenblick zustoßen und treffen."

Sie kehrten in die Jägerstraße zurück. Das Mädchen schlief längst und so war Wedigo seiner Gattin beim Ablegen des Ballkleids behilflich …

Um halb fünf klingelte der Wecker. Er sprang aus dem Bett und begab sich ins Bad. Dann zog Wedigo sich rasch an und trank einen Kaffee, den ihm Melissa eigenhändig zubereitet hatte. Um fünf klingelte Schneidmann, der ihn in Begleitung von Polizeimedizinalrat Dr. Forster abholte. Sie fuhren mit dem Wagen los und erreichten gegen dreiviertel sechs Spandau.

Der Park beim Wröhmännerplatz bestand seit gut zehn Jahren. Man hatte ihn mit typischen Jugendstilelementen großzügig gestaltet und mit üppiger Bepflanzung, zahlreichen Holzbänken und Kandelabern ausgestattet. Es dominierte ein von Balustraden aus Kalksandstein gerahmtes Plateau mit einem davorliegenden zungenförmigen, von blühenden Büschen umgebenen Wasserbecken, in dem einige Goldfische schwammen. Ein ganz anderes Terrain als der Kleine Ravensberg in der Potsdamer Heide, der vor vielen Jahren der Schauplatz seines ersten Duells mit Rittmeister Freiherr von Mirbach vom Leib-Garde-Husaren-Regiment gewesen war. Bei dem Duell damals waren beide durch einen Dritten attackiert worden, hatten diesen gemeinsam bekämpft und sich später versöhnt. Ob der Kamerad den Krieg heil überstanden hatte? Oder gehörte er zu den zwei Millionen, die für das Vaterland ihr Leben gelassen hatten?

Die Männer stiegen aus. Es war ein frischer Morgen, der Himmel war wolkenverhangen und ohne Sonne. Der Unparteiische, Sir Frederick Vincent, der Bruder des britischen Botschafters, und Oberst Nicolai warteten bereits. Nicolai trug ein Futteral in der Hand, das er auf eine Bank legte. Auch Commandant de Denvignes nebst einem zweiten Mann, dem Sekundanten, zeigte sich.

„Capitaine de la Rochefoucauld", stellte sich der Sekundant vor.

Leutnant Schneidmann stellte sich ihm gleichfalls vor. Die Sekundanten und der Unparteiische schüttelten sich die Hand. Die drei Männer gingen zur Seite, um den Ablauf zu besprechen und die von den Franzosen mitgebrachten Säbel in Augenschein zu nehmen. De Denvignes selbst war sehr blass, schien sich aber sonst wieder gefangen zu haben. Er lehnte an einem Baum und betrachtete die Szenerie mit leerem Blick. Wedigo warf einen Blick auf seine Uhr. Gleich sechs, Zeit, die Positionen einzunehmen. Er hörte ein kurzes Geräusch, etwas wie ‚Plopp'. Plötzlich zeigte sich auf der Stirn seines Gegners ein kreisförmiges Loch und der Mann sackte zusammen.

„Alles runter", brüllte Nicolai, „jemand schießt!"

Er sprang zur Bank, öffnete das Futteral, riss ein Mausergewehr hervor und gab mehrere Schüsse in die Richtung ab, aus der das für den Franzosen tödliche Projektil vermutlich gekommen war. Sir Frederick Vincent, Schneidmann und der Capitaine eilten herbei. Ein Motor heulte auf, und entfernte sich rasch.

„Ein BMW-Motorrad, eine R 32", sagte Schneidmann. „Erkenne ich am Motorengeräusch."

„Was ist hier geschehen?", fragte Sir Vincent. „Ist das die deutsche Methode, ein Säbel-Duell zu führen, indem man den Gegner vorher erschießt?"

„Das ist die Methode, mit der seine verbrecherischen Kumpane Commandant de Denvignes zum Schweigen bringen wollten", sagte eine andere Stimme, und Colonel Bariéty trat hinter einem Busch hervor.

„Ich komme leider zu spät. Der Commandant hat einem Kameraden heute Nacht seine Beteiligung an der Organisation Odin gestanden und dass er befürchte, liquidiert zu werden. Ich habe erst vor einer halben Stunde von seinen Aussagen Kenntnis erhalten und bin gleich losgefahren, um alle hier zu warnen."

„Wie Sie sagen, Monsieur le Colonel, Sie sind zu spät", stellte Dr. Forster, der de Denvignes gerade untersucht hatte, in aller Ruhe fest. „Der Mann ist tot. Ein sauberer Kopfschuss."

„Wahrscheinlich nutzte der Täter einen Schalldämpfer, ich habe eine Art ‚Plopp‘ gehört", sagte Wedigo.

„Warum stehen wir hier so seelenruhig herum und machen uns nicht an die Verfolgung?", rief Schneidmann.

„Keine Sorge, Kommissar Wehner hat die Umgebung abgesperrt. Der Mörder entgeht uns nicht."

„Wussten Sie, dass es zu einem Anschlag kommen könnte?", fragte Bariéty scharf.

„Nicht hundertprozentig, aber ich habe es vermutet", gab Nicolai freimütig zu.

„Commandant de Denvignes war sozusagen Ihr Leurre, wie sagt man auf Deutsch?"

„Lockvogel", erwiderte der Oberst kalt. „Der Mann hat den Tod von mindestens drei Menschen und – wenn man die Toten beim Anschlag auf die Synagoge mitzählt – weiterer zehn Personen zu verantworten. Dass der andere Haupttäter versuchen würde, ihn als potenziellen Kronzeugen auszuschalten, war anzunehmen."

„Nun", erwiderte der Colonel, „ich verstehe. So hat er durch seinen Tod die Ehre wenigstens wiederhergestellt. Meine Herren."

Er drehte sich um und ging davon. Capitaine de la Rochefoucauld folgte ihm ohne Gruß.

Der Unparteiische Sir Vincent schüttelte missbilligend den Kopf.

„Ich kann nicht sagen, dass mir der Ausgang des Kampfes gefällt. I'm not amused. Gentlemen."

Er wandte sich ab und verließ ebenfalls den Ort des Geschehens. Wedigo fühlte sich ausgesprochen unwohl. Er hatte mit einem ehrlichen Kampf gerechnet. Das nun erlebte Szenarium entsprach nicht seinen Vorstellungen eines Ehrenhandels, da hatte der Brite völlig recht – auch wenn Nicolais Argumentation durchaus korrekt war.

Ein Polizist erschien und meldete die Festnahme eines Verdächtigen.

„Der Kerl versuchte mit einem Kraftrad durch die Absperrung zu brechen und leistete, als ihm das misslang, bei seiner Festnahme erheblichen Widerstand."

„Aber Sie haben den Mann?"

„Jawohl, Herr Oberst. Er ist mit der grünen Minna bereits auf den Weg ins Präsidium. Kommissar Wehner erwartet Sie dort."

Schneidmann und Wedigo hingegen kehrten in die Jägerstraße zurück. Unterwegs besprachen sie das Geschehene und waren sich einig, dass der Tod Commandant de Denvignes sicher berechtig sein mochte, aber das ganze Verfahren einen üblen Nachgeschmack hatte.

In der Jägerstraße hatte sich auch Elisa eingefunden. Sie frühstückten mit den Damen und berichteten über den überraschenden Ausgang des Zweikampfes. Während Elisa das Duell als Relikt einer längst vergangenen Zeit negativ beurteilte, zeigte sich Melissa über das Ende, das de Denvignes genommen hatte, höchst zufrieden.

„Der Lump hat bekommen, was er verdient hat. Und Punkt. Wir sollten uns mit dem Thema nicht länger beschäftigen. Die Organisation Odin ist zerschlagen und der Fall somit abgeschlossen. Etwas ganz anderes: Am Mittwoch ist der Notartermin. Hast du eigentlich schon mit Johannes über den Verwalterposten gesprochen?"

In der nächsten Stunde beschäftigte sich die Runde ausführlich mit dem neuen Gut und wie sich eine gemeinsame Zukunft am besten gestalten könnte.

„Wir sollten auch Frau Brandowski und ihren Kindern einen Platz bieten", sagte Elisa. „Ihr Wilhelm ist letzte Woche verstorben."

„Das wusste ich nicht", sagte Melissa betroffen.

„Ich habe es selbst erst gestern erfahren."

„Natürlich helfen wir der armen Frau. Die Frage ist, ob sie aus Berlin weg will."

Es klopfte und Erna meldete, für den gnädigen Herrn gebe es einen Anruf. Es war Wehner, der Wedigo und Schneidmann ins Präsidium bat. Es sei ein Problem aufgetreten und es sei dringend. Die Damen konnten die Dringlichkeit nicht nachvollziehen, dennoch fuhren beide Männer mit der Tram zum Alex.

Dort führte sie Wehner sogleich in Gennats Büro, wo sowohl der Kommissar als auch Nicolai bereits ungeduldig warteten.

„Mahlzeit", grüßte Gennat kurz. „Meine Herren, wir haben ein Problem. Herr Wehner, berichten Sie!"

„Der Motorradfahrer, den wir heute früh festgenommen haben, ist nicht der Täter. Das heißt, der Mörder Commandant de Denvignes ist entkommen. Und das ist noch nicht alles. Der unter dem Namen Badinski Verhaftete ist nicht der Stellvertreter Flecks, aber immerhin Mitglied der Organisation Odin."

„Das heißt im Klartext, meine Herren", ergriff Nicolai das Wort, „der deutsche Rädelsführer Joseph Fleck ist nach wie vor auf freiem Fuß. Er ist bewaffnet, er kann möglicherweise noch auf Unterstützer zählen und er ist gefährlich."

„Was Sie vergaßen, Herr Oberst", meldete sich Gennat. „Der Mann verfügt ganz offensichtlich über Informanten in Ihrem Apparat und eventuell auch bei der Polizei."

„Wahrscheinlich existiert auch eine Vielzahl von Sympathisanten in der Wirtschaft und in der Justiz", fügte Wehner zu. „Die hiesige Staatsanwaltschaft zum Beispiel will Odin zu den Akten legen. Das hat mir ein Oberlandesgerichtsrat Palandt von der 6. Strafkammer des Landgerichts II Moabit in Vertretung mitgeteilt."

„Was erwarten Sie jetzt von uns, Herr Oberst?", fragte Wedigo verärgert. „Wir waren in den letzten sechs Wochen für Sie pausenlos im Einsatz. In Küstrin, in Kolberg, in Babelsberg. Meine Frau wurde entführt und beleidigt, ich wurde mehrfach beschossen oder geriet sonstwie in Lebensgefahr. Erst heute Morgen befand ich mich in einer anrüchigen Duellsituation – für die Teilnahme müsste uns eigentlich Kommissar Gennat verhaften. Kurz, ich bin der Meinung, mich genug engagiert zu haben. Ich werde nicht aufgrund diffuser Hinweise weiter wie ein Zigeuner umherziehen. Also, gibt es eine konkrete Spur Joseph Flecks oder sonst wirklich neue Erkenntnisse? Wenn nein, da möcht ich mich jetzt endlich meinen Angelegenheiten widmen. Kamerad Schneidmann sicher auch."

Schneidmann schluckte, dann sagte er ganz ruhig: „Bei allem Respekt, Herr Oberst. Wir sind keine Soldaten mehr, die mal hierhin, mal dorthin befohlen werden. Ich schließe mich daher den Aussagen Herrn von Wedels in jeder Hinsicht an."

Der Oberst hatte beiden mit leicht geneigtem Kopf aufmerksam zugehört. Er schien sehr müde, das Gesicht grau, die Augenlider gerötet und angeschwollen und er wirkte irgendwie resigniert. Nun schüttelte Nicolai den Kopf.

„Nein, meine Herren, ich habe nichts Neues zu bieten, habe sozusagen keinen Plan. Ich stehe faktisch mit leeren Händen da und hoffte vorhin, dass wir hier gemeinsam auf eine Idee, wie weiter vorgegangen werden könnte, kommen würden. Aber ich verstehe Ihren Unmut, Herr von Wedel, und auch den der verehrten Frau Gräfin, die mich gestern noch einmal so engagiert unterstützt hat. Ich verstehe auch Sie, Kamerad Schneidmann, und dass Sie Ihr eigenes Leben führen wollen."

Er hielt kurz inne, räusperte sich: „Das war es wohl, meine Herren, ich bedanke mich bei allen für die geduldige Unterstützung. Danke", wiederholte er.

Nicolai erhob sich, schüttelte jedem die Hand und verließ mit müden Schritten den Raum. Eine Weile herrschte betretenes Schweigen. Dann standen auch Schneidmann und Wedigo auf. Gennat und Wehner schlossen sich an. Ohne große Worte verabschiedeten sie sich und kehrten in die Jägerstraße zurück.

Dort erwartete sie das Mittagessen. Wedigo ließ Schneidmann das Wort und der Freund erzählte in Grundzügen, was sie erfahren und wie sie reagiert hatten.

„Damit wird Nicolai fertig werden müssen", sagte Melissa. „Ich habe ihm gestern geholfen, wir alle haben geholfen und jetzt ist die Geschichte zu Ende. Und – ehrlich gesagt – mit dem Ergebnis, dass Odin zerschlagen ist, kann man leben."

Wedigo sagte nichts. Alles war richtig, und dennoch hatte er Nicolai gegenüber ein schlechtes Gewissen. Und dass Fleck entkommen war, schien ihm mehr als ein Schönheitsfehler zu sein.

Der Mittwoch kam, der Termin beim Notar verlief diesmal ohne Probleme. Die nächsten Maiwochen brachten viel Sonne, etwas Regen und jede Menge Grün. Am 3. Juni bildete Reichskanzler Marx seine zweite Koalitionsregierung aus Zentrum, Deutsche Volkspartei und den Deutsch Demokraten. Eine Minderheitsregierung, da die Deutsch Nationalen, die zunächst hatten beitreten wollen, bei den Verhandlungen zu hoch gepokert und verloren hatten. Reichspräsident Ebert bestätigte trotzdem die Kanzlerschaft Marx', zumal die Sozialdemokraten die Regierung tolerierten. Eine Woche später waren alle geldlichen Transaktionen abgeschlossen und Familie von Wedel übernahm das Gut Neugasthof im Amtsbezirk Rogzow.

Auf den Kauf einer Villa im Grunewald verzichtete man doch, behielt aber vorerst die Wohnung in der Jägerstraße als Berliner Stadtresidenz bei, um notfalls der Provinz entfliehen zu können. Auch der Umzug der Schneidmanns ging glatt über die Bühne. Johannes arbeitete sich rasch in seine neue Tätigkeit ein. Nahezu täglich sah man Wedigo und ihn durch Feld, Wald und Wiese reiten, um Land und Leute besser kennenzulernen. Die Landarbeiter merkten schnell, dass beide, Gutsherr und Verwalter, klare Vorstellungen hatten und diese auch durchzusetzen vermochten. Andererseits war Herr von Wedel gerecht und in bestimmten Fällen durchaus großzügig. Das zeigte sich u.a., als im Herbst Lisa Brandowski mit ihren Kindern im Gut aufgenommen wurde. Die Witwe erhielt ein eigenes Tagelöhnerhaus, arbeitete dafür in der Molkerei und auf dem Feld mit. Lisa war voller Lob über die Frau Gräfin, die ihr gänzlich ohne Standesdünkel und selbstlos in ihrer Not geholfen und sogar gestattet hatte, dass ihr Fritze mit dem gräflichen Sohn spielen dürfe.

Das Jahr brachte eine gute Getreide- und Kartoffelernte, und da die Marktpreise sich etwas erholt hatten, konnte Schneidmann am Neujahrstag 1925 Wedigo einen erfreulichen Gewinn vermelden, obwohl die Aufwendungen für die Löhne und den Unterhalt des Gutes kräftig gestiegen waren. Zu Ostern schließlich wurde Carlos in die örtliche Dorfschule in Rogzow aufgenommen. Melissas Überlegungen, er solle einen Privatlehrer erhalten, hatte Wedigo abgelehnt.

„Er soll erst einmal lernen, im normalen Umfeld zurecht zu kommen, nächstes Jahr sehen wir weiter."

Er blieb hart. Melissa schickte sich drein und tröstete sich damit, dass auch sein Freund Fritz Brandowski, dessen Schulbildung in Berlin sehr unregelmäßig gewesen war, obwohl ein Jahr älter, in die gleiche Klasse kam. Wirklich gelang es dem Freundesduo, sich im Kreise der Kameraden rasch durchzusetzen. Denn Carlos flinker Kopf und Fritzens harte Faust beseitigten schnell alle sich zeigenden Probleme.

Etwas mehr als ein Jahr war seit dem Erwerb des Gutes vergangenen und der Sommer hatte prachtvoll Einzug gehalten. Der Sommerweizen stand in gelbem Strahlen, rot leuchteten die Kirschen und im Garten reiften erste Himbeeren. An einem der letzten Schultage vor den großen Ferien ritten Wedigo und Johannes übers Land. Sie hatten die Gutsgrenze hinter sich gelassen und näherten sich nun dem Ort Rogzow und dem Platz, an dem sich die Schule befand. Gerade bogen die Pferde um eine Ecke der Dorfstraße, als Fritz ihnen atemlos entgegenrannte.

„Gnädiger Herr, gnädiger Herr!", rief er aufgeregt. „Ein Motorradfahrer hat Carlos gepackt und mitgenommen!"

„Wo war das?"

„Da vorne zwischen der alten Scheuer und dem Wald!"

„Zeig uns den Weg! Hans, nimm den Jungen aufs Pferd, den Kerl kriegen wir."

Schneidmann zog Fritze vor sich auf seinen Schecken und beide sprengten los. Ein paar hundert Meter vor ihnen lag der Waldrand und sie sahen einen Motorradfahrer, der eine Art größeren Rucksack auf den Rücken geschnallt hatte und gerade versuchte, seine Maschine zu starten,

„Der Lump hat zum Glück Probleme. Vorwärts, wir können es schaffen."

Im gleichen Augenblick gelang es dem Mann, das Motorrad wieder in Gang zu bringen. Er gab Gas und die Maschine schoss vorwärts.

„Wir haben nur eine Chance, wenn wir ihm den Weg abschneiden", rief Wedigo. „Lass Fritze runter, er soll die Gendarmerie verständigen. Bleib du dran, ich reite durch den Wald."

Schneidmann jagte dem Entführer nach. Er selbst lenkte seinen Hengst mitten unter die Bäume. Ein Stück links war ein schmaler Pfad, der für das Tier ein gutes Fortkommen garantierte. Wedigo trieb sein Pferd an. Ein Galopp war allerdings nicht möglich, nur ein schneller Trab. Endlich erreichte er den Waldrand, da knatterte rechts das verfolgte Motorrad vorüber. Entschlossen gab Wedigo dem Tier die Sporen. Der Hengst bäumte sich wiehernd auf und galoppierte los. Zehn Meter, zwanzig Meter, sie holten auf. Da stolperte das Tier auf dem vom gestrigen Regen schlammigen Boden. Es rutschte, schlitterte ein Stück. Der Hengst fing sich wieder und zog dann hinkend den linken Hinterhuf nach. Verdammt, das war's, er schwang sich aus dem Sattel und beruhigte das nervöse Pferd. Wo blieb nur Johannes? Der Kerl würde entkommen. Da krachte es vor ihm, auch dem Motorrad hatte der Boden große Probleme bereitet und der Fahrer war mit der BMW gegen einen Baumstumpf gerast. Die Maschine lag am Boden, die Räder drehten sich in der Luft. Der Fahrer rollte zur Seite, riss sich das zappelnde Bündel vom Rücken und griff in den Rucksack. Er zerrte den schreienden Carlos hervor und packte das Kind brutal am Haarschopf. In der anderen Hand hielt er ein Messer.

„Keinen Schritt weiter, sonst …"

Ein dunkler Schatten sprengte von links aus den Büschen auf ihn zu
– Schneidmann! Überrascht und kurzfristig abgelenkt ließ der Entführer
das Kind los. Wedigo brüllte auf und sprang in einem Riesensatz auf den
Mann zu. Dieser wich unwillkürlich zurück, stolperte, verlor den Halt und
stürzte rückwärts in den sogenannten Bärengraben, einen mit Flechten
bedeckten Entwässerungskanal. Er versuchte sich wild zappelnd aus den
Schlingen der ineinander verwobenen Pflanzen zu befreien – vergeblich.
Wedigo achtete nicht auf den schreienden Mann. Er hob seinen Sohn
hoch und drückte ihn fest an sich.

Es bereitete weiter keine Schwierigkeiten, den Entführer bis zum Eintreffen der Gendarmen festzuhalten und ihn nass wie eine Wasserratte
weiterzureichen. Der Verbrecher war beiden Männern bekannt vorgekom-
men, sie hatten ihn aber nicht einordnen können.

Carlos schlief einige Tage schlecht, erholte sich aber überraschend
schnell von seinem Abenteuer, das er und Fritze bald jedem erzählten und
dabei immer mehr ausschmückten.

Eine Woche nach der Entführung traf Besuch aus Berlin ein. Es war
Kommissar Wehner, der etliche Neuigkeiten mit sich brachte.

„Ihnen ist ein wirklicher Coup gelungen. Der von Ihnen Festgesetzte
ist niemand Geringeres als Joseph Fleck, der als Baldur bekannte, wahre
Anführer der Organisation Odin.“

„Also wollte er sich mit der Entführung von Carlos rächen?“, fragte
Melissa.

„Davon ist auszugehen. Zusätzlich brauchte der Mann Geld, die früheren Quellen sind nach der Zerschlagung der Organisation versiegt. Wir haben darüber hinaus in seiner Wohnung, die er in Moabit unter dem Namen
Hohlbeck gemietet hat, eine Art Rechnungsbuch gefunden. Der Mann muss
in seinem Innern eine buchhalterische Kleinkrämerseele besitzen. Er hat ak-
ribisch jede Straftat, jeden der Morde und jede Feme-Tat festgehalten.“

„Der besitzt keine Seele“, widersprach Melissa heftig, „der Mann hat in
seiner Brust lediglich eine üble schwarze Meuchelgrube.“

„Wie auch immer, jedenfalls bekamen wir die Ereignisse des letzten

Frühjahrs detailliert dargelegt, und jeder Mordtat kann jetzt ein Täter zugeordnet werden. Selbst im Hinblick auf die Motive hat Fleck uns mit exakten Angaben versorgt."

Wehner legte ein Foto auf den Tisch.

„Das ist er übrigens ohne Augenklappe und Grabenschlamm."

Wedgio studierte nachdenklich die Aufnahme. Sie zeigte den Mann in einer Lederhose und Joppe.

„Auf diesem Bild gleicht er seinem Vetter in keiner Weise. Eher sieht Fleck wie ein Kleinbürger und Spießer aus. Ich erkenne eher eine Ähnlichkeit mit diesem Herrn."

Er wies auf die Tageszeitung. Dort war auf Seite drei ein gewisser Heinrich Himmler abgebildet.

„Tatsächlich", bestätigte Schneidmann. „Nur die Brille fehlt."

„Was war jetzt mit den Angaben?", fragte Melissa, die dem Bildvergleich kaum Beachtung geschenkt hatte.

„Ich mache es kurz. Die Morde an Veronika von Reichenbach und ihrem Freund Fritz Emil Cohn gehen, wie wir bereits vermuteten, auf das Konto Henri de Moirots. Cohn hat dessen Vergangenheit als Zuhälter im Bois de Boulogne entdeckt und wollte darüber einen Artikel veröffentlichen. Dieser gab vor, seine Morde als Femetaten begangen zu haben. Als Fleck die Wahrheit herausfand, ließ er de Moirot durch den falschen Hauptmann Badinski liquidieren. Dieser folgte aufgrund interner Informationen aus dem Ministerium Ihnen nach Küstrin und Kolberg. Er ist für den Anschlag auf Sie, Herr von Wedel, sowohl am Schlachtensee als auch beim Brand in der Schlossstraße Charlottenburg und bei der Jagd in Küstrin verantwortlich."

„Ich habe mehrere Male Angreifer verletzen können …"

„Es handelte sich um Gehilfen Badinskis. Beide wurden auf ein Gut nahe Küstrin gebracht, um dort versorgt zu werden, und sind auch bereits verhaftet worden. Der echte Hauptmann Badinski war übrigens nie in Kolberg. Die Morde an Gerda May und Emilie Heller hat Commandant de Denvignes kurz vor seiner Ermordung gestanden. Auf Flecks Anwei-

sungen hin erfolgte das Attentatsversuch auf die Synagoge in der Rykestraße und alles, was sich in Babelsberg zu Land wie zu Wasser ereignete.
Auch die Entführung von Ihnen, gnädige Frau, ordnete er an."

„Wer war der zweite Mann in der Wohnung Gerda Mays? Der erste
war der Commandant."

„Wir glaubten, der zweite müsste Charles Maurras gewesen sein. Aber
nach Flecks Aufzeichnungen war es Jaques Bernet, der Agent Louis Rivets
vom Deuxieme Bureau. Leider ist Bernet als Franzose nicht greifbar, aber
das mag nur eine Frage der Zeit sein. Für die Sabotageaktion in Schneidemühl war übrigens sein polnischer Verbündeter Major Dąbrowski verantwortlich. Zurück zu Odin. Alle übrigen Mitglieder wie etwa Heiner
Voss sind vergleichbar kleine Lichter. Dennoch werden wohl alle wegen
Landfriedensbruch, Verschwörung zum Umsturz und Mordbeihilfe angeklagt werden. Aber machen wir uns nichts vor. Der Aufrührer Hitler saß
lediglich vom 1. April bis zum 20. Dezember letzten Jahres in Haft. Seine
Partei ist wieder erlaubt, der Mann selbst hält öffentliche Reden, als sei
nichts geschehen. Eher werden Sie in diesem Land fürs Nackttanzen angeklagt als für Angriffe auf die Demokratie."

„Haben Sie etwas von Oberst Nicolai gehört?"

„Er hat Berlin verlassen und lebt jetzt mit seiner Frau Maria, den drei
Töchtern und seiner blinden Mutter irgendwo im Rheinland. Angeblich
bereitet er mit Walter Jost eine Abhandlung über die Rolle des Geheimdienstes im Weltkrieg vor."

Das Gespräch wandte sich anderen Themen zu, vor allem Gennats neu-
este Fälle und Erfolge interessierte die Runde. Wehner erzählte, dass er endlich, nach zwanzigjährigem Dienst, zum Kriminalrat befördert worden sei.

„Warum zog sich Gennats Beförderung so lange hin?", fragte Schneidmann.

„Er ist eben demokratisch bis auf die Knochen, was heutzutage in
manchen Behörden befremdlich wirkt", antwortete Wehner. „Auch lässt
Gennat jeglichen Ehrgeiz sowie Servilität gegenüber seinen Vorgesetzten
vermissen. Das wird in einer Behörde, wo Karriereleitern zu den beliebtes-

ten Sportgeräten gehören, durchaus negativ vermerkt. Der Chef ist einfach Polizist mit Leib und Seele, alles andere interessiert ihn nicht. Zudem vertritt er die in der Justiz seltene Auffassung, dass Verbrecher auch bloß Menschen seien."

„Aber seine Aufklärungsquote war und ist außergewöhnlich."

„Daher kam die Justizbehörde an der Beförderung nicht mehr vorbei."

Weitere Fallgeschichten folgten, und der Abend nahm einen guten Ausklang. Am nächsten Morgen verabschiedete sich Wehner und kehrte nach Berlin zurück.

Wedigo und Melissa ließen sich mittags zwei ihrer Braunen satteln, Fallada und Megisto. Beide schwangen sich in den Sattel und ritten los. Es war ein herrlicher Sommertag. Vögel zwitscherten, überall in der Luft summten Bienen und bunte Falter flatterten von Blüte zu Blüte. In der Ferne rollten Heuwagen hochbeladen zu den Scheunen.

„Was für ein Abschluss unserer Berliner Abenteuer", meinte Melissa. „Alles ist gelöst und hier beendet worden."

„Mir wäre es lieber gewesen, wenn uns die Ausläufer des Ganzen nicht erreicht hätten."

„So ist die Welt, mein Lieber. Zum Glück sind wir in beiden Welten zu Hause. Im buccolinischen Gut Neugasthof im Amtsbezirk Rogzow Ostpommern und in der Jägerstraße am Gendarmenmarkt in Großberlin. Notfalls gehe ich vielleicht doch zum Film. Sternbergs Angebot steht noch. Sollte es uns hier aktuell zu idyllisch werden: Im Admiralspalast treten gerade die Chocolate Kiddies auf, direkt von New York. Auch mal ein Reiseziel."

Nach einer Weile schob sie nach.

„Es muss nicht New York sein, aber vielleicht eine Reise zur Großwildjagd nach Indien? Oder Ostafrika? Was hältst du davon, Liebster?"

„Immer wieder gern, Gnädigste."

Wedigo lachte und galoppierte davon. Ohne zu zögern folgte Melissa und hatte ihn bald eingeholt.

Danksagung

Ich bedanke mich bei allen Unterstützern, bei meinem Verleger Herbert Mackinger, meiner Lektorin Johanna Ziwich und bei Hans Vastag für seine Hinweise und Lesearbeit.

Die Kaiserreichsreihe

Potsdamer Affäre
Meßkirch 2013, 344 S., ISBN 978-3-8392-1450-3

Operation Sarajevo.
Meßkirch 2014, 314 S., ISBN 97838392-1624-8

Abgründe der Macht. Ein Bismarck-Roman
Meßkirch 2015, 278 S., ISBN 978-3-8392-1652-1

Akte Verdun
Meßkirch 2016, 312 S., ISBN 978-3-8392-1975-1

Die Akte Lenin
Stuttgart 2018, 284 S., ISBN 978-3946686-44-6

1924: Der Fall Odin. Auf den Spuren der Schwarzen Reichswehr
Bergheim bei Salzburg, 273 S., ISBN 978-3-902964-64-9
     sowie

Deutsches Reich 2014
Stuttgart 2011, 278 S., ISBN 978-3-938719-32-9 **Sonderedition 2013**